首都圏鉄道事情大研究

ライバル鉄道篇

川島令三

JN239576

草思社

はじめに

私は今から33年前の昭和61年（１９８６）に、『東京圏通勤電車事情大研究』を刊行したが、その後、首都圏の鉄道は大いに変貌した。その現状と将来について、「将来篇」「ライバル鉄道篇」「観光篇」の３冊に分け、よりエリアを拡大して『首都圏鉄道事情大研究』として書き下ろした次第である。そのうちの「ライバル鉄道篇」が本書である。

京浜《けいひん》急行電鉄は、令和元年10月に各駅から羽田空港への運賃を50円値下げした。京急空港線の乗客が非常に増えたため、設備投資の回収が早期にできたことを理由にしていたが、ライバルである東京モノレールの利用者を京急に取り込もうとして運賃を下げたともとれる。これに対して、東京モノレールは消費税が10％になったとき、どういうわけか定期運賃を据え置いただけである。

成田空港へのアクセスで競い合っている京成《けいせい》とＪＲでは、スピードも運賃も京成に分がある。従来の京成本線経由だと、ＪＲにくらべてはるかに安い。そしてスカイライナーは20分毎に走るようになって、待たずに乗れる便利さである。対するＪＲは、今のところ対抗手段を取っていない。

首都圏は、関西圏ほど2路線以上が並走して激しく競争はしていないが、それでも新宿・池袋―川《かわ》越《ごえ》間や新宿―八王子間、品川―横須賀間などでは競争状態にある。本書では、そうした競争状態にある路線を多数取り上げた。また、全体的にはダイヤ面と各駅での乗り換え状況や乗降人員について述べている。

第1章では、まずは首都圏では珍しい三つ巴のライバル路線である、都心から川越へのアクセスである埼京線《さいきょう》と東武東上線《とうじょう》、西武新宿線について紹介し、次に列車種別について述べ、昭和61年度にくらべて各路線の列車のスピードや運転本数について解説する。また、昭和62年度以降に優等列車が走りはじめた路線を紹介する。

33年前に前述した『東京圏通勤電車事情大研究』を上梓《じょうし》した当時、東京の電車は非常に混んでいて、かつ優等列車が運転されておらず各停しか走っていない路線が多かった。走っていてもさほど速くはなかったし、運転間隔も長かった。つくばエクスプレスやスカイアクセスはなかったし、つくばエクスプレスは常磐新線《じょうばん》、スカイアクセスは北総線《ほくそう》として建設中だった。埼京線も開通まもないため池袋止まりだったし、京葉線《けいよう》も西船橋《にしふなばし》—千葉みなと間しか開通していなかった。湘南新宿ライン、つまり東海道線の新宿乗り入れなどは全く考えられていなかった。それが現在では、各種の混雑緩和策やスピードアップ策、相次ぐ新路線の開通で、昭和61年当時にくらべて結構快適になった。

しかし、まだまだ改良の余地があるのと同時に、少子高齢化の波が首都圏にも押し寄せつつある。その対策も必要である。その他、ホームドアの普及と改良、新しいホームドア、スピードアップの状況、複々線の使い方などを述べた。

第2章では、「ライバル線区」として、最近激しくなってきた羽田空港へのアクセス線として東京モノレールと京急線、次にJRの湘南新宿ラインが走りだして競争するようになった東急の横浜—渋谷間と、小田急の藤沢《ふじさわ》・小田原—新宿間、私鉄同士の競争路線の小田急多摩《たま》線と京王相模原《さがみはら》線を取り上げる。

続いて、新宿―八王子・高尾《たかお》間で並行路線になっているJRと京王を取り上げたが、途中区間は離れているため、拠点駅の新宿と八王子・高尾の3駅での競争である。

次に、京成の一人勝ちになりつつあるスカイアクセス対JR、京成が優位に立つ都心―成田間、逆に競争にならない都心―千葉間でのJRと京成を取り上げた。

第3章では、競争線区とそれに関係がある各路線を取り上げた。東海道本線や小田急小田原線、西武池袋線、東北本線、東武伊勢崎《いせさき》線は有料特急が走っている観光路線でもある。これら路線は「観光篇」で取り上げる。また、中央本線については電車区間である東京―高尾間を取り上げ、高尾以西は特急、普通が走るので、この区間は「観光篇」で取り上げる。

とくに断りがない事項については、列車ダイヤは令和元年11月現在、混雑率関連のデータは平成30年度、終日の乗降客数、乗換客数については平成25年度の数値である。終日の乗車人員等は一般財団法人運輸総合研究所の最新版である平成27年版『都市交通年報』のデータによっている。各数字は年間延べ人数として記載されているのを1日平均として計算している。平成27年版のデータは平成25年度のものである。

令和元年12月

目次

はじめに――3

パート1 テーマ別総点検

新線開通や新列車の設定でライバル構図が大きく変わってしまう――12
普通と各停とは種別が違う――17
快速と準急はどっちが速い？――21
区間や通勤、快速の文字が頭に付くとどんな列車なのか――23
停車駅が増えてきた優等列車――26
昭和62年以降に優等列車が走りはじめた路線――32
改良が進むホームドア――39
在来線の最高速度を130㌔から160㌔に引き上げを――42
複々線といってもいろんな方式がある――44

中間駅でも両側ホームの設置を――48

パート2 区間別「ライバル鉄道」分析

京浜急行VS東京モノレール――52
東横線VS新宿湘南ライン――55
小田急VS新宿湘南ライン――57
小田急多摩線VS京王相模原線――59
京王線VS中央線――65
スカイアクセスVSＪＲ成田線――69
京成VSＪＲ――74

パート3 各線徹底分析

東京モノレール　浜松町駅の発着線は2線にする必要がある――78
京急空港線　定期比率が小さいことでドル箱路線になっている――82

京急本線・逗子線・久里浜線　品川駅の大改良でJRとの乗り換えが便利になる――86
JR横須賀線・湘南新宿ライン　朝ラッシュ時上りの品鶴線区間はパンク状態寸前――98
東急東横線・みなとみらい線　相鉄線直通でどうなる?――107
相鉄本線・相鉄新横浜線(西谷―羽沢横浜国大間)　東急直通はどうなるか――113
東急大井町線　急行は等間隔になっていない――118
東急田園都市線・こどもの国線　混雑率に欠かせない輸送力は国交省基準に従うべき――123
小田急江ノ島線　快速急行が頻繁に走るようになった――129
小田急多摩線　小田急もリニア神奈川県駅に乗り入れるか――132
京王相模原線　リニア中央新幹線の開業で増発するか――137
京王線　笹塚―仙川間の高架化で朝ラッシュ時のノロノロ運転がなくなる――143
京王井の頭線　渋谷駅で他線への乗り換えは不便――154
JR中央本線電車区間(東京―高尾間)　中央線快速電車にはグリーン車が連結される――158
西武多摩川線　単線ながら終日12分毎に走っている――172
西武新宿線区　レッドアロー号は6＋4両の10両編成化を――174
東武東上線　小川町以南で各駅に停まるときはすべて自動停止している――186
京成スカイアクセス線　羽田・成田の両空港を結ぶスカイライナーを――196
京成本線・東成田線・芝山鉄道　快速特急、特急は東中山に停車して緩急接続を――207

京成押上線　アクセス特急は20分毎に――220
京成千葉線・千原線　特急の運転がほしいところである――222
新京成電鉄　京成千葉線直通は特急がいい――226
千葉モノレール　最混雑区間は千葉公園→千葉間――231
ユーカリが丘線　唯一残っているVONAシステム――234
JR総武本線（東京―佐倉間）・総武支線（御茶ノ水―錦糸町間）　NEXが走る――236
JR成田線　我孫子線・武蔵野線経由の八王子―成田空港間の快速の運転を――245
日暮里・舎人ライナー　混雑率を下げないと、それこそパンクする――250
用語解説――253

パート
1

テーマ別総点検

新線開通や新列車の設定でライバル構図が大きく変わってしまう

相模鉄道の西谷《にしや》駅から羽沢横浜国大《はざわよこはまこくだい》駅まで開通してJR貨物線に乗り入れて新宿まで直通電車が走るようになった。これによって海老名《えびな》─新宿間で小田急と競争するようになった。しかし運賃は小田急が510円なのに対して相鉄・JR経由は890円もする。朝ラッシュ時の所要時間は小田急が51分なのに対して65分である。メリットは小田急はまず座れないが、相鉄のほうは始発駅なので座れる。

運賃の差は着席保証料金みたいなものである。とはいっても通勤用のロングシートなので快適ではない。小田急と勝負するには運賃も座席ももう一工夫が必要だろう。ただし大崎、渋谷駅へは分がある。また、湘南台─新宿間でも競争関係になったが、直通はなく二俣川《ふたまたがわ》駅で乗り換えるから座れない。

過去において湘南新宿ラインの運転が開始されると、東急と小田急が脅威に感じてしまい、東急は東横線に特急を新設した。

東急はそれまで特急とは風格がある列車なので、東横線のようなところに走らせるのは似合わない、走らせるとすれば横浜駅から国鉄に乗り入れて伊豆急の下田《しもだ》駅までの座席指定特急だとしていた。しかし、湘南新宿ラインの新設で、なりふり構わず通勤形による特急の運転で対抗した。

小田急も新宿─藤沢《ふじさわ》・小田原間に快速急行を新設して対抗した。スピードや設備面では特急ロマンスカーで充分対抗できるが、特急料金が必要である。そのために快速急行を設定したのだが、本厚木《ほんあつぎ》─新松田《しんまつだ》間は各駅に停車している。この区間では伊勢原《いせはら》駅と東海大学前駅、それに秦野《はだの》駅だけに停車して、たとえ短縮時間が3、4分でしかなくても、スピードアップを図るべきである。

その小田急小田原線の代々木上原―登戸《のぼりと》間が平成30年3月に複々線化され、上り線については向ケ《むこうが》丘遊園《おかゆうえん》↓登戸間が2線化され、朝ラッシュ時の急行は最大15分短縮された。

江ノ島線沿線から東京都心部に行くには、小田急・千代田線だけでなく中央林間《ちゅうおうりんかん》で田園都市線・半蔵門線利用や東海道本線利用がある。これによって湘南新宿ラインよりも優位にたてる。

東海道本線経由の品川、東京方面と比較すると、スピードでは小田急は太刀打ちできない。しかし、運賃面は小田急経由のほうが安い。

湘南新宿ラインの電車が走り始める前では、藤沢駅から新宿駅に行く場合、小田急が便利だった。横浜から渋谷に行くには東急東横線を利用するのが当たり前だった。

それが湘南新宿ラインの運転開始によって品川駅での乗り換えなしで行け、しかも速いＪＲを利用する人が増えて小田急や東急の利用は減っていった。

もっとも藤沢―新宿間の運賃は小田急が６００円、ＪＲが９９０円とＪＲのほうが３９０円も高い。横浜―渋谷間では東急が２８０円、ＪＲが４００円、小田原―新宿間では小田急が９００円、ＪＲが１５２０円と６２０円もの差になる。それならばロマンスカーに乗ろうというものである。

湘南新宿ラインの運転開始後、東急は特急、小田急は藤沢発も小田原発も、ともに快速急行の運転を開始して対抗している。そのためにＪＲは特別快速の運転を開始した。今後も乗客の争奪戦が続いていく。

小田急・千代田線と田園都市線・半蔵門線との間でライバル関係になっている中央林間↓表参道間で両ルートを比較すると、複々線化前の両ルートの朝ラッシュ時の所要時間はいずれも53分だった。

ただし小田急は代々木上原駅で、田園都市線は長津田《ながつた》駅で乗り換えが必要であり、座るためにはともに1、2本後の電車に乗らなければならない。小田急利用のほうは中央林間駅で座れるチャンスはほとんどない。その先もそうだ。田園都市線に乗れば長津田駅まで座れる。長津田駅で2本ほどあとの急行だと座れる。中央林間駅から乗車する人の大半は田園都市線を選んでいた。

代々木上原—東北沢《ひがしきたざわ》間だけが複々線だったころは、小田急のほうは80分もかかっていた。その後、複々線区間が延びるにつれてスピードアップをしてきて、向ヶ丘遊園↓梅ヶ丘《うめがおか》間（複々線区間は登戸—梅ヶ丘間）の上り線が完全に複線化して所要時間については田園都市線経由に追い付いた。

しかし、小田原線直通の急行の運転本数は少ないし、相模大野《さがみおおの》駅で小田原方面からの急行の運転本数も代々木上原—梅ヶ丘間（複々線化工事のために代々木上原—東北沢間の複々線は休止）が複線のままでは制限されていた。

向ヶ丘遊園↓代々木上原間の上り線が複線になって中央林間—表参道間は45分に短縮した。これによって田園都市線経由よりも速くなり、わざわざ田園都市線に乗り換える必要がなくなった。

中央林間駅の小田急と田園都市線との間の通路は朝ラッシュ時に結構混雑していたが、空いてきたことが実感されるようになった。

埼京線は昭和60年9月に開通した。もっとも正式には大崎—池袋間が山手貨物線、池袋—赤羽《あかばね》間が赤羽線、赤羽—大宮間が東北線の別線、大宮—川越《かわごえ》間が川越線である。

開通したころは東武も西武もさほど脅威に思わなかったし、国鉄、その後のＪＲのほうもライバル視してはいない。

だが、川越市が小京都ということでもてはやされるようになって、西武は特急「小江戸」の運転を開始し、今では1時間毎の運転でときおり30分間隔か40分間隔にもしている。そして東武は川越特急を平成31年から運転開始している。

ＪＲ埼京線電車は新木場―大崎―渋谷―新宿―池袋を経て川越駅まで結んでいる。新宿―川越間の快速の所要時間は55分、運賃は７７０円である。

ＪＲ川越駅は東武東上線が隣接している。新宿から東武東上線で川越駅に行くには山手線経由と東京メトロ副都心線経由（和光市または池袋乗り換え）の三つの方法がある。山手線経由の所要時間は乗換時間を5分として42分、運賃はＪＲ山手線のぶんを入れて６４０円である。東京メトロ和光市経由の所要時間は39分、運賃は合算で５７０円である。東京メトロ池袋経由の所要時間は38分、運賃は６５０円である。副都心線和光市経由が所要時間も短く運賃も安い。しかし、ＪＲの新宿駅から離れた新宿三丁目駅から乗らなければならない。

一方、西武もＪＲ新宿駅からやや離れた西武新宿駅から乗るか、ＪＲ山手線で高田馬場《たかだのばば》まで行って西武新宿線に乗り換える方法もある。一般的にＪＲ新宿あたりにいる人や山手線を利用していない人は西武新宿駅まで歩く。山手線を利用している人は高田馬場乗換をする。

川越側も東武とＪＲの川越駅ではなく、より川越の中心に入った本川越《ほんかわごえ》駅である。西武新宿―本川越間の所要時間は特急で45分、急行で62分となっている。運賃は５１０円ともっとも安いが、特急に乗るとすれば特急料金５００円が必要である。

東武東上線では急行よりも4分速い川越特急を池袋駅発10時0分と11時0分の2本走らせている。

しかもTJライナー用のL／Cカーをクロスシートモードにして使用している。

L／Cカーとは、景色が楽しめるクロスシートと混雑時に対応できるロングシートの両モードに変化できる座席を持つ車両である。当初に登場させた近鉄とJR仙石線《せんせき》ではクロスシートモードにして走るときでも料金は取っていない。それなのにTJライナーで走るときには料金を取っている。しかし、これは間違った使い方である。これについては後述する。

西武もこれに対抗する快速急行が欲しいところである。停車駅は上石神井《かみしやくじい》、小平《こだいら》、東村山《ひがしむらやま》、所沢《ところざわ》、新所沢、狭山市《さやまし》とすると、所要時間は44分になる。

いまのところJRは通勤形による快速、通勤快速を走らせているだけだが、新宿—川越間で池袋、赤羽、武蔵浦和、大宮停車の特別快速を走らせれば48分ほどに短縮できる。10両編成のうち4両程度をL／Cカーにすれば利用されるだろう。

新線開通でライバル関係が大きく変化した区間として、東京—成田空港間がある。成田エクスプレスは、大船や池袋、さらには大宮や八王子の各駅から直通しているので、上野駅や日暮里《にっぽり》駅からしか利用できない京成スカイライナーはなかなか太刀打ちできなかった。

しかし、スカイアクセス線ができると日暮里—成田空港第2ビル間は36分で結ぶようになった。もともとスカイライナーの運賃・料金は安かった。スカイアクセス経由になってからは少し高くなったが、それでもJR利用よりも安い。速くて安いから京成利用がかなり増えた。反面成田エクスプレスの利用は減ってしまった。成田エクスプレスはスピードアップと料金の値下げなどで対抗する必要があろう。

普通と各停とは種別が違う

次頁の表は首都圏で走る定期運転の優等列車の一覧である。優等列車とは各駅に停車しない急行などのことである。

各駅に停まる列車については普通と各停の2種類の言い方がある。各社の考え方によるものだが、国鉄、それを引き継いだＪＲについては普通と各停は違う列車種別だと厳然と分けている。それに各停というのは一般向けの呼称であり、国交省も含めて緩行という列車名にしている。

古くから国鉄は首都圏と関西圏で電車区間を設定して、電車区間内を走る各駅停車電車を緩行とし、電車区間外を各駅に停車している列車を普通と分けていた。そしてＪＲになってからもこれを引き継いでいる。

わかりやすいのは常磐線である。ＪＲ時刻表には常磐線の欄は三つある。中距離列車欄、上野（品川）―取手《とりで》間の快速電車の欄、そして各駅停車の欄である。快速電車欄には取手以遠を走る列車は記していない。

これらは中距離列車欄に記されている。しかも列車種別は何も書かれていない。何も書かれていない列車は、暗黙の了解として普通ということになっている。

上野―取手間が電車区間である。そして普通は電車区間では快速と同じ停車駅で走る。以前の普通は三河島《みかわしま》と南千住《みなみせんじゅ》を通過していたが、誤乗を防ぐために同じ停車駅にした。徐々にあいまいになって

列車種別一覧

路線名	
東京モノレール	空港快速、区間快速、普通
横浜1、3号線ブルーライン	快速、普通
京浜東北線	快速、各停
南武線	快速、各停
横浜線	快速、各停
東海道線	特急、ライナー、快速、普通
伊豆急行	特急、普通
伊豆箱根鉄道	特急、普通
御殿場線	特急、普通
湘南新宿ライン	特急、ライナー、特快、快速、普通
京浜急行	ウィング、エアポート快特、快特、特急、エアポート急行、普通
相模鉄道	特急、通勤特急、急行、通勤急行、快速、各停
東急	Sトレイン、特急、通勤特急、急行、準急、各停
東京メトロ副都心線	Sトレイン、急行、通勤急行、各停
東京メトロ東西線	快速、通勤快速、各停
小田急	特急、快速急行、通勤急行、急行、通勤準急、準急、各停
京王電鉄	京王ライナー、特急、準特急、急行、区間急行、快速、各停
中央線	特急、通勤特快、特別快速、通勤快速、快速、普通、各停
富士急行	特急、快速、普通
西武新宿線	特急、拝島ライナー、急行、準急、各停
東武東上線	TJライナー、川越特急、快速急行、快速、急行、準急、普通
西武池袋線	特急、Sトレイン、快速急行、急行、通勤急行、快速、通勤準急、準急、各停
高崎線	特急、通勤快速、特別快速、快速、普通
秩父鉄道	急行、普通
埼京線	通勤快速、快速、各停
東北線	快速、普通
東武伊勢崎線	特急、急行、区間急行、準急、区間準急、普通
鬼怒川線、野岩線、会津鉄道	特急、快速、普通
つくばエクスプレス	快速、通勤快速、区間快速、普通
常磐線	特急、特快、普通、快速、各停
成田スカイアクセス	スカイライナー、アクセス特急、特急、普通
京成電鉄	スカイライナー、モーニングライナー・イブニングライナー、快速特急、特急・アクセス特急、通勤特急、快速、普通
総武線	特急、通勤快速、快速、各停
都営地下鉄	急行、各停
京葉線	特急、通勤快速、快速、各停

常磐線各停

常磐線普通

きており、交通公社の時刻表では快速欄に普通も入れられている。

中央線でも普通と快速とに分けられている。普通は電車区間内では高尾《たかお》、八王子、立川の各駅で折り返しており、新宿までは走らない。JR時刻表では東京まで走る普通も記されているが、備考欄に東京―高尾間1271T快速と記している。

1271Tというのはこの列車の固有の番号である。そして高尾以西は1271Mになると記してある。しかし、立川まで走る普通はMのままである。

Tは中央線電車区間を走る電車に付け、Mは列車区間を走る列車に付ける。常磐線の普通もMが付いている。そこでこれらの列車のことをM電という。

M電は電車区間を走っていても普通であり、各停とは区別されている。

複々線の一方が各停専用線路、一方が特急や快速、それに前述した普通が走る複線に分けている。各停線路のことを鉄道用語では緩行という。緩行とは急行の反対語である。複々線の多くは緩急分離による運転をしている。

そうはなっていない京浜東北線や南武線、横浜線、埼京線は電車区間の路線であり、総武緩行線と同じように緩行とするのが正しい。そして一般向けに案内するときは各停としている。

私鉄でも各停にしているところと普通にしているところがある。小田急と東急、京王、西武、相鉄が各停である。

かつて比較的遠くまで走る電車は途中までノンストップで走らせ、途中から各駅に停車していた。その途中までの近距離電車は各駅に停車していたことから普通でなく各停にしている。

これら各社の準急・急行が遠距離電車、各停が近距離電車という関係である。

ただし京王は準急ではなく快速であり、また初台《はつだい》、幡ヶ谷《はたがや》の両駅にホームがない、いわば急行線である京王線側の線路にはこの2駅を通過する各停が走る。必然的に初台、幡ヶ谷の両駅は通過する。

快速と準急はどっちが速い？

国鉄は列車のランク分けをしていた。各停、普通、快速、準急、急行、特急の順である。交通公社の関西版時刻表では、開業したての昭和40年代前半は新幹線「ひかり」号については超特急と記していた。しかし国鉄としては「ひかり」号も特急である。

準急と急行、特急は普通運賃のほかに準急料金や急行料金、特急料金が必要である。その後、3種類も料金体系があるのでは煩雑ということで、準急は100キロ未満で走る優等列車とし、料金体系も100キロ未満の急行料金と同じにした。そしてやがて準急は廃止になった。

JRになって定期運転で走る急行は1本もない。各停、普通、快速、特急の4種しかない。ただし快速は特別快速や通勤快速といった細分化がなされている。

関西大手私鉄と小田急、西武、東武では急行の下位に準急を設定していた。多くはターミナル寄りの短い区間だけ通過運転をし、途中から各駅に停車する電車にあてていた。小田急では登戸以遠各駅にしていたが、昼間時に本厚木あたりまで急行と同じ停車駅で走らせることになり、準急ではなく快速準急とした。頭に「快速」の文字を付けると、その列車種別よりも速くなるとするのがならわしだった。ただし快速準急は今はもうない。

東武では日光・鬼怒川《きぬがわ》方面の「けごん」「きぬ」が特急、赤城《あかぎ》方面の「りょうもう」を急行にしていたために、料金不要の日光・鬼怒川方面の高速列車について快速と名付けた。そのころは準急が

東武日光線を走る区間快速は廃止された。快速の停車駅は北千住、春日部、東武動物公園、板倉東洋大前、新大平下、栃木、新栃木、新鹿沼、下今市に対して区間快速は新大平下以北各駅だった

浅草─杉戸《すぎと》（現東武動物公園）間で走っていた。準急よりも快速のほうを上位にしたのである。

やがて「りょうもう」号も特急に格上げして、急行がなくなったが、半蔵門線直通電車については急行とした。このときから急行よりも快速、それに区間快速は上位になった。しかし、急行よりも上というのはおかしいと思ったのか、快速そのものを廃止して現在に至っている。ただし、東武東上線では今でも快速は急行よりも上位になっている。

西武では快速は急行よりも下位だが準急よりも上位にしている。ということで現在は準急よりも快速のほうが上位になっている。

区間や通勤、快速の文字が頭に付くとどんな列車なのか

京王には区間急行がある。区間という文字を頭に付ける列車は関西圏では昔から使われていたが、首都圏では最近までなかった。

区間が付く列車は、急行の停車駅の末端側の区間で各駅に停車する列車のことである。従来首都圏では準急が途中駅から各駅に停車する列車としていた。京王では通過運転区間で急行と準急の停車駅が異なることから急行の停車駅で調布《ちょうふ》駅まで走ってきて以遠は各駅に停車する列車を設定、これを区間急行とした。

その後、東武伊勢崎線で北千住—東武動物公園間で急行運転をし、浅草—北千住間で各駅に停車する列車については区間急行とした。準急は浅草—越谷《こしがや》間で急行運転をし、越谷以遠は各駅に停車している。準急にも浅草—北千住間で各駅に停車する列車が必要になり、これを区間準急とした。

京王では準特急も走っている。設定当時は高尾線内各駅に停車する特急を準特急にしたが、その後、特急が停車しない笹塚《ささづか》駅と千歳烏山《ちとせからすやま》駅に停車させるようにして、八王子（平日運転）、高尾山口《たかおさんぐち》（土休日運転）、橋本の3方面に走らせるようにした。特急に準ずるという考え方である。

JR京葉線の通勤快速、略して通快は新木場《しんきば》と八丁堀《はっちょうぼり》にしか停車しない。そして朝ラッシュ時の上りのみ3本が運転されている。

京葉線だけではない。中央線では特別快速、略して特快があり、朝の上りには通勤特快が走る。高

尾駅から新宿駅まで八王子、立川、国分寺の3駅しか停車しない。さらに夕方以降22時前半には通勤快速が運転されている。停車駅は荻窪《おぎくぼ》、吉祥寺《きちじょうじ》、三鷹《みたか》、国分寺、立川以遠各駅である。準特快とか区間特快としてもいいが、これらはJRでは使用していない。中野から各駅に停車する快速より速いということで通勤快速にしている。

私鉄では通常の優等列車よりも速い列車を設定するとき通勤時以外にも走らせることもあるからということで快速を冠する。

京浜急行では特急より速い快速特急の運転を開始し、やがて快特と略して使っていたが、この省略した快特を正式列車種別名にした。

また、私鉄で通勤を付けるときは下位の列車に付けるのが定着している。京成の通勤特急は勝田台《かつただい》以遠が各駅に停車する。区間特急にすべきだが、朝夕夜間に走ることで通勤特急にした。

西武池袋線の朝ラッシュ時上りには通勤急行と通勤準急が走る。通勤の文字を冠すると急行や準急よりも下位の列車になるのは確かだが、通勤急行は急行が停車するひばりヶ丘駅、通勤準急は石神井公園駅を通過する。

優等列車の通過駅をあえて割り振ることで各駅の利便性が向上するとともに、急行停車駅は停車時間が長いので運転間隔が開く。後追いをする列車は、急行停車駅を通過することによって間隔を詰めることができる。練馬―石神井公園間が複々線化されるまではもっと大々的にやっていて1分間隔で走らせていた列車もあった。

この手法を選択停車といい、筆者はこれを千鳥《ちどり》式運転あるいは千鳥停車と名付けた。千鳥が急に走りだしたりゆっくり走ることに似ているからである。この運転方式は関西の阪神電鉄が大正時代に区間を定めて通過運転と各駅停車運転を行っていたもので、筆者が言う千鳥停車とは少し異なる。

つくばエクスプレスにも区間快速がある。守谷《もりや》以北で各駅に停車し、以南では快速の停車駅に加えて八潮《やしお》、三郷中央《みさとちゅうおう》、柏の葉《かしわのは》キャンパスにも停車する。ラッシュ時には通勤快速が走る。快速の停車駅に加えて六町《ろくちょう》、八潮、柏の葉キャンパス、研究学園に停車するが、区間快速が停車する三郷中央駅は通過する千鳥停車をしている。快速は秋葉原―つくば間を45分で結ぶことをキャッチフレーズにしている。しかし、ラッシュ時では過密ダイヤになり45分で走らせることができない。といって他の路線のように遅く走らせることはキャッチフレーズに反する。そこで六町、八潮、柏の葉キャンパス、研究学園にも停車するようにして6分遅くした。

小田急の快速急行は登戸に停まるが、通勤急行は通過する。その代わりに快速急行が通過する向ヶ丘遊園に通勤急行は停車する。これも千鳥式運転である。

時間帯によって停車駅が異なるのに列車種別を変えていないところがあったが、現在は一駅でも違えば列車種別を変えるようになった。

JR湘南新宿ラインでは恵比寿駅だけ通過する列車を特別快速とした。特別快速と聞くとすごく速いように思えるが1分速いにすぎない。同じ時間帯に走っているから列車種別を変えないといけないが、特別を冠するのは少し違うような気がする。小田原快速といった種別にしたほうがいいだろう。

停車駅が増えてきた優等列車

28〜31頁の表は昭和61年（１９８６）と令和元年（２０１９）との優等列車の停車駅や表定速度の比較である。停車駅は増える傾向にあるが、増やしたうえでスピードアップをしているところもある。昭和61年ごろの首都圏の優等列車はあまりにも遅すぎたからである。なお表定速度とは停車時間を含んだ平均速度のことである。

東海道本線の東京―小田原間には不定期の快速が走っていた。不定期なのでさほど速くかった。JR化後に快速アクティーが走りはじめて、東京―小田原間が時間短縮した。湘南新宿ラインの特快とあわせて昼間時の横浜―小田原間は約30分毎に快速、特快が走るようになった。

また、普通は加速がいいE２３１系やE２３３系に置き換わったために7分短縮している。

京浜急行は品川―横須賀中央間で快特が京急蒲田《けいきゅうかまた》駅と金沢八景《かなざわはっけい》駅にも停まるようになったものの、最高速度１２０キロに引き上げたために1分遅くなるにとどめた。

相模鉄道の横浜―海老名間は、急行は停車駅が変わっていないものの、特急や快速の運転を開始したために1分遅くなっている。特急の停車駅は令和元年11月まで二俣川《ふたまたがわ》、大和《やまと》の2駅のみにして急行よりも6分速かったが、相鉄新横浜線の部分開業で西谷《にしや》駅にも停車するとともにダイヤが過密になって2分遅くなった。なお急行は西谷駅を通過する。

東急東横線も特急の運転開始をして急行よりも7分速く走る。その代わりに急行は多摩川駅にも停まるようになって1分遅くなった。

昭和61年の田園都市線には快速が30分毎に走っていたにすぎなかった。停車駅は渋谷―二子《ふたこ》玉川《たまがわ》間各駅、溝の口、鷺沼《さぎぬま》、たまプラーザ、青葉台《あおばだい》だった。その後、渋谷―長津田間でみて三軒茶屋《さんげんぢゃや》、二子玉川、溝の口、鷺沼、たまプラーザ、青葉台停車の急行が30分毎に登場した。横浜地下鉄があざみ野駅に延伸してくると急行は同駅にも停まるようになり、運転間隔も15分毎になった。

30分毎に渋谷―二子玉川間各駅に停車して南町田グランベリーパーク駅にも停車する準急も運転されている。ほとんど普通しか利用できなかった昭和61年のダイヤを思い起こすと隔世の感がある。

小田急の急行は経堂《きょうどう》にも停まるようになったものの、昼間時は3分も遅くなった。1駅停車駅が増えると通常は1分遅くなるのに比べて遅くなりすぎている。経堂駅や成城学園前駅で緩行線を走る各停と接続するために遅めに走らせているからである。その代わりに快速急行を設定して、こちらで速達性を高めている。

昭和61年の京王は特急が京王八王子行、急行が高尾山口行、快速が多摩センター行としていた。それぞれ20分毎の運転だった。現在の平日昼間時は特急が高尾山口行、準特急が京王八王子行と橋本行になっている。特急の停車駅も分倍河原《ぶばいがわら》と北野《きたの》が加わっている。準特急はさらに笹塚と千歳烏山が加わる。北野が特急と準特急の停車駅になったために、新宿などから八王子・高尾の両方面へ行くには20分に2回乗車チャンスができるようになった。昭和61年では両方面とも20分に1回しかなかった。

井の頭線の急行の所要時間はまったく変わっていないが、運転間隔が20分毎から8分毎に短くなった。急行の需要が多いので、昼間時は急行と各停の比率は1対2から1対1になった。

令和元年						停車駅 （昭和61年に対して令和元年に 太字は追加した駅、*斜体*は通過している駅）
種別	停車駅数	平均停車駅間距離	所要時間	表定速度	運転間隔	
快速アクティー	10	7.6	74	68.0	60	新橋、品川、川崎、横浜、戸塚、大船、藤沢、茅ヶ崎、平塚、国府津
普通	14	5.6	82	61.3	10～20	
快特	6	7.1	44	68.0	10	京急蒲田、京急川崎、横浜、上大岡、金沢文庫、金沢八景
急行	7	3.1	33	44.7	30	二俣川、希望ヶ丘、三ツ境、瀬谷、大和、相模大塚、さがみ野、かしわ台
特急	3	6.2	27	59.0	10、20、30	西谷、二俣川、大和
急行	9	2.4	35	41.5	15	中目黒、学芸大学、自由が丘、田園調布、多摩川、武蔵小杉、日吉、綱島、菊名
特急	4	4.8	28	51.9	15	中目黒、自由が丘、武蔵小杉、菊名
準急	11	2.1	36	42.7	15	渋谷―二子玉川間各駅、溝の口、鷺沼、たまプラーザ、あざみ野、青葉台
急行	7	3.2	31	49.5	15	三軒茶屋、二子玉川、溝の口、鷺沼、たまプラーザ、あざみ野、青葉台
急行	7	3.9	37	49.9	20	代々木上原、下北沢、経堂、成城学園前、登戸、向ヶ丘遊園、新百合ヶ丘
快速急行	3	7.7	31	59.6	10	代々木上原、下北沢、登戸、新百合ヶ丘
準特急	9	3.7	42	54.1	20	笹塚、明大前、**千歳烏山**、調布、府中、分倍河原、聖蹟桜ヶ丘、高幡不動、北野
特急	9	5.0	48	55.9	20	*笹塚*、明大前、*桜上水*、*千歳烏山*、調布、*東府中*、府中、分倍河原、聖蹟桜ヶ丘、高幡不動、北野、めじろ台、高尾
準特急	6	4.2	31	56.5	20	笹塚、明大前、*下高井戸*、桜上水、千歳烏山、*つつじヶ丘*、調布、*京王多摩川*、*京王稲田堤*、*京王よみうりランド*、京王永山
急行	4	2.6	17	49.3	8	下北沢、明大前、永福町、久我山
中央特快	6	6.2	33	67.5	9～21	中野、三鷹、国分寺、立川、日野、豊田
急行	15	3	61	46.8	20	高田馬場、**鷺宮**、上石神井、田無、花小金井、小平、久米川、東村山、所沢、**航空公園**、新所沢、入曽、狭山市、新狭山、南大塚
快速	10	2.6	36	47.2	20	池袋、板橋、十条、赤羽、戸田公園、武蔵浦和、**中浦和**、**南与野**、与野本町、**北与野**
急行・快速	6	4.5	32	58.9	8～17	成増、和光市、**朝霞台**、志木、ふじみ野、川越
川越特急	2	10.5	28	67.3	1日2往復	志木、川越
急行	2	8.2	22	67.6	10～30	石神井公園、ひばりヶ丘
中距離電車（普通）	22	9.8	108	56.3	10～15	さいたま新都心、北上尾を追加
快速アーバン	14	6.8	97	62.7	午前2本運転	赤羽、浦和、大宮、上尾、桶川、鴻巣、熊谷、籠原、深谷、岡部、本庄、神保原、新町、倉賀野
中距離電車（普通）	21	4.8	104	61.1	約60	さいたま新都心、新白岡を追加
急行	6	4.8	35	58.1	10	北千住（快速は廃止） 西新井、草加、**新越谷**、越谷、せんげん台、春日部

停車駅

線名	区間	距離	昭和61年					
			種別	停車駅数	平均停車駅間距離	所要時間	表定速度	運転間隔
東海道線	東京—小田原	83.9	快速	7	10.5	80	62.9	不定期
			普通	14	5.6	89	56.6	20〜30
京急	品川—横須賀中央	49.9	快特	4	10.0	43	69.6	20
相模鉄道	横浜—海老名	24.6	急行	7	3.1	32	46.1	10
東急東横線	渋谷—横浜	24.2	急行	8	2.7	34	42.8	15
東急田園都市線	渋谷—長津田	25.6	快速	10	2.3	33	46.5	30
小田急	新宿—町田	30.8	急行	6	4.4	34	54.4	約15分毎
京王	新宿—京王八王子	37.9	特急	5	6.3	36	63.2	20
	新宿—高尾山口	44.7	急行	13	3.4	53	50.6	20
	新宿—多摩センター	29.2	快速	11	2.7	37	47.4	20
	渋谷—吉祥寺	12.8	急行	4	2.6	17	49.3	20
中央線	新宿—八王子	37.1	中央特快	6	6.2	38	58.6	12〜20
西武新宿線	西武新宿—本川越	47.6	急行	14	3.2	62	46.1	20
埼京線	新宿—大宮	28.3	快速	7	3.5	32	53.1	30
東武東上線	池袋—川越市	31.4	急行	3	7.9	33	57.1	20〜40
西武池袋線	池袋—所沢	24.8	急行	2	8.2	26	57.2	20
高崎線	上野—高崎	101.4	中距離電車(普通)	20	5.1	111	54.8	17〜26
東北線	上野—宇都宮	105.9	中距離電車(普通)	19	5.3	107	59.4	10〜20
東武伊勢崎線	北千住—東武動物公園	33.9	快速	1	17.0	27	75.3	60
			準急	5	5.7	34	59.8	20

令和元年						停車駅 (昭和61年に対して令和元年に 太字は追加した駅、*斜体*は通過している駅)
種別	停車駅数	平均停車駅間距離	所要時間	表定速度	運転間隔	
中距離電車(普通)	13	4.9	72	57.0	20	日暮里、三河島、**南千住**、北千住、松戸、柏、我孫子、天王台、取手、藤代、佐貫、牛久、ひたち野うしく、荒川沖　(＊)
特快	10	6.2	59	69.7	60	日暮里、北千住、松戸、柏、取手、藤代、佐貫、牛久、ひたち野うしく、荒川沖
特急	13	4.9	68	60.4	40	日暮里、青砥、京成高砂、*京成小岩*、京成八幡、*東中山*、京成船橋、*谷津遊園*、京成津田沼、八千代台、勝田台、京成佐倉、**大佐倉**、京成酒々井、宗吾参道、公津の社
快速特急	9	6.8	64	64.1	40	日暮里、青砥、京成高砂、京成八幡、京成船橋、京成津田沼、八千代台、勝田台、京成佐倉
快速	9	3.1	40	46.2	20	*京成曳舟*、*京成立石*、青砥、京成高砂、京成小岩、*国府台*、京成八幡、東中山、京成船橋、船橋競馬場、*谷津*、京成津田沼、京成大久保、実籾
快速	8	4.4	39	60.3	10〜18	新日本橋、馬喰町、錦糸町、新小岩、市川、船橋、津田沼、稲毛
快速	5	3.2	22	52.6	15	茅場町、門前仲町、木場、東陽町、浦安

中央線の特快は5分速くなっている。昭和61年時は流して走っていたのを一生懸命走るようになったためである。

西武新宿線の急行は1分速くなっている。所沢―新所沢間に航空公園《こうくうこうえん》駅ができたためである。

埼京線は昭和61年に開業した。当初から快速が運転されていたが、快速は武蔵浦和以遠で各駅に停車するようになって遅くなった。

東武東上線の急行は和光市《わこうし》、朝霞台《あさかだい》、ふじみ野の3駅が加わったが、和光市―志木《しき》間の複々線化でダイヤを見直したりして所要時間はかえって1分短縮している。さらに川越特急の運転開始によって、さらに4分短縮している。ただし川越特急は平日は2往復しか運転されていない。

西武池袋線の急行は4分も短縮している。昭和61年時は遅すぎたのである。

高崎線の中距離電車は3分速くなっている。しかもさいたま新都心駅と北上尾《きたあげお》駅ができて2分遅くなるはずだから実質5分速くなっている。115系から性能がいいE231系とE233系に置き換わったためである。東

線名	区間	距離	昭和61年					
			種別	停車駅数	平均停車駅間距離	所要時間	表定速度	運転間隔
常磐線	上野—土浦	68.5	中距離電車(普通)	10	6.2	62	66.3	約20
京成電鉄	京成上野—成田	68.4	特急	13	4.9	69	59.5	40
	押上—八千代台	30.8	急行	15	1.9	43	43.0	20
京葉線	東京—千葉	39.2	快速	8	4.4	44	53.5	12〜30
東京メトロ東西線	日本橋—西船橋	19.3	快速	5	3.2	21	55.1	10

＊昭和61年は万博中央仮駅に停車、早朝の所要時間は62分、令和元年はひたち野うしく駅で特急ひたち待避

北線も同様に3分速くなっている。

東武伊勢崎線の北千住—東武動物公園間は快速が廃止されてずいぶん遅くなった。準急と急行は北千住—東武動物公園間では新越谷駅に停車するようになって1分遅くなった。

常磐線の中距離電車の上野—土浦《つちうら》間は三河島と南千住にも停まるようになり、ひたち野うしく駅もできた。そして昼間時はひたち野うしく駅で特急を待避するために10分遅くなったが、130キロ運転をする特別快速が走るようになって3分短縮している。

京成の特急は停車駅が増えたにもかかわらず1分短縮、押上《おしあげ》—八千代台《やちよだい》間では急行を快速に変更して停車駅を減らしてやはり3分短縮した。

京葉線の快速は一生懸命走るようになって5分も短縮している。

東京メトロ東西線の快速は日本橋から西船橋《にしふなばし》間で1分遅くなった。ホームドアの設置で各駅の停車時間が5、10秒ほどかかるようになったためである。

昭和62年以降に優等列車が走りはじめた路線

昭和61年以前の首都圏では優等列車の運転線区は少なかった。あっても運転本数そのものが少なかった。各停ばかり運転すれば追い越し待避ができる駅を造る必要もないし、ダイヤ構成も簡単である。しかし、長大運転線区で各停あるいは普通だけだと時間がかかるので乗るのが敬遠されてしまう。そこで優等列車の運転を開始した線区は多い。

さらに地下鉄にも優等列車が走るようになった。浅草線では羽田空港のアクセスのためにエアポート快特が運転されている。途中で追い抜かないので普通よりも4分速いだけだが、それでも便利である。都営新宿線でも急行が運転されている。新宿線は本八幡《もとやわた》—千葉ニュータウン中央間の千葉県営鉄道と相互直通する予定だった。そのため本八幡寄りで急行を走らせることにしていた。

急行の停車駅は小室《こむろ》、柏井《かしわい》（武蔵野線新駅）、本八幡、船堀《ふなぼり》、大島《おおじま》、森下《もりした》以西各駅にすると考えられていたと聞く。これを前提にして瑞江《みずえ》駅で追い越しができる配線で造られた。

しかし、全区間で急行運転をすることになり、折返運転用に造られた島式ホーム2面3線の岩本町《いわもとちょう》駅で上下の急行が普通を追い抜くことにした。やや変則的な追越駅である。

東京メトロの副都心線は当初から急行運転を前提にしていたので、東新宿駅が島式ホーム2面4線の追越駅になっている。

横浜市地下鉄ブルーラインに快速が走りはじめたのは、平成27年（2015）とつい最近のことである。快速運転区間は新羽《にっぱ》―戸塚《とつか》間で所要時間は37分、表定速度は39・6キロでしかない。普通の同区間の所要時間は48分なので11分速い。快速は新羽駅で同駅折返の普通と接続し、上永谷《かみながや》駅で普通を追い越している。

上永谷駅には車両基地が隣接しているために島式ホーム2面4線になっていて、上下とも普通を追い越すことができる。

しかし快速は30分毎にしか運転されていない。さほど待たずに乗れるには最低でも15分毎の運転である。そのためには、島式ホーム2面4線化できるよう準備されている関内《かんない》駅でも普通を追い越す必要がある。

ただし、関内駅の島式ホーム2面4線化は3号線のあざみ野―関内間の本牧《ほんもく》方面延伸のために準備されていたものだから、戸塚寄りで本線に合流する地下トンネルを新たに掘らなくてはならない。

なお、上下2段になっている関内駅の下段の分岐線（3番線）は留置用に線路が敷かれている。上段の分岐線は路盤のみなので欠番（1番線を予定）になっている。このため関内駅には1番線がない。

15分間隔にするのは難しいが、20分間隔ならば関内の追越駅化は不要で、今すぐにもできる。20分毎でも乗車機会は増える。すぐにでも実行してほしいものである。

国鉄時代の昭和44年（1969）12月から南武《なんぶ》線に川崎―登戸《のぼりと》間で快速の運転を開始した。停車駅は武蔵小杉《むさしこすぎ》駅と武蔵溝ノ口《みぞのくち》駅だけだった。下りは武蔵中原《なかはら》駅で各停を通過追い越しし、一部は武蔵溝ノ口駅で各停と緩急接続をしていた。上りは登戸駅で各停と接続するだけだった。

昭和62年以降に登場した一般優等列車の現状（昼間時）

路線名	列車種別	区間	営業キロ	所要時間	表定速度	運転間隔	停車駅	
横浜市1、3号線ブルーライン	快速	新羽―戸塚	24.4	37	39.6	30	新横浜、横浜、桜木町、関内、上大岡、上永谷	平日昼間時、土休日昼間時と夕方
南武線	快速	川崎―立川	35.5	40	53.3	30	鹿島田、武蔵小杉、武蔵中原、武蔵新城、武蔵溝ノ口、登戸、稲田堤、稲城長沼、府中本町、分倍河原	平日夕方下り川崎→稲城長沼間、上り登戸→川崎間で運転
横浜線	快速	東神奈川―橋本	33.9	36	56.5	20	菊名、新横浜、鴨居、中山、長津田、町田、相模原	
湘南新宿ライン	特快	新宿―小田原	93.3	76	73.7	60	渋谷、大崎、武蔵小杉、横浜、大船、藤沢、茅ヶ崎、平塚、国府津	
湘南新宿ライン	快速	新宿―平塚	73.2	66	66.6	60	新宿、渋谷、恵比寿、大崎、武蔵小杉、横浜、戸塚、大船、藤沢、辻堂、茅ヶ崎	
京浜急行	エアポート快特	品川―羽田空港国内線ターミナル	14.5	14	62.4	40	羽田空港国際線ターミナル	
	快特	品川―羽田空港国内線ターミナル	14.5	15	58.0	10～20	京急蒲田、羽田空港国際線ターミナル	
	急行	品川―羽田空港国内線ターミナル	14.5	23	37.8	10	青物横丁、立会川、平和島、空港線内各駅	
	エアポート急行	羽田国内線ターミナル―新逗子	45.3	64	42.5	10	空港線内各駅、京急蒲田、京急鶴見、神奈川新町、仲木戸、横浜、日ノ出町、井土ヶ谷、弘明寺、上大岡、杉田、能見台、金沢文庫、金沢八景、新逗子線内各駅	
相模鉄道	特急	新宿―海老名	54.7	57	57.6	30	渋谷、恵比寿、大崎、西大井、武蔵小杉、羽沢横浜国大、西谷、二俣川、大和	JR線内各停
	特急	横浜―海老名	24.6	27	54.7	10、20、30	西谷、二俣川、大和	
	通勤特急	湘南台→横浜	21.8	30	43.6	―	いずみ野、二俣川、鶴ヶ峰、西谷	朝ラッシュ時上り4本運転
	通勤急行	湘南台→横浜	21.8	34	38.5	―	西谷以遠各駅	朝ラッシュ時上り5本運転
	快速	横浜―海老名	24.6	37	39.9	60	星川、西谷以遠各駅	
	快速	横浜―湘南台	21.8	30	43.6	30	星川、西谷以遠各駅	
東急目黒線	急行	目黒―日吉	11.9	17	42	15	武蔵小山、大岡山、田園調布、多摩川、武蔵小杉	
東急大井町線	急行	大井町―溝の口	12.4	19	39.2	9～10	旗の台、大岡山、自由が丘、二子玉川	

小田急江ノ島線	快速急行	新宿―片瀬江ノ島	55.4	57	58.3	20	代々木上原、下北沢、登戸、新百合ヶ丘、町田、相模大野、中央林間、大和、湘南台	
小田急多摩線	急行	新宿―唐木田	32.1	42	46.9	20	代々木上原、下北沢、経堂、成城学園前、登戸、新百合ヶ丘、栗平、小田急永山、小田急多摩センター	
東京メトロ副都心線	急行	渋谷―和光市	20.2	27	44.9	30	明治神宮前、新宿三丁目、池袋、小竹向原	
西武池袋線	快速急行	練馬―飯能	37.7	36	62.8	60	石神井公園、ひばりヶ丘、所沢、小手指、入間市	
つくばエクスプレス	快速	秋葉原―つくば	58.3	45	77.7	30	新御徒町、浅草、南千住、北千住、南流山、流山おおたかの森、守谷	
成田スカイアクセス	スカイライナー	日暮里―空港第2ビル	66.2	36	124.1	20	ノンストップ	
	アクセス特急	京成高砂―空港第2ビル	50.4	43	70.3	40	東松戸、新鎌ヶ谷、千葉ニュータウン中央、印旛日本医大、成田湯川	
京葉線	特急	東京―蘇我	43	33	78.2	60	海浜幕張	
	快速	東京―海浜幕張	31.7	30	63.4	15～30	八丁堀、新木場、舞浜、新浦安、南船橋	
浅草線	エアポート快特	青砥―泉岳寺	18.3	20	54.9	20	押上、浅草、東日本橋、日本橋、新橋、大門、三田	
都営新宿線	急行	新宿―本八幡	23.5	29	48.6	20	市ヶ谷、神保町、馬喰横山、森下、大島、船堀	
東京モノレール	空港快速	浜松町―羽田空港第2ビル	17	16	63.8	12	羽田空港第1ビル	
	区間快速	浜松町―羽田空港第2ビル	17	19	53.7	12	天王洲アイル、大井競馬場前、流通センター、羽田空港第1ビル	

川崎―登戸間の所要時間は20分、表定速度は51・9キロと各停よりも10分速かった。しかし、快速の運転間隔は1時間と長く、快速をはさむ前後の各停の運転間隔があくということで、快速通過駅の乗客から不評をかっていた。そのため昭和53年10月に廃止されてしまった。

現在の快速は平成23年（2011）3月に運転開始をした。現在は川崎―立川間全区間で快速運転をする。国鉄時代の苦い経験から停車駅を増やした。

運転間隔は平日が30分毎で下りは稲城《いなぎ》長沼《ながぬま》駅、上りは登戸駅で各停と緩急接続をする。土休日は20

分毎の運転になり、下りは武蔵溝ノ口駅と稲城長沼駅、上りは登戸駅で各停と緩急接続をする。平日も20分毎の運転にしてもらいたいものである。

横浜線の快速運転は昭和63年（1988）に開始された。当初の停車駅は新横浜、鴨居《かもい》、中山《なかやま》、町田《まちだ》、橋本《はしもと》以遠各駅で1時間毎の運転だった。快速通過駅近くにある踏切の遮断時間を安全に保つために通過駅では45キロにスピードを落としていた。

現在は菊名《きくな》駅と長津田駅、相模原《さがみはら》駅にも停車するようになり、運転間隔も20分毎、下りは町田駅、上りは中山駅で各停と緩急接続をする。

20分毎の運転は利用機会が増えるが、まだ全区間で普通しか利用できないときもある。10分毎にして利用機会を多くし、また、相模原―八王子間は各駅に停車するが、この区間でも相原、八王子みなみ野、片倉《かたくら》駅を通過し、さらに鴨居駅も通過する特快の運転をしてもらいたいものである。ようするに20分サイクルに特快と快速が各1本と各停2本の運転である。運転本数が多くなるが、近くを走る私鉄に比べると現在の横浜線の運転本数は少なすぎるといえる。

湘南新宿ラインの特快の表定速度は新宿―小田原間で73・7キロにもなっている。

京急は都営浅草線と連携して品川―羽田空港国内線ターミナル間に昼間時は快特を10分毎、ラッシュ時はエアポート急行を走らせるようになった。快特の4本のうち1本は成田空港―羽田空港国内線ターミナル間の運転で、快特ではなくエアポート快特としており、京急蒲田駅を通過する。

横浜、横須賀《よこすか》方面と空港とのアクセス列車として羽田空港国内線ターミナル―新逗子《しんずし》間にエアポート急行が運転されている。大半は上大岡《かみおおおか》駅で快特を待避する。

相模鉄道は横浜—海老名《えびな》間で特急、横浜—湘南台間で特急と快速が新設されたが、相鉄新横浜線の開通で朝ラッシュ時上りに通勤特急や通勤急行が加わり停車駅も増えたりして、大きくダイヤが変わった。

東急は目黒《めぐろ》線と大井町《おおいまち》線で急行の運転が開始された。とくに大井町線は駅間距離が短く、全線を乗り通すのにかなり時間がかかるイメージがあった。急行の運転開始によって大井町—二子玉川間は16分に短縮した。しかし普通よりも8分の短縮にすぎない。それでも距離が短いことで速いイメージが付くようになった。

小田急は新宿—小田原・片瀬江ノ島間に快速急行、新宿—唐木田《からきだ》間に急行が走っている。唐木田発着の急行は、以前は多摩急行といって千代田線直通だったが、千代田線直通はすべて緩行線を走る準急、通勤準急、各停との間で行っている。通勤準急が以前の準急の停車駅で、準急は千歳船橋《ちとせふなばし》、祖師《そし》ヶ谷大蔵《がやおおくら》、狛江《こまえ》にも停車するようになっている。

西武池袋線にも副都心線と東横線、みなとみらい線直通の快速急行が設定されている。西武線内の停車駅は新桜台《しんさくらだい》、練馬《ねりま》、石神井公園《しゃくじいこうえん》、ひばりヶ丘、所沢《ところざわ》、小手指《こてさし》、入間市《いるまし》で、飯能《はんのう》折返である。

つくばエクスプレスの快速は秋葉原—つくば間を45分で走破する。しかし、表定速度は77・7キロにすぎない。秋葉原—北千住《きたせんじゅ》間は各駅に停車するからである。ちなみに北千住—つくば間の所要時間は34分、表定速度は89・6キロにもなる。

浅草、南千住、南流山《みなみながれやま》、流山おおたかの森を通過して40分で結ぶ特急の運転が望ましい。表定速度は87・5キロにもなる。

成田高速線を160km/hで疾走するスカイライナー

やはり新設され、130キロ運転をするスカイアクセス線京成高砂《けいせいたかさご》—空港第2ビル間のアクセス特急の表定速度は70・3キロである。ここも印《いん》旛《ば》日本医大《にほんいだい》以遠は各駅に停車する。京成高砂—印旛日本医大間の所要時間は25分（上り）、表定速度は77・5キロである。

また、160キロ運転をするスカイライナーの日暮里《にっぽり》—空港第2ビル間の所要時間は36分、表定速度は124・1キロ、また印旛日本医大—空港第2ビル間の平均速度は135・8キロにもなっている。東海道新幹線「こだま」並みの速さである。

東京モノレールも京浜急行との対抗上、空港快速と区間快速が走るようになった。空港快速の浜松町《はままつちょう》—羽田空港第2ビル間の所要時間は16分、表定速度は63・8キロである。

改良が進むホームドア

ホームからの転落事故をほぼ確実に防ぐのがホームドアだ。ホームドアが登場したころは、いろいろな条件をクリアしないと設置できなかった。

各列車の編成両数が統一され、各車両の扉の位置が揃っていることが大きな前提条件だった。さらに、車両のドアとホームドアの位置をほぼぴったりと合わせるにはタスク（ＴＡＳＣ）装置が必要とされていた。ＴＡＳＣとはTrain Automatic Stop-position Controlの略で列車自動定位置停止装置のことである。タスクによってホームの停止位置に±30㎝誤差で停まることができる。

もう一つの条件はホームドアは重いために、軽量構造で造られたホームに取り付けるには、その重さに耐えられるよう構造物の強化が必要だった。また、古いホームでは線路近くに屋根の柱があって設置するには柱を移設する必要がある。

これら厳しい条件があるためになかなか設置が進まなかった。しかし、首都圏の通勤電車のほとんどは20ｍ４扉車であり、ほぼ扉の位置は決まっている。

難しいのは特急が走る中央線である。特急が停まらない駅では通勤形だけに対応したホームドアを付ければいいと思われるが、その場合、事故等で特急が非常停車してもホームドアと車両の位置が合わず、外に脱出しにくい。

新幹線のように車両とホームドアの間を50㎝ほどあけて、通れるようにする必要があるが、そうすると通常時にはホームドアと車両との間に乗客が取り残される恐れがある。多様な車両が走る線区では非常に難しいのである。

最近では可動柵部分（スライドドア部分）を長くして、停止位置が1mほどずれても大丈夫なホームドアが開発された。これによってタスク装置の設置を不要にした。

また、JR西日本では通勤形の3扉車と近郊形（中距離電車）の4扉、それに扉位置が大きく異なる特急形のいずれにも対応可能な、ロープ昇降式ホームドアが実用化された。

ロープ昇降式が最初に設置されたのが桜島線のUSJのユニバーサルシティ駅の次の終点駅の桜島駅だった。このホームドアの試験のときに見に行ったが、ロープ昇降式は隙間があるためにセンサーを多数設置しており、これに乗客が触れると動作がストップしてしまう。やはり通常の引き戸式の可動柵がいい。通勤形と近郊形の両方に対応できる引き戸式可動柵を考えていると言われた。

高槻《たかつき》駅では、内側線の副本線に両方に対応できる引き戸式可動柵を設置しているように思えたので前著『関西圏鉄道事情大研究「将来篇」』でこのことを書いたが、設置完成後に見に行くと近郊形3扉車対応のホームドアだった。筆者の勇み足であり、ここに訂正したい。

とはいえ、JR西日本は多様な列車の扉位置に対応するホームドアをやはり開発していた。床から天井までの全閉式で左右二つの子扉を収納する親扉を組み合わせ、親扉も左右に移動させることによって60パターン以上の車両の扉に対応するホームドアである。まもなく試験運用するという。

ともあれ、扉位置が異なる車両のほぼすべてに対応できるホームドアはロープ昇降式、前述した現在開発中のものしかない。JR西日本ではまず乗降客が少ないホームに対してロープ昇降式を設置して試していたが、前述の高槻駅の外側線用に新設したホームにはこのロープ昇降式が設置された。このホームは朝ラッシュ時上りの新快速に乗るために混雑している。1年ほど経過した結果、混雑しているホームでも問題がないということで、大阪駅の新快速や各停が停車する片側の線路面に設置された。ただし、その反対側の各停だけが停車するホームにはスライド式ホームドアが設置されている。

関西の阪急では各形式の扉の位置が微妙に異なる。これに対応するために広幅スライド式ホームドアが採用された。広幅ホームドアは軽量化もされており、ホームの強度を上げなくてすむという。

といっても、色々な車両が走る線区ではロープ昇降式を採用せざるをえない。首都圏では中央快速線と常磐快速線、総武快速線、京葉線であろう。ＪＲは八高《はちこう》線拝島《はいじま》駅の上り線のパイプ昇降式ホームドアを試験的に設置している。もう2年以上は経っているが、トラブルはほとんどない。

小田急は引き戸式にするようである。すでに相対式ホームから島式ホームになった代々木《よよぎ》八幡《はちまん》駅にこれを設置している。しかし、特急車が故障したときホームへの避難はしにくい。特急は各種形式があり、それぞれ扉の位置が異なる。特急停車駅に対してはロープ昇降式にするのがいいが、最新のＧＳＥ車は通勤形の4扉のうち片側端部の1扉に対応して出入口扉がある。他のロマンスカーはホームドアと合った一扉だけ開閉することになろう。

編成両数に違いがあったりしても、これは停車列車によって可動柵の開閉を変えればいいだけだ。

京浜急行の快特のように3扉車と2扉車が混在しても、真ん中の可動柵を開けるか開けないかで両扉車に対応できよう。東京メトロに乗り入れる小田急ロマンスカーＭＳＥ車も4扉通勤形と扉の位置が大きく異なる。ロープ昇降式にするか、ＧＳＥのような新形式に置き換えるしか方法はない。

在来線の最高速度を130キロから160キロに引き上げを

スカイアクセス線の印旛日本医大―空港第2ビル間の最高速度は160キロである。ただしスカイライナーだけが特認でこの速度で走る。同区間でスカイライナーの平均速度は135・8キロにもなっている。

印旛日本医大駅通過時は130キロ、同駅通過後に加速して160キロで走行し、空港第2ビル駅に停車するために速度を落とすまでの平均速度である。

この160キロ運転を京成高砂―印旛日本医大間でもすればどうだろう。ただし新柴又《しんしばまた》駅は105キロ制限、矢切《やぎり》駅は130キロ制限、北国分《きたこくぶん》駅は120キロ制限があるなど、ずっと160キロで走るわけにはいかない。それでも平均速度は130キロ台にはなるはずである。

平均速度が約130キロとした場合の京成高砂―印旛日本医大間の所要時間は14分となり、京成高砂―空港第2ビル間は21分で走破できる。現在、25分だから4分の短縮である。これによって日暮里―空港第2ビル間は32分になる。

同様につくばエクスプレスで160キロ運転をする特急を走らせる。停車駅は新御徒町《しんおかちまち》、北千住、守谷とすると、秋葉原―つくば間は30分で結ぶことは十分できる。表定速度は116・6キロである。

つくばエクスプレスの全駅はホームドアがあるから、駅通過のときの危険性は相当に軽減できる。

そもそも、東北新幹線の通過線がない相対式ホームは2面2線になっている、くりこま高原駅や水沢《みずさわ》江刺《えさし》駅、新花巻《しんはなまき》駅ではホームドアがあるために３２０㌔で通過しても、ホームにいる人はまったく列《れっ》車風《しゃかぜ》にさらされていない。３２０㌔で問題がないのだから１６０㌔ではなんら問題がない。

ただし、北総線の各駅にはホームドアの設置が必要である。また、１６０㌔運転では信号機の青灯が2灯点灯する高速進行現示が必要であり、さらに進行現示と減速現示の間に青灯と黄灯が点滅する抑速現示が必要である。

なお、北総線の特急やアクセス特急の最高速度は１２０㌔である。これも１６０㌔にすればいい。日本では、在来線で１６０㌔運転をしているところは印旛日本医大―空港第2ビル間だけだが、かつては北越急行ほくほく線でも行っていた。しかも、通過する各駅はホームドアがなかった。それでも通過による事故はなかった。

そもそも在来線の最高速度を１３０㌔に抑えているのは先進国の鉄道で日本しかない。１６０㌔運転をするのが当たり前の国が多い。なかには２００㌔を超える速度で走っている国もある。

踏切がまったくない線区では、ホームドアの設置と信号保安装置の改良で１６０㌔運転をすべきである。たとえば総武快速線の錦糸町《きんしちょう》―千葉間、常磐快速線、京王相模原線である。

複々線といってもいろんな方式がある

総武線の複々線区間は両国―千葉間である。というと錦糸町《きんしちょう》―千葉間ではないかと思われるが、錦糸町駅から両国駅の手前まで快速線と緩行線は、まだずっと並行している。快速線は駅の手前で地下に潜るために高架から地上へ降りていく。地上に降りると快速線から分かれた線路がそのまま両国駅の地上にあるホームまで伸びている。地上ホームはかつて総武各線への長距離列車が発着していた。なお、快速線は急行線と呼ばれることもあるが、ＪＲは急行はほぼないことから快速線としたほうがわかりやすい。また、急行の反対語が緩行であり、緩行イコール各停である。

これがために複々線の起点は両国駅からとしているだけでなく、快速線は両国駅構内で地下に潜っていく。だから複々線の起点は両国駅なのである。

総武線の複々線は線路別になっている。快速線と緩行線がそれぞれ複線になっている複々線のことである。線路別複々線では各停から快速へ、あるいはその逆の乗り換えのとき、ホームが別々になっているから非常に面倒である。複々線としては落第といえるものである。

乗り換えが便利なのは方向別複々線である。快速線と緩行線をペアにして上下線を分けるのが方向別である。同じホームで各停から快速に乗り換えができる。関西の東海道・山陽線草津《くさつ》―長田《ながた》間や首都圏の私鉄の多くが方向別複々線である。

総武線に限らず、首都圏のＪＲの複々線のほとんどは線路別になっている。これは国鉄時代に早期に複々線化をするということで、既設の複線に張り付けるように快速線を設置したためである。さらに、快速線と緩行線のホームを別々にすることで簡単に乗り換えられないようにすれば、各停から快速に乗り換えることを控えて各停で乗り通す人が増え、快速が混雑しないようにできる。

また、錦糸町駅のように快速線のホームも緩行線のホームも、どっと降りてどっと乗ってくるような駅で方向別複々線にすると、上りホームは人で溢れかえってしまい、下りホームはガラガラの状態になる。線路別だと両方のホームに分散される。ただし階段や乗換通路は混みあってしまう。

中央線では方向別と線路別を使い分けている。というよりも御茶ノ水駅だけが方向別ホームになっている。錦糸町駅とくらべて御茶ノ水駅の乗降客は少ない。方向別ホームになっていても、さほど人で溢れることはない。

御茶ノ水駅を過ぎると線路別複々線になる。新宿駅では快速の乗降客が多い。そこで快速線は島式ホームにして、朝ラッシュ時上りは2線の線路を交互発着にしている。新宿駅では乗降客をさばくためだけでなく、停車時間が長くなるため交互発着で運転間隔を短くしている。

新宿―三鷹間も線路別複々線である。しかし、この区間では快速が混んでいて、各停は空いている。快速線は2分毎の運転だが、緩行線は4分毎の運転である。線路別複々線になっていれば、緩行線にも快速あるいは準快速を走らせることができる。線路別複々線は快速線ばかりが混んでしまう欠点がある。

小田急の代々木上原―登戸間は方向別複々線になっている。その緩行線には各停だけでなく通勤準急と準急が走る。これによって急行線の過密運転を緩和している。

その通勤準急と準急は代々木上原駅で千代田線に直通している。緩行線を走る電車の多くは千代田線直通である。

千代田線と直通を開始したとき、代々木上原—東北沢間のわずかな区間を複々線にした。このときの配線は内側が急行線、外側が緩行線だった。代々木上原駅では内側が千代田線直通用、外側が新宿駅からの電車が発着していた。千代田線の小田急直通電車はそのまま急行線に入れるが、新宿駅からは転線しないと急行線に入れなかった。

転線した電車があると千代田線側はやり過ごしてからでないと急行線に入れない。これを交差支障という。

代々木上原駅は外側が小田原線発着用、内側が千代田線直通用と現在も変わっていない。だが、地下化された東北沢駅までは外側が急行線、内側が緩行線に変更している。下北沢駅は上下2段式の複々線で下が急行線、上が緩行線の線路別になっている。乗り換えが面倒だが通常の線路別と違って一方通行の上下移動である。といっても無理をしてでも方向別にすればよかった。

ともあれ、世田谷代田《だいた》駅の小田原寄りで急行線が内側、緩行線が外側の方向別複々線になる。そして千代田線直通電車との交差支障も東北沢—世田谷代田間という長い立体交差で解消させている。もし、当初の計画のままの下北沢駅前後も高架複々線にしていれば交差支障は避けられなかった。

方向別複々線で急行線を内側と外側のどちらにすればいいのかも考える必要がある。

急行線を外側にするとホームにかかるとき、その前後でカーブができるので、通過時に乗り心地が悪くなる。最悪は速度制限を受ける。これは内側の緩行線の上下線の間に島式ホームを造ったとしても同じように駅の前後でカーブができてしまう。

内側にするとカーブはできない。また。緩行線の外側に相対式ホームを設置でき、比較的駅の構造が簡単になり、ホームのために線路を膨らませる必要がない。

しかし、内側を急行線にすると大きなデメリットがある。それは各停に多く設定されている途中駅での折り返しである。通常は引上線で折り返すことが多いが、内側に急行線があると、どうしても急行線を横断しなければならない。大きな交差支障が起こるのである。

外側が急行線であれば各停が引上線で折り返しても交差支障は起こらない。ということで、西武池袋線と東武東上線、伊勢崎線では外側を急行線にしている。

小田急の向ヶ丘遊園―登戸間は上り線だけ複線になっている。向ヶ丘遊園駅の小田原寄りに折返用の引上線がある。そこで各停が折り返すとき、小田原方面からの急行が入線することになると、必然的に交差支障を避けて内側の3番線に各停が、外側の4番線に急行が入線することになる。向ヶ丘遊園駅の新宿寄りに緩急両線の転線用ポイントがないから、登戸駅までは各停が内側、急行が外側の状態で進む。登戸駅では交差支障になるから、急行が新宿寄りにあるシーサスポイントで急行線に先に転線する。少し経ってから今度は各停が緩行線に転線している。

小田急では時折、この光景が見られる。急行線が外側であれば交差支障は起こらない。だが、外側だと各駅を通過するとき揺れて乗り心地が悪くなる。外側にするか内側にするか一長一短である。

中間駅でも両側ホームの設置を

電車の両側にホームがあって両側の扉が開くターミナル駅は多い。多くは乗降分離として片方は乗車用、もう片方は降車用になっている。降車が終了すると扉を閉めて乗車ホーム側の扉を開けて、座るための折返乗車を防いでいる。しかし、首都圏の多くのターミナル駅では数秒の時間差があっても両方を開けているところが多い。あまりにも混んでいるから、速やかに降りてもらうためである。

中間の駅のなかで、あまりにも乗降客が多い駅ではやってもいいのだが、首都圏では皆無である。ただし途中駅の折返用に島式ホーム2面3線になっている駅、たとえば都営新宿線の岩本町《いわもとちょう》駅や丸ノ内線の中野坂上《なかのさかうえ》駅などは両側ホームになっている。また、西武新宿線の高田馬場駅の上り線は朝ラッシュ時に限り両側の扉を開けている。しかし、高田馬場駅はターミナル駅といってもいい。

また、中央緩行線の千駄ヶ谷《せんだがや》駅の下り線と山手線の原宿《はらじゅく》駅の外回り線は両側ホームになっている。しかし、千駄ヶ谷駅の臨時ホームは昭和39年のオリンピック時に使われただけである。片面ホームを拡張して下り線専用にする工事はほぼ終了して、まもなく使用開始する。原宿駅は正月の初詣で時に外回りホームとして使用し、従来のホームは内側線用にする分離方式をとっており、両側の扉は開かない。これも常時外回りホームにする。

関西では中間駅で両側の扉を開けているところは多い。阪急の西宮北口《にしのみやきたぐち》駅、阪神の尼崎《あまがさき》駅と尼崎センタープール前駅、甲子園《こうしえん》駅、近鉄の伊勢中川《いせなかがわ》駅、大和西大寺《やまとさいだいじ》駅、南海泉佐野《なんかいいずみさの》駅、ＪＲ奈良線奈良駅、山陽電鉄東二見《ひがしふたみ》駅などである。

目的としては速やかに乗降させるためのほかに、車両通り抜け乗換方式のためである。阪神尼崎駅は本線と阪神なんば線との分岐駅である。本線では急行が普通を追い越すが、このとき阪神なんば線の快速急行も停車して、待避している普通電車を通り抜けて急行に乗り換えたりしている。これによって階段下の乗換通路を通らずに平面移動で乗り換えができる。近鉄伊勢中川駅や南海泉佐野駅も同じようにしている。

首都圏でも京成高砂駅で車両通り抜け乗換方式を採用すれば、緩急接続の上に北総線と京成本線との同時発車ができ、柔軟なダイヤにすることができる。

新宿駅の中央緩行線と山手線との方向別ホームは狭い。山手線内回りの14番線と中央緩行線千葉方面の13番線のホームでは、朝ラッシュ時に人で溢れている。とくに階段付近は電車待ちの人が立つと危険なので立たないように呼び掛けている。しかし、通路でもあるので電車が来るまで黄色い線の外側を通り抜ける人が後を絶たない。いつ転落事故が起こってもふしぎではない危険な状態である。

ホームドアを設置すればいいといえるが、階段と線路の間は狭く、余計に行き来しにくくなってしまう。

隣の12番線は中央線快速の発着用だが、12番線はほとんど発着していない。この線路を撤去してホームを拡幅すると中央緩行線の13番線は両側ホームにできる。ホームが広くなるとともに中央線各停が両側扉を開けて1分ほど停車すれば、山手線内回りと中央線快速との間で車両通り抜け乗り換えができる。

パート2

区間別「ライバル鉄道」分析

京浜急行VS東京モノレール

東京モノレールと京浜急行は羽田空港へのアクセス線として競合している。しかし、東京モノレールは浜松町駅、京急は品川駅と起点側は同じ駅ではない。それでも利用者はどちらに乗るか迷うところである。

東京モノレールのモノレール浜松町―羽田空港間13・2キロは昭和39年9月に開通した。途中に駅はなくノンストップ運転をしていた。最高速度は100キロ、所要時間は15分、最小運転間隔は7分、6両固定編成2本と3両固定編成7本が用意され、6両編成4本と3両編成2本に組んで運用されていた。

台車部分が車内に食い込んでいるために、その部分は窓に向かって座るロングシート、他は転換クロスシートだった。運賃は250円、当時の国鉄で同じ13・2キロでの運賃は60円だったから、非常に高いと非難されていた。

一方、当時の京急空港線京浜蒲田《けいひんかまた》（現京急蒲田）―羽田空港間といっても、羽田空港駅は羽田空港のターミナルに乗り入れておらず、海老《えび》取川《とりかわ》手前に置かれていた。

羽田空港沖合展開事業、略称沖展《おきてん》によって、東京モノレールとともに京急も新旅客ターミナルまで延伸が決定した。

まず平成5年4月に東京モノレールと連絡する羽田（現天空橋《てんくうばし》）駅まで延伸、そして平成10年11月に羽田空港国内線ターミナル駅まで乗り入れた。沖展による東京モノレールの羽田空港第1ビル駅への延伸は平成5年9月、羽田空港第2ビルへの延伸は平成16年12月である。ここに東京モノレールと京急の熾烈な戦いが始まった。

東京モノレールは浜松町駅でJR山手・京浜東北線と連絡している。京浜急行は品川駅の次の泉岳《せんがく》寺《じ》駅で浅草線と相互直通をし、品川駅では東海道新幹線、東海道線、横須賀線、山手・京浜東北線と連絡する。

渋谷・新宿方面からは東京モノレールを利用する人は少ない。浜松町駅に行くより先に品川駅に着くからである。反面、東京方面からは先に通る浜松町駅で乗り換えて東京モノレールを利用する人は多い。ただし、京浜急行は浅草線と相互直通しているから、新橋駅や銀座駅、日本橋駅付近からの利用は京急も多い。

東京モノレールは天王洲《てんのうず》アイル駅で東京臨海高速鉄道に連絡している。東京臨海高速鉄道に乗り換えて、さらに新木場駅で京葉線に乗り換えれば羽田空港から東京ディズニーランドに行ける。しかし、天王洲アイル駅での乗り換えは距離があるだけでなく高架のモノレール駅から地下のりんかい線の駅まで階段を利用しなくてはならず面倒である。

国際線ターミナルでは高架に駅があるモノレールは出発ロビーに平面移動で行ける。京急は地下だからやや面倒である。

国内線ターミナルではモノレールは第1ビル駅と第2ビル駅と二つに分かれている。降りるのを間違えると結構な距離を歩くことになる。京急は終端側が第2ターミナルへ、反対側が第1ターミナルに通じている。品川駅でＪＡＬ系の飛行機に乗るときは最後部、ＡＮＡ系に乗るときは最前部の車両に乗るといい。

東京モノレールの浜松町駅と都営浅草線の大門《だいもん》駅はそんなに離れていない。両駅から羽田空港までの所要時間は、東京モノレールの空港快速が16分、区間快速が19分で間隔は４分か８分、運賃は５００円である。

京急はエアポート快特・快特が21分、10分毎、運賃は４６０円である。令和元年９月までは５７０円だった。

浜松町以北ではモノレールが優位だが、運賃面は京急のほうが安い。新橋以北のＪＲ駅からだと京急のほうが安い。品川駅までＪＲ経由の東京―羽田空港国内線ターミナル間は京急が４７０円なのに対してモノレールは６６０円と差がつく。そして新宿方面からは京急の一方勝ちになっている。

今後、ＪＲが羽田空港に乗り入れてくる。その場合、ＪＲ羽田空港駅は京急と十字交差すると考えられる。第１と第２の国内線ターミナルのいずれへも遠い。ＪＲは首都圏から離れた長距離客向けになろうから、競争に参入するとしても取り合いになることはないと思われる。また、国際線ターミナルへは行かないので、モノレールか京急に乗り換えるか、当初から両線を利用することになろう。ただしＪＲものちのちは国際線ターミナルへの乗り入れも考えているようである。

東横線VS新宿湘南ライン

平成13年12月にJRは湘南新宿ラインの運転を開始した。このときから東急東横線との間でライバル関係になった。現在は東急東横線が副都心線と相互直通をしているから、ライバル区間は池袋—横浜間に拡大している。

湘南新宿ラインという路線はない。横浜方面と渋谷・新宿方面を結ぶ列車に付けた愛称である。新宿以北では東北本線と高崎線に乗り入れている。

小田原方面からは戸塚駅まで東海道旅客線を通り、戸塚駅で横須賀線に転線する。逗子発はそのまま横須賀線を通る。大崎駅で山手貨物線に移って田端駅で東北貨物線に入り大宮駅に達する。

昼間時の渋谷—横浜間の所要時間は特快が25分、快速が26分、普通が27分である。運転本数は1時間に特快と快速が各1本、普通が2本で渋谷発でみて15分毎になっている。

一方、東横線の渋谷—横浜間は特急が27分、急行が31分で、15分サイクルに各1本が走る。運転本数は東横線が倍、所要時間は湘南新宿ラインの特快が2分速いが1時間に1本しか走っていない。運賃は東横線が280円、湘南新宿ラインが400円と差がある。

渋谷—横浜間に限っては東横線が優位である。湘南新宿ラインを利用するのは横浜以西か渋谷以北からの乗客であろう。

副都心線の新宿三丁目駅はJR新宿駅から離れている。東口からは近いが西口からだとずいぶん遠い。池袋駅は同じ位置に駅がある。

昼間時の池袋―横浜間で比較してみると、湘南新宿ラインは所要時間37~39分で15分毎、運賃650円、東横線と副都心線は所要時間は特急が39分で15分毎、運賃は480円となっている。所要時間と運転頻度は差がほとんどないが、運賃の差は170円もある。なお、池袋―渋谷間を山手線利用をして渋谷駅から東横線に乗ると運賃は450円でこれが一番安い。しかし、所要時間は乗車時間だけで42分、乗換時間は10分はかかるから52分になってしまう。

JR渋谷駅に進入する湘南ライナー

東急急行元町・中華街行

小田急VS新宿湘南ライン

湘南新宿ラインは小田急とも競争している。ライバル区間は新宿―藤沢間と新宿―小田原間である。

昼間時の新宿―藤沢間では、湘南新宿ラインの所要時間は特快が51分、快速が54分で新宿発でみて両列車合わせて30分毎の発車、運賃は990円である。

対する小田急の快速急行は所要時間が57分、20分間隔で、運賃は660円である。所要時間は湘南新宿ラインのほうが勝っているが、運転頻度と運賃は小田急のほうに分がある。

昼間時の新宿―小田原間では湘南新宿ラインの所要時間は75分で運転間隔は1時間、運賃は1520円である。対する小田急の所要時間は90分と遅いが、運転間隔は20分毎で運賃は900円と620円も差がある。

小田急はロマンスカーも走らせている。その中で新宿―小田原間をノンストップで走る「スーパーはこね」の休日の下り2本は59分である。

小田急は50年以上前から新宿―小田原間を60分以内で結ぶことが念願だった。これが休日の下りの2本だけだが実現している。平日の「スーパーはこね」は70分、途中駅停車列車は74、75分である。

特急料金は910円だから、運賃と合計で1810円になる。湘南新宿ラインよりも290円高いだけだが、快適性は全く異なる。

新宿から小田原に行くには新幹線ルートもある。新宿駅から品川へ出て東海道新幹線で行く方法である。新宿—品川間は18分、品川—小田原間は27分、乗換時間を7分とすると合計で52分である。「スーパーはこね」よりも少し速いだけである。これで自由席料金1760円と普通乗車券1520円の計3280円が必要になる。

小田急の「スーパーはこね」が平日でも59分で走破すれば、利用者は増える。新宿—小田原間ではビジネス客はさほど多くはない。小田急ロマンスカーは観光的要素も大きい。速く走らせても行楽客はさほど喜ばない。むしろ、車内で楽しむためにゆっくり走ってもらいたいと思っている人も多い。

相武台前付近を走る小田急ロマンスカー GES

登戸付近を走る快速急行（右）と各停（左）

横浜駅の横須賀線ホームに停車中の湘南新宿ライン逗子行

小田急多摩線VS京王相模原線

両線とも多摩ニュータウンと都心を結ぶ路線の一環として建設された。小田急多摩線は新百合ヶ丘《しんゆりがおか》駅で小田原線と接続して、昼間時には新宿―唐木田《からきだ》間に急行が運転されている。京王相模原線は調布《ちょうふ》駅で京王線と接続して新宿―橋本間で準特急、本八幡《もとやわた》―橋本間で区間急行と快速が運転されている。

小田急多摩線は昭和49年6月に新百合ヶ丘―永山《ながやま》間が開通した。開通時は各停のみの運転で、朝ラッシュ時に各停の2本だけが小田原線に直通して新宿駅に向かう。しかも小田原線内も各停である。これに多摩線内のみの4本の各停が運転されて10分毎になる。昼間時は15分毎の運転だった。新宿直通はＮＨＥ２６００系20ｍ車6両編成、線内運転はＡＢＦ形17・5ｍ車4両編成だった。

京王相模原線の京王よみうりランド―多摩センター間は昭和49年10月に開通した。朝ラッシュ時に新宿直通の通勤快速が10分毎に走る。相模原線内各駅、つつじヶ丘、千歳烏山、桜上水《さくらじょうすい》、明大前《めいだいまえ》に停車する。所要時間は48分だった。

昼間時は20分毎に快速が運転される。永山、京王よみうりランド、京王稲田堤《いなだづつみ》、京王多摩川、調布、つつじヶ丘、千歳烏山、桜上水、下高井戸《しもたかいど》、明大前、笹塚《ささづか》に停車し、所要時間は35分である。

小田急は町田方面からの列車でダイヤが一杯だったが、京王線はよみうりランド駅まで開通していた時にすでに快速、通勤快速が運転されており、それを多摩センター駅まで延長運転をするだけでよかったから直通電車を当初から運転できた。しかも京王は多摩センター駅まで先に開通した。

小田急の永山―多摩センター間は昭和50年4月の開通である。多摩センター付近の開発が遅れていたために新宿駅まで直通する京王でさえも多摩センター駅からの乗車客は少なかった。まして新百合ヶ丘折返がほとんどの小田急はあまり利用されなかった。

小田急は多摩ニュータウンに入る手前の五月台《さつきだい》―黒川《くろかわ》間で自社による住宅開発がなされていたが、多摩センター延伸時にはまだ造成中で沿線は砂漠のような雰囲気だった。

昭和53年10月に京王の新宿―笹塚間が複々線になり、55年3月に都営新宿線と相互直通運転を開始、通勤快速、快速が新宿線に直通するようになった。63年5月に多摩センター―南大沢《みなみおおさわ》間、平成2年3月に南大沢―橋本間が開通した。

小田急も同月に小田急多摩センター―唐木田間が開通した。当初は橋本駅まで京王とはやや離れて並行して建設し、橋本駅から城山《しろやま》まで行くことにしていた。しかし、橋本まで2路線も必要ないとして延伸は中止していた。その後、多摩ニュータウン南部の開発が進み、唐木田方面への延伸が必要になって開通した。新宿直通は少しは増えたが、ほとんどは多摩線内の運転だった。

京王は橋本駅から津久井《つくい》湖畔の相模中野まで延伸を予定していたが中止になり、免許も失効した。

平成2年3月に小田急多摩センター―唐木田間が開通した。その先は多摩ニュータウン外になるため、唐木田から先の延伸は小田急としては国の補助が確定しない状態なので躊躇している。

京王は平成4年5月に大幅ダイヤ改正を行った。昼間時と夕ラッシュ時に相模原線特急の運転を開始した。明大前、調布、京王多摩センターに停車した。新宿―橋本間の所要時間は36分、表定速度63・5キロだが、新宿―調布間は急行の後追いをしているために、停車駅が少ないにもかかわらず、急行より3分速いだけだった。八王子行特急の新宿―調布間の所要時間は15分、これに対して相模原線特急は18分と遅い。

平成12年に小田急は多摩線、小田原線、千代田線直通の急行の運転と新宿発唐木田行特急ロマンスカーの運転を開始した。

平成13年3月に大幅改正をして相模原線特急は廃止して急行を新設した。急行の停車駅は笹塚、明大前、桜上水、つつじヶ丘、調布、京王稲田堤、京王永山、京王多摩センター、南大沢とし、調布で特急と接続する。新宿―橋本間は特急乗り継ぎで34分と、相模原線内で停車駅が増えたにもかかわらず、それまでの特急よりも2分速くなった。この急行は都営新宿線に直通し、新宿線内でも急行運転をする。また、高尾発着は新設の準特急とし、この準特急に相模原線直通の快速が接続する。快速は相模原線内は各駅に停車する。

平成14年に小田急の千代田線直通急行は多摩急行と名付けられ、昼間時に1時間に2本となり、朝ラッシュ時上りにも運転され、複々線化の進展により多摩センター↓代々木上原間は35分の所要時間に短縮した。代々木上原駅で新宿行急行に乗り換えると多摩センター↓新宿間は44分になる。

朝ラッシュ時の京王はノロノロ運転のために多摩センター―新宿間は47分もかかっていた。小田急はわずか3分だが、京王よりも速くなり、京王から小田急利用に切り替える人が出てきた。

平成16年には新宿―唐木田間の区間準急も1時間に2本が設定された。ただし、区間準急といっても新宿―梅ヶ丘間で代々木上原駅と下北沢駅に停車し、梅ヶ丘以西は各駅に停車する。

京王の複々線は新宿―笹塚間とわずかしかない。対する小田急は梅ヶ丘―登戸間と長くなって、朝ラッシュ時でも大幅にスピードアップした。これに対抗する手段は京王にはない。しかし、昼間時は対抗し得る。そこで平成25年2月に相模原線特急を復活した。高尾線直通の準特急に2分先行する運転形態にした。そして現在は笹塚駅と千歳烏山駅に停車する準特急とし、多摩センター駅で区間急行と緩急接続をするようになった。笹塚駅では都営新宿線内で急行になる電車と接続する。

小田急は平成30年に代々木上原―登戸間が複々線化されて、大幅にダイヤが改正された。多摩線では多摩急行を廃止して、新宿発着の急行が設定された。

現在、朝ラッシュ時の上り永山→新宿間の所要時間は京王の準特急が39〜42分、急行が44〜47分、区間急行が48分である。小田急の通勤急行は38分である。

京王の準特急と小田急の通勤急行とは1分しか差がない。39分で走る準特急は永山発7時5分であり、その後は急行と区間急行ばかりが走る。多くは都営新宿線直通なので新線新宿で発着する。

新線新宿だと東口まで1駅ぶんほど歩かなくてはならないし、JR各線や丸ノ内線に乗り換えるのも遠い。そのため笹塚駅で京王線新宿行に乗り換える人も多い。

京王が遅いのはまさに調布―笹塚間が複々線になっておらず、京王線内で普通を追い抜くのはつつじヶ丘駅と八幡山駅だけなので普通の後追いをしてノロノロ走るからである。そして桜上水駅で1分程度停車し、明大前駅の手前で数回信号待ちをし、京王新宿行は新宿駅手前で信号待ちで何度も停車する。転線用のポイントが駅のずいぶん手前にあるからだ。新線新宿行は幡ヶ谷、初台にも停車する。

朝ラッシュ時に永山や多摩センターから新宿に行くには小田急のほうが便利である。京王の急行と区間急行は京王新線を通るとき幡ヶ谷、初台の両駅を通過して2分ほど所要時間を短縮すればいい。

京王堀之内《ほりのうち》以遠からの京王の乗客が多摩センター駅で小田急多摩線に乗り換えてまでも新宿に行く人は少ない。

多摩境《たまさかい》―京王堀之内間の各駅では座ることができない。小田急の急行は多摩センター駅からだと、まだ座席が空いているから座れる。そういうことをしている人もいるが、それは京王堀之内駅の人である。南大沢駅と多摩境駅では橋本駅まで行って折返乗車をする。南大沢駅の人が橋本―新宿間の通勤定期を買えば折返乗車は認められる。ただしドア閉めをするので1本見送る必要がある。

昼間時の京王線は準特急が走る。準特急の新宿―永山間の所要時間は28分である。また、高尾山口行の特急に乗って調布駅で快速に乗り換えると新宿―永山間の所要時間は29分である。八王子行準特急に乗って調布駅で区間急行に乗り換えると30分になる。新宿―永山間では20分間で3回の乗車チャンスがある。

小田急の急行の新宿―永山間の所要時間は36分である。快速急行で新百合ヶ丘駅に行って各停に乗り換えても36分である。小田急も新宿駅から永山駅への乗車チャンスは3回だが、所要時間はかかりすぎだし、新百合ヶ丘駅での乗り換えは小田原線のホームから多摩線のホームに行かなければならない。京王の調布駅は同じホームでの乗り換えである。

夕ラッシュ時の京王の新宿―永山間には準特急が運転され、所要時間27分と昼間時よりも速い。八王子行特急に乗って調布駅で急行に乗り換えると29分である。20分に2回の乗車チャンスに減るが、所要時間は昼間時よりもやや短い。

小田急は快速急行が運転され、新宿―永山間は31分とこちらも昼間時より速くなっている。京王を意識しているのである。所要時間はあまり違わないが、新宿発17時台は20分毎でも、18時以降は30分毎になる。18時台で新百合ヶ丘駅乗り換えは快速急行藤沢行とで37分、小田原行急行とで41分か46分である。30分間に乗車チャンスは4回あるとしても、時間はかかる。

新宿―永山間は朝ラッシュ時は小田急が勝っているが、昼間時以降は京王のほうが便利である。朝だけ我慢し、帰るときは京王のほうが速いということで、京王から小田急に切り替えをしない人も多い。小田急はせめて19時台まで20分毎に快速急行の運転してほしいものである。

新宿―永山間の運賃は小田急は350円、京王は相模原線の特定運賃を廃止して330円となり小田急よりも安くなった。

また、小田急の唐木田行ロマンスカーはなくなったが、京王のほうは京王ライナーが1時間に1本運転されている。ただし、永山駅は通過、多摩センターの利用である。

快適な座席ではないものの、座っていける列車があるのは、なにかにつけて安心である。しかし、もっと快適な座席にするとともに、定員を増やして多くの人が利用できるようにすべきである。定員を増やせは、あまりにも高い指定席料金を安くできるというものである。

小田急はMSE車かその後継車両で、京王よりも快適なロマンスカーによる大手町―唐木田間の特急を運転してほしいものである。

新宿―永山間で昼間時以降は京王のほうに分があるが、赤坂や大手町へのアクセスは小田急が、市ヶ谷や神保町方面は京王が便利である。京王は昼間時の相模原線の準特急が笹塚駅で都営新宿線の急行と接続している。小田急も千代田線直通の快速急行を設定してもいいかもしれない。

京王線VS中央線

京王線と中央線では新宿と八王子、高尾の間で競争関係にある。といっても新宿駅と高尾駅、八王子・京王八王子の2区間だけの競争である。それらの中間では両線は結構離れて並行しているので競合関係にある駅はない。

新宿駅も高尾駅も同じ位置に両線の駅がある。八王子は少し離れているが、両方とも繁華街のなかに駅がある。

京王電気軌道が笹塚―調布間を大正2年（1913）に開通させた。軌道と名が付くと路面電車で営業する電鉄のことである。電気軌道を略して電軌《でんき》という。

京王ということから東京と八王子を結ぶことで設立されたものだが、新宿―府中《ふちゅう》間は京王電軌が開通させたものの、府中―東八王子（現京王八王子）間は子会社の玉南《ぎょくなん》電気鉄道が大正15年に開通させた。地方鉄道補助法による国の補助金を得るためには、京王電軌が馬車軌間の1372㎜なのに対し、八王子の南を通ることから玉南とした玉南電鉄は地方鉄道規格の狭軌1067㎜であるとして開通させた。

しかし、補助金申請は却下され、結局は開通1年後に玉南電鉄は京王電軌と合併し、1372㎜に改軌して新宿―東八王子間の直通運転を昭和3年（1928）に開始した。

新宿のターミナルは新宿追分駅で現在の都営新宿線新宿三丁目付近にあった。ここから甲州街道上を併用軌道（路面電車線）で通っていた。新宿―調布間は路面電車で開業したことでカーブが多く、新宿追分―東八王子間の所要時間は84分、30分毎の運転だった。

中央線は東京―国分寺間が電化され電車が走っていたが、国分寺以西は汽車が走っていた。新宿―八王子間の所要時間は約75分だったが、運転間隔は1時間30分と長かった。列車の停車駅は中野、吉祥寺、国分寺、立川、日野、豊田だった。

昭和4年3月に国分寺―国立間、6月に国立―立川間が電化され電車は立川まで走るようになった。昭和5年12月に浅川《あさかわ》（現高尾）まで電車が走るようになったが、立川―浅川間は単線のままだった。

京王は昭和6年に急行の運転を開始した。四谷新宿（新宿追分を改称）―東八王子間の所要時間は59分、運転間隔は30分、停車駅は停車場前、笹塚、明大前、下高井戸、桜上水、千歳烏山、調布、府中以遠各駅だった。国鉄の新宿―八王子間は70分だったので速かった。

現在の快速である国鉄の急行電車の運転開始は昭和7年9月である。まだ豊田―浅川間が単線のままだった。新宿―八王子間の所要時間は51分になり京王より速くなった。運転間隔は50分と長い。なお、列車は飯田町《いいだまち》発から新宿発となり、同区間の所要時間は49分だった。

京王は太平洋戦争末期の空襲で変電所が消失、国鉄乗越橋の勾配を登れなくなったため、四谷新宿駅を改称した京王新宿駅を廃止して、小田急新宿駅の西側に京王新宿駅を設置した。

中央線も京王線も戦災復旧に努めた。京王線に特急が登場するのは昭和38年である。京王新宿―京王八王子間の所要時間は36分、20分毎、中央線に特別快速が登場するのは昭和41年である。特別快速の新宿―八王子間の所要時間は39分、20分毎の運転だった。
京王高尾線が開通するのは昭和42年である。新宿―高尾山口間で平日は急行が運転され、新宿―高尾間の所要時間は51分である。中央線の特快は47分だったので4分遅かった。しかし、休日には所要時間45分の特急が運転されていた。6両編成の特急のうち2両を高幡不動駅で分割して高尾線に直通するものだった。
現在、京王の昼間時の新宿―京王八王子間は準特急が運転され、所要時間は42分、20分毎の運転だが、新宿―高尾山口間運転の特急は北野《きたの》駅で京王八王子行と接続する。これを利用すると所要時間は39分である。これと準特急との間隔は7分または13分である。
新宿―高尾間の特急の所要時間は44分で、これに北野駅で準特急接続の各停は51分かかっている。対する中央線の特快は新宿―八王子間で34～37分、これに立川駅で青梅特快接続の快速が42分かかっている。青梅特快接続を含めて運転間隔は7～14分である。新宿―高尾間では青梅特快を含めて所要時間は41～49分となっている。
中央線のほうが優っているが、所要時間と運転間隔は揃っていない。京王のほうは20分サイクルに2回乗車チャンスがあり、所要時間も揃っている。
運賃は新宿―八王子間で中央線が490円、京王が370円、新宿―高尾間で中央線570円、京王が370円と京王のほうがはるかに安い。中央線は特定運賃なので、新宿駅や八王子駅、高尾駅以外の区間外の駅から乗るともっと高くなる。
たとえば代々木―高尾間の運賃は730円にもなる。この場合、代々木―新宿間と新宿―高尾間の

多磨霊園駅を通過する特急京王八王子行

二つの区間に分けて買うと710円と20円安くなる。もっと安くするには新宿から京王に乗れば510円ですむ。運賃面では京王に大きく分がある。

平成19年12月まで新宿―京王八王子・高尾間の運賃は400円だった。特定都市鉄道整備積立金によって、通常の運賃に10円程度の上乗せ金を徴収して、輸送力増強の費用に充てた。京王線と高尾線の全駅のホームを10両編成ぶんの長さにするための上乗せ金を徴収した。そして工事が終了して乗客への還元として新宿―八王子・高尾間は50円値下げして350円となった。値下げして2年経った21年度の京王の高尾駅の定期外の乗車客数は値下げ前の12年度にくらべて25%増えている。これに対してJRの高尾駅の定期外乗車客は3%減った。

通勤定期客は勤めている会社が運賃を負担するので京王が増えてもJRの減少は小さい。通学定期は親が負担するが、高尾駅から新宿駅まで通う学生はさほど多くはないので統計にははっきりとわかるような増減はない。

八王子駅では顕著な増減はみられない。やはり近いといっても京王八王子とJR八王子とは離れており、50円安くなったとはいえJRから京王に切り替える人は少ないということである。

スカイアクセスVS ＪＲ成田線

成田空港へはＪＲと京成が競っている。ＪＲの特急成田エクスプレスが大船・新宿―成田空港間に運転されている。両方面からの成田エクスプレスは東京駅の総武快速線の地下ホームで連結、総武線と成田線を経由して成田空港駅に向かう。新宿発の一部には高尾駅または大宮駅を始発・終着駅にする成田エクスプレスもある。さらに久里浜・逗子―成田空港間の快速も運転されている。ＪＲのネットワークを利用して広域から成田空港を結んでいる。

京成は本線経由とスカイアクセス線経由の2ルートが運転されている。スカイアクセス線経由は京成上野―成田空港間のスカイライナーと羽田空港―成田空港間で基本的に運転されているアクセス特急がある。本線経由は京成上野―成田空港間の特急が走る。

ＪＲの成田エクスプレスは総武快速線東京駅から千葉駅を経由して佐倉駅から成田線に入る。成田線は佐倉―成田―香取《かとり》―松岸《まつぎし》間の本線と我孫子《あびこ》―成田間の我孫子支線、成田線分岐点―成田空港間の空港支線の3区間に分けられている。成田線分岐点―成田空港間はＪＲ東日本が第2種鉄道事業者、成田空港高速鉄道が第3種鉄道事業者となった上下分離で運営されている。

第2種鉄道事業とは、第1種鉄道事業者、または第3種鉄道事業者が敷設した鉄道線路を使用して運送を行う事業である。

第3種鉄道事業とは、鉄道線路を敷設して第1種鉄道事業者に譲渡するか、第2種鉄道事業者に使

新根古屋信号場付近を走る成田エクスプレス。京成の線路側の奥に京急車によるアクセス特急が追走している

用させる事業で自らは運送を行わない。

第1種鉄道事業とは、自らが鉄道線路を敷設し、運送を行うとともに、自己の線路容量に余裕がある場合に第2種鉄道事業者に使用させることができる事業である。

京成は上野—青砥《あおと》—京成高砂《たかさご》—京成船橋《ふなばし》—京成成田—成田空港間で千葉に寄らないぶんJRより距離が短い。京成本線経由で、JR馬喰町《ばくろちょう》と同一駅となっている都営浅草線東日本橋から成田空港までの都営線と京成線を合わせた営業キロは67・3キロ、JRの馬喰町—成田空港間は78・0キロと10・7キロも違う。また、駒井野《こまいの》分岐点—成田空港間は京成が第2種鉄道事業者で、第3種鉄道事業者は成田空港高速鉄道である。

スカイアクセス経由は京成高砂駅から北総線に入る。京成高砂—小室《こむろ》間は北総鉄道が第1種鉄道事業者で京成が第2種鉄道事業者である。小室—印旛日本医大間は京成と北総の両社が第2種鉄道事業者で、第3種鉄道事業者は千葉ニュータウン鉄道である。

印旛日本医大—成田高速鉄道アクセス・成田空港高速鉄

道接続点（以下、成田空港接続点とする）間は京成が第2種鉄道事業者で、第3種鉄道事業者は成田高速鉄道アクセスとなっている。そして成田空港接続点―成田空港間は第2種鉄道事業者は京成電鉄、第3種鉄道事業者は成田空港高速鉄道となっている。なお、空港第2ビル―成田空港間は京成本線と重複している。

京成本線経由よりショートカットしているため、スカイアクセス経由の東日本橋―成田空港間の営業キロは62・1キロと5・2キロ短い。ＪＲの馬喰町―成田空港間と比べると15・9キロも違う。

成田エクスプレスの最高速度は１３０キロだが、全区間で出しているわけではない。錦糸町―千葉間と成田線分岐点―空港第2ビル間である。１２０キロ運転区間は千葉―成田間、１００キロ運転区間は東京―錦糸町間である。

スカイライナーは印旛日本医大―空港第2ビル間が１６０キロ運転、京成高砂―印旛日本医大間が１２０キロ運転、日暮里―京成高砂間が１１０キロ運転である。

京成上野駅はＪＲ上野駅と離れているだけでなく、東京メトロからも離れている。便利なのは日暮里駅である。成田空港側は空港第2ビル駅も成田空港駅も、もともと成田新幹線用に造られた駅を２分している。

空港第2ビル駅は相対式ホームをそれぞれが使用しているが、京成側は行き違いができるように半島式ホームにした。従来の相対式ホームに面している下り線のホームの長さはもともと用意していた新幹線電車16両編成分の４１０ｍまで延ばした。上り線は新設なので２６０ｍしかない。

京成の空港第2ビル駅と成田空港駅は、本線経由とスカイアクセス経由では運賃が違うこともあって縦列停車させている。京成上野寄りが本線経由、成田空港寄りがスカイアクセス経由が停車して、柵で仕切っている。

空港第2ビル駅の上り線については260mしかないために本線経由の3番線は6両編成分になっている。8両編成のうち2両はスカイアクセス線側の1番線に停車する。スカイアクセス経由のほうが運賃が高いために、1番線から本線経由の電車に乗っても損をしてしまう。誤乗はないといえるが、柵のところに職員が立っていて間違えないように注意している。

空港第2ビル駅の下り線と成田空港駅は410mあるから、きちっと柵で分けている。JRのホームは15両編成対応の310mになっている。

京成スカイライナーの日暮里―空港第2ビル間の所要時間は36分である。山手線東京―日暮里間の所要時間は13分である。乗換時間を5分とすると東京―空港第2ビル間は54分である。対する成田エクスプレスは50分だから、成田エクスプレスのほうが速い。

運賃・料金で見てみるとスカイライナーは2520円でこれに東京―日暮里間の運賃160円を足して2680円になる。成田エクスプレスは2870円（閑散期）だから190円の差がある。

新宿―空港第2ビル間では成田エクスプレスが3050円、スカイライナーがJRの運賃を足して2720円なので、330円の差になる。ただし成田エクスプレスの通常期は200円増し、繁忙期は400円増しである。

所要時間は成田エクスプレスが73分である。スカイライナーに乗るためには山手線で行くのが楽である。新宿―日暮里間の所要時間は19分、乗換時間を5分とすると60分になり、スカイライナーのほうに分がある。

成田エクスプレスの運転間隔は30分、スカイライナーは20分である。

ＪＲの快速の馬喰町―空港第2ビル間の所要時間は84分である。ＪＲ馬喰町駅と都営浅草線東日本橋駅はほぼ同じ位置にある。スカイアクセス経由のアクセス特急の東日本橋―空港第2ビル間の所要時間は60分と24分も違う。運転間隔はＪＲ快速が30分毎か60分毎、アクセス特急が40分毎である。運賃はＪＲが１３４０円、スカイアクセス経由が１３１０円である。

青砥駅で京成本線経由の特急に乗り換える方法もある。所要時間は76分かかるが、それでもＪＲ快速よりちょっぴりだが速い。そして運賃は１１１０円とスカイアクセス経由よりも２００円安いし、ＪＲとは２３０円の差がある。だが、快速特急に乗り京成佐倉駅で普通に乗り換える方法もある。こちらは83分かかるが、特急利用と合わせて20分間隔とフリークェンシーである。

ＪＲ快速用のＥ２１７系にはボックスシートがあるが、京成の一般車はすべてロングシートである。そしてＪＲのＥ２１７系の置き換え用のＥ２３５系はオールロングシートである。

今のところ京成のほうに大きく分がある。快適に行けるスカイライナーはリーズナブルな値段だし、本線経由の特急は外国人を含む若者に人気がある。

ＪＲは八王子・高尾方面からの成田エクスプレスの増発をするだけでなく、多方面から成田空港を結ぶ成田エクスプレスを運転する必要がある。たとえば舞浜駅から武蔵野線、常磐線、成田線我孫子支線経由を走らせる。同様に我孫子支線経由の水戸―成田空港間、小田原―成田空港間などより広域の駅と成田空港を結ぶ特急を走らせるほうがいい。

京成vsＪＲ

京成は東京・上野―成田空港間以外にもＪＲと競っている。東京―成田間は前項で述べた京成本線経由の快速特急・特急とＪＲの快速とであり、所要時間、運賃、運転頻度ともに京成に分がある。

ＪＲ成田駅と京成成田駅は隣接しており、位置的優劣に差はない。成田エクスプレスは朝ラッシュ時上りと夜間下りが成田駅にも停車する。成田―東京間の所要時間は朝上りが58～64分、夜間下りは47～59分である。

京成もスカイライナー形を使用して朝上りにモーニングライナー、夜間下りにイブニングライナーが走る。青砥駅で一般電車に乗り換えて浅草線で日本橋方面に行くか、日暮里駅まで行って山手・京浜東北線に乗り換えて東京へ行く方法がある。成田―日暮里間の所要時間は朝上りが58～64分、夜下りが62～64分である。

東京のターミナルなどが異なることから、東京のどこに行くかで、どちらを利用するかが決まる。なお、モーニングライナー・イブニングライナーの料金はスカイライナーよりはるかに安い４２０円である。成田エクスプレスは１５３０円（閑散期）である。

成田エクスプレスは佐倉、四街道（一部通過）、千葉に停車、イブニングライナーとモーニングライナーは京成佐倉、八千代台、京成船橋、青砥駅に停車する。このうち上りのモーニングライナーは青砥と日暮里の両駅から乗ることはできない。イブニングライナーは日暮里、青砥の両駅に降りることはできない。
成田駅は双方が近いが、佐倉駅は2キロ以上離れており、どちらかを選ぶというわけにはいかない。
京成とＪＲは東京地区―千葉間でも並行している。しかし、京成は京成津田沼駅で乗り換えになり、乗り換えた千葉線は普通しかない。快速が頻繁に走るＪＲとは勝負にならないと思われるが、そうでもない。
馬喰町・東日本橋―千葉間でみて、ＪＲの昼間時の所要時間は35分、運賃は６５０円、対する都営・京成の所要時間は44分、運賃は７３０円となっている。所要時間は都営・京成が9分も遅く、運賃は80円高い。
ところが日暮里―千葉間でみてみると、ＪＲは秋葉原駅と錦糸町駅での乗換時間をそれぞれ5分とした場合で57分、東京駅経由は乗換時間10分として61分、運賃７３０円である。京成は京成津田沼乗り換えで55分、運賃５５０円で京成に分がある。
京成津田沼発で本線の特急に接続する特急（京成幕張本郷、京成稲毛停車）を千葉線に運転すれば6分短縮する。少なくとも日暮里―千葉間は京成のほうが優位になる。京成は京成千葉から先、ちはら台駅までの駅から東京方面へ便利にするには、特急が必要なのである。
松戸―千葉間も競合状態にある。松戸市や鎌ヶ谷市などの要請で新京成電鉄と京成千葉線と直通運転をするようになっている。これらの松戸市や鎌ヶ谷市から千葉県庁への行き来がしやすくなるからである。
直通する前は松戸駅から千葉駅に行くのにいろいろな方法があった。通常の考えでは常磐緩行線で新松戸駅、そして武蔵野線で西船橋駅に行き、総武緩行線に乗って、船橋駅で快速に乗り換える方法がある。所要時間は55分（乗換時間はそれぞれ5分とする）、運賃は650円である。しかし、3回の乗り換えである。船橋で乗り換えなければ2回になり、所要時間は1分増えるだけである。

新京成で八柱駅に行き、ここで武蔵野線に乗り換えて西船橋駅へ、そして総武線緩行に乗り換えると、所要時間51分、運賃は630円である。これも2回の乗り換えになる。

新京成と京成の直通電車は乗り換えはないが、所要時間は60分もかかっている。運賃は540円と安いけれども、JR経由で接続がよければ50分で行けることもある。遅くてダラダラと各駅に停車していく京成・新京成直通電車よりもJRに乗ったほうがいいという人も多い。

せっかく直通しても所要時間が長ければあまり意味がない。所要時間を短縮するには特急運転が必要である。停車駅を八柱、くぬぎ山、新鎌ヶ谷、初富、北習志野、新津田沼、京成津田沼、京成稲毛とすると40分程度に短縮できる。

京成は千葉線をもっと便利にすることと、新京成も特急の運転が必要である。ただし、新京成も京成千葉線も待避駅の設置が必要である。

パート3

各線徹底分析

東京モノレール

浜松町駅の発着線は2線にする必要がある

東京モノレールはモノレール浜松町（以下浜松町）—羽田空港第2ビル間17・8㌔の路線で、浜松町駅でJR京浜東北・山手線と都営地下鉄浅草線・大江戸線（都営線の駅は大門《だいもん》）と、天王洲アイル駅でりんかい線、天空橋《てんくうばし》駅で京急空港線と連絡する。

モノレールの方式はアルヴェーグ跨座《こざ》式である。アルヴェーグ跨座式は軌道桁の上に駆動台車が載っているが、台車は客室床を貫いて客室内まで飛び出している。そのため台車部分は50㎝ほど床が高い。

当初は名古屋鉄道の犬山モノレールに採用され、続いてよみうりランドモノレール、そして東京モノレールが採用した。客室内に台車が飛び出さないようにしたのが、日本跨座式である。多摩都市モノレールや大阪モノレール、北九州モノレールなどが採用しているが、重心が高くなるために、ちょっとしたカーブでもスピードを落とさなくてはならない。しかし、アルヴェーグ跨座式は重心が低いために、そんなカーブでも100㌔で走り抜けている。

浜松町駅は乗降分離の相対式ホーム1面2線で、これは開通以来変わっていない。これで最小運転間隔3分20秒で走らせているが、もう限界である。これを打開するために発着線を2線にする。あるいは通過駅にして新橋駅か東京駅に延伸する計画があるが、まったく進んでいない。今やっているのは連絡各線との乗り換えを円滑にすることだけである。

天王洲アイル駅でりんかい線と連絡しているが、地上2階の高架ホームから地下3階と高低差があり、一度3階のコンコースを経なければならない。さらに平面移動でも150mはある。しかも一般道を歩く。動く歩道が欲しいところだし、少なくとも屋根付きの歩道にしてほしいものである。

昭和島《しょうわじま》駅は車庫が隣接しているとともに、待避追越用に島式ホーム2面4線になっている。

天空橋駅では京急空港線と連絡する。モノレールと京急空港線はともに地下駅で、京急が下の斜めに交差をしている。京急空港線が天空橋駅までだったころは乗換客があったが、京急も空港ターミナルに乗り入れてからは、ほとんど乗換客はいなくなった。いてもモノレールの浜松町方面と空港線の京急蒲田方面を行き来する人だけである。両線間乗換用の連絡改札口がある。

モノレールは一度地下から高架になって、相対式ホームの羽田空港国際線ビル駅に滑り込む。ホームは国内線ターミナルに向かって左にカーブしている。

羽田空港の南の端の環状八号線に沿って進む。途中から地下に潜って新整備場《しんせいびじょう》駅を経て国内線ターミナルに達する。まずは相対式ホームの羽田空港第1ビル駅があり、U字ターンをして羽田空港第2ビル駅がある。

羽田空港第2ビル駅は島式ホーム2面3線になっている。浜松町寄りには見た目にはシーサスポイントにはなっていないが、トラバーサで桁を移動させてシーサスポイントと同じ役目をするポイントがある。

昭和59年度の浜松町駅の乗車人員は定期外客が3万2282人、定期客が1万1026人で定期比率は25

東京モノレール

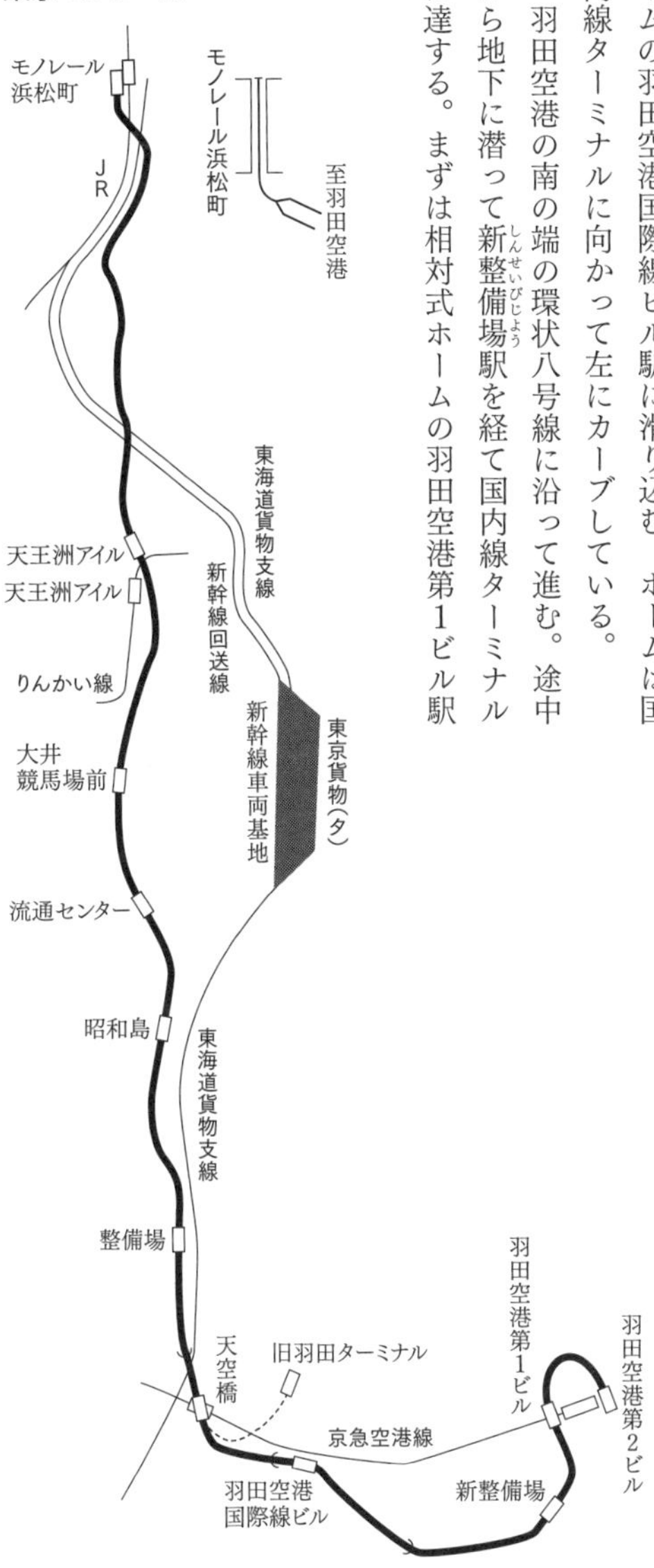

%だった。

　定期客の浜松町駅乗車と国鉄からの乗換客の比率はほぼ半々だが、定期外客のうち3%しか国鉄からの乗換客はいない。逆に浜松町駅降車はほぼ半々である。

　羽田駅では国鉄の東京近郊各駅までの連絡乗車券は券売機で買えるが、東京モノレールへの連絡乗車券が買える国鉄駅は少ないからである。

　当時の旧ターミナルに乗り入れている羽田駅の降車客は定期外客が2万7916人、定期客が6085人で定期比率は18%である。定期外客も定期客も5000人ほどが途中の駅で降りている。定期外客が多く降りるのは大井《おおい》競馬場前《けいばじょうまえ》駅と思いきや流通センター駅で2771人、大井競馬場前駅は1576人しかない。

　平成25年度の浜松町駅の乗車人数は定期外客3万3994人、定期客が1万8428人で定期比率は35%に増加している。定期外客はさほど増えておらず、定期客は増えている。京急空港線が空港ターミナルに乗り入れたために、多くの人が京急利用に切り替えたのである。

　JRからの乗換客のうち定期客が77%にもなっている。定期外客は相変わらず5%の一桁台だが、モノレールからJRへの乗換客は14%に減ってしまっている。スイカの普及で連絡乗車券の購入が減ったからである。

　国際線ビル駅降車は定期外客が2580人、定期外は436人、第1ビル駅では定期外客が1万1818人、定期客が2296人、第2ビル駅では定期外客が1万1946人、定期客が3601人である。

　中間駅は新駅の天王洲アイル駅が一番多くなった。また、空港方面の乗車客の大半はりんかい線からの乗換客である。流通センター駅は2番目、3番目は大井競馬場前である。天空橋駅での京急への乗換客は定期外客が755人、定期客2785人と少ない。

　最混雑区間は浜松町→天王洲アイル間である。東京モノレールは羽田空港に向かって漸減していく。そのなかで一番降車客が多いのが天王洲アイル駅である。混雑率は101%である。これは公表も修正計算でも同じであり、平均定員も96・7人、6両編成の定員は580人となっている。

　筆者が『全国通勤電車大解剖』（講談社）を出した

とき、平成28年度の公表混雑率をもとにして批評した。このとき東京モノレールの公表輸送力から割り出した平均定員は102・7人だった。しかし、修正した平均定員は96・7人であると記した。

その後、有効床面積などを算出しなおしたようで、平成29年度では筆者と同じ96・7人に修正している。多くの鉄道会社が誤りが確実にあっても頑なに訂正しないことが多いなか、東京モノレールがきちっと修正しなおしたことには頭が下がる思いである。

ともあれ、最混雑時間帯は7時45分から8時45分の間で、その間に18本が走る。平均運転間隔は3分20秒である。ピーク時間帯は普通だけの運転である。所要時間は24分、表定速度は44・5キロと普通にしては速い。

昼間時は空港快速と区間快速、それに普通が12分サイクルに各1本走る。空港快速の停車駅は羽田空港国際線ビル、羽田空港第1ビルの2駅のみで所要時間は18分、表定速度は59・3キロである。昭和島駅で普通を追い抜いている。

区間快速の停車駅は流通センターまで各駅、羽田空港国際線ビル、羽田空港第1ビル、所要時間は21分である。

空港快速、区間快速、普通は4分間隔で浜松町駅を発車あるいは到着する。発着線が1線しかないために3分で折り返している。まさにぎりぎりの折返時間である。

羽田空港第1ビル駅では普通の3分後に空港快速、その6分後に区間快速、そして3分後に普通が発車する。到着のほうは普通が到着した3分後に区間快速、5分後に空港快速、4分後に普通が到着する。発着線が3線あるために折返時間をゆったりとっている。

夕ラッシュ時上りは普通のみの3〜5分毎、下りは11〜13分サイクルに空港快速1本、普通2本が走る。普通の1本は昭和島駅で空港快速を待避する。

夜間は区間快速と普通が走る。普通2本と区間快速1本、あるいはそれぞれ1本としている2通りでダイヤは構成されている。

浜松町駅の発着線を2線にするのはJRと東京モノレールとが一体化した駅舎になったときであり、同時に世界貿易センタービルも建て替えられることになっている。このことから近々の2線化はないといえる。

京急空港線　定期比率が小さいことでドル箱路線になっている

京浜急行空港線は京急蒲田—羽田空港国内線ターミナル間6・5キロの路線で、京急蒲田駅で京急本線と接続して品川方面と横浜方面の両方面に直通電車が運転されている。天空橋で東京モノレールと連絡しているが、現在はほとんど乗換客はいない。

京急蒲田駅は上下2段式の高架になっている。上段は下り線で1～3番線の3線がある。1番線は空港方面の発着線だが、スイッチバックして新逗子行のエアポート急行も発着する。2番線は切欠きホームに面しており、本線普通の優等列車待避用である。

下段は上り線で4～6番線の3線がある。4番線は空港からの品川方面行だが、新逗子発のエアポート急行がスイッチバックして空港に向かう。5番線は切欠きホームに面した本線普通の待避用、6番線が通常の本線電車の品川方面行である。

新逗子行のエアポート急行から品川方面の電車に乗り換える。あるいは品川方面からの電車から新逗子行のエアポート急行に乗り換えるのは同じホームでできるが、空港発エアポート急行から品川方面への電車、品川方面からの電車から新逗子発エアポート急行に乗り換えるには階段を昇り降りしなくてはならない。

運転面でも面倒なことがある。品川方面からの空港行は空港線に入るが、まっすぐ進むと空港線の上り線に行ってしまう。そのため上下線が同一平面になったところにシーサスポイントがあって下り線に転線する。反対に空港から来た品川方面の電車はシーサスポイントで転線して下段の4番線に入る。シーサスポイントで交差支障を起こしているから、ダイヤを設定するときやダイヤが乱れたときに注意が必要だ。

新逗子発着のエアポート急行はシーサスポイントでの転線はなく交差支障は起こらないが、品川方面の空港線直通電車と輻輳《ふくそう》しており、ダイヤ構成上、非常にテクニックが必要である。

新逗子発エアポート急行は空港線が合流するポイン

トの手前のぎりぎりのところまで来て停止する。このとき空港発品川方面の電車が4番線に停車している。そしてそれが発車すると、すぐに4番線に入線する。ぎりぎりのところで停車するのは、後方車両が本線とのポイントにかからないようにして、後続電車の道をふさがないためである。

それにしても、こんなやり方は首都圏ではほとんど行っていない。京急だけのやり方、というよりも、路面電車のやり方である。路面電車は単行かせいぜい2両編成だが、京急エアポート急行は8両編成である。

糀谷《こうじや》駅は高架だが、次の大鳥居《おおとりい》駅は地下、穴守稲荷《あなもりいなり》駅は地平になっている。縦断面線形についてはあまりいいものではない。大鳥居駅に停車するには通常よりもブレーキを強めにかける必要がある。発車時の加速も通常よりも悪くなる。

穴守稲荷駅の先で地下に潜って海老取川をくぐる。天空橋駅は地下2階にある。地下1階に東京モノレールが交差する。海老取川をくぐるために地下深いところを通り抜けて地下2階にある天空橋に向かうので、停車時のブレーキは緩くかけられ、発車時も通常よりも加速がよくなる。縦断面線形はよい。

東京モノレールよりも内陸を地下で進む。東京モノレールは高架になって羽田空港国際線ビル駅となるが、京急は地下のまま進んで羽田空港国際線ターミナル駅も地下である。

京急で国際線ターミナルに行くのは不便である。モノレールは改札を出ると出発ロビー、2階に降りると到着ロビーで便利である。

東京モノレールよりもショートカットで国内線ターミナルに達する。しかも東京モノレールの第1ビル駅と第2ビル駅の間に京急の羽田空港国内線ターミナル駅があるから、第2ビルに行くにしても京急のほうが時間が短い。

ただし、第1ビルへは京急蒲田寄りの車両、第2ビルへは終端寄りの車両に乗ることと、両ビルへはモノレールよりも少し歩く距離が長い。品川駅で乗るには後方車両が第1ビル、先頭車両が第2ビルに近い。

昭和59年度の京急蒲田―糀谷間の片道あたりの乗車客数は定期外客が７７０８人、定期客が２万６０７人、定期比率は73％にもなっていた。

羽田空港国内線ターミナル駅に入線するエアポート快特

平成25年度では定期外客が4万8016人、定期客が2万9953人、定期比率は39％に下がっている。割引しない定期外客が多いので収益性が高いドル箱路線である。定期客も増えているが、定期外客が大幅に増えたためである。定期外客の93％が本線からの流入客である。

国際線ターミナル駅の降車客は定期外が5498人、定期客が1590人である。ちなみに国際線ターミナル駅と国内線ターミナル駅間の定期券を買った定期客が年間で210人いる。つまり、一人か二人がこの区間の6ヵ月定期券と1ヵ月定期券を買っていたということである。

国内線ターミナル駅降車は定期外客が3万3993人、定期客が5730人である。

途中駅から蒲田方面への乗車は定期、定期外ともに大鳥居駅が多い。しかも昭和59年度よりも定期外客は2277人、定期客は855人増えている。

朝ラッシュ時の空港行は10分毎に浅草線直通のエアポート急行が走る。空港線内は各駅に停車する。これに快特か新逗子発のエアポート急行、または浦賀・京急久里浜発特急が加わる。エアポート急行と特急は空港線内は各駅に停車する。快特は羽田空港国内線ターミナルと羽田空港国際線ターミナル駅のみに停車する。また、朝の早いうちには普通も走る。

空港発は浅草線直通と新逗子行のエアポート急行が運転されるが、上りには京急蒲田止まりの普通が運転される。これら普通は京急蒲田駅からは回送になり、スイッチバックして神奈川新町駅などの車庫に向かう。

昼間時は10分サイクルに快特とエアポート急行が各1本運転されるのが基本だが、快特のうち4本に1本、つまり40分毎にエアポート快特が運転される。エアポート快特は品川―羽田空港国際線ターミナル間をノンストップで走る。浅草線内も急行、京成線・スカイアクセス線ではアクセス特急として運転され、羽田空港―成田空港間を1時間33分で結んでいる。

エアポート急行は京急蒲田駅でスイッチバックする羽田空港国内線ターミナル―新逗子間の運転である。夕ラッシュ時は浅草線直通と新逗子発着のエアポート急行が運転される。

羽田空港国際線ターミナル駅は島式ホーム1面2線で京急蒲田寄りにシーサスポイントがあるので、折返時間をできるだけ短くしても1時間に15本程度が限界である。このため、終端側に引上線を設置して乗降分離をする。これによって1時間に24本程度に増発が可能になる。

穴森稲荷駅も地下化される。これによって踏切がなくなるとともに縦断面線形がよくなって30秒程度のスピードアップが可能になろう。

蒲蒲《かまかま》線ができると東急の電車が大鳥居駅まで乗り入れてくる。東急は狭軌1067㎜、京急は1435㎜なので直通運転をするには、軌間変換電車を使うか、狭軌・標準軌併用の4線軌にする必要がある。

軌間変換電車を採用すると東急やその奥の東京メトロ副都心線、西武池袋線、東武東上線からの乗り入れ電車も軌間変換車両にしなくてはならない。それでは不経済なので4線軌がいいが、できるだけ4線軌ポイントを避けたい。

そのためには羽田空港国内線ターミナル駅に狭軌線の島式ホーム1面2線と引上線を新設したいところである。

京急本線・逗子線・久里浜線

品川駅の大改良でＪＲとの乗り換えが便利になる

京浜急行本線は泉岳寺―浦賀間56・7キロの路線で泉岳寺駅で都営浅草線と接続して相互直通運転をしている。品川駅ではＪＲ各線と連絡、京急蒲田駅で空港線と接続して品川方面と横浜方面の両方から羽田空港に直通電車が走る。

京急川崎駅では大師線と接続しているが直通運転はない。ＪＲ川崎駅と少し離れているものの、定期は連絡運輸をしている。八丁畷《はっちょうなわて》駅ではＪＲ南武支線と連絡する。京急鶴見駅とＪＲ鶴見駅、京急新子安駅とＪＲ新子安駅、仲木戸駅とＪＲ東神奈川駅は隣接している。このうち定期だけ連絡運輸をしているのは京急鶴見駅と仲木戸駅である。なお、仲木戸駅はまもなく京急東神奈川駅に改称する。

横浜駅はＪＲや東急、相鉄、横浜地下鉄と連絡して同じ駅として扱われている。上大岡駅で定期のみ地下鉄ブルーラインと連絡運輸をしている。杉田駅ではＪＲと金沢シーサイドラインの新杉田駅との間で定期のみ連絡運輸をしている。金沢八景駅で逗子線が接続しており、金沢シーサイドラインと連絡している。

横浜駅は片面ホーム2面2線で上下ホームともＪＲ側に面している。このため上り線は上りホームと下りホームに挟まれた両側にホームがあることになる。

堀ノ内駅で久里浜線と接続している。昼間時の快特はすべて久里浜線直通なので、実質は久里浜線が本線である。京急久里浜駅とＪＲ久里浜駅はあまり離れていないので定期だけ連絡運輸をしている。

泉岳寺駅は島式ホーム2面4線で押上寄りに引上線がある。京急は内側の2線で発着している。引上線は浅草線西馬込《にしまごめ》方面と京急線の両方から入線できる。昼間時には20分毎に京急快特が折り返している。この快特の使用車両は2扉クロスシート車の２１００系である。浅草線は20分間に2本の西馬込発の電車が折り返している。

品川駅は上下本線が2線と折返線が1線の3線から

京急本線(泉岳寺—横浜)・空港線

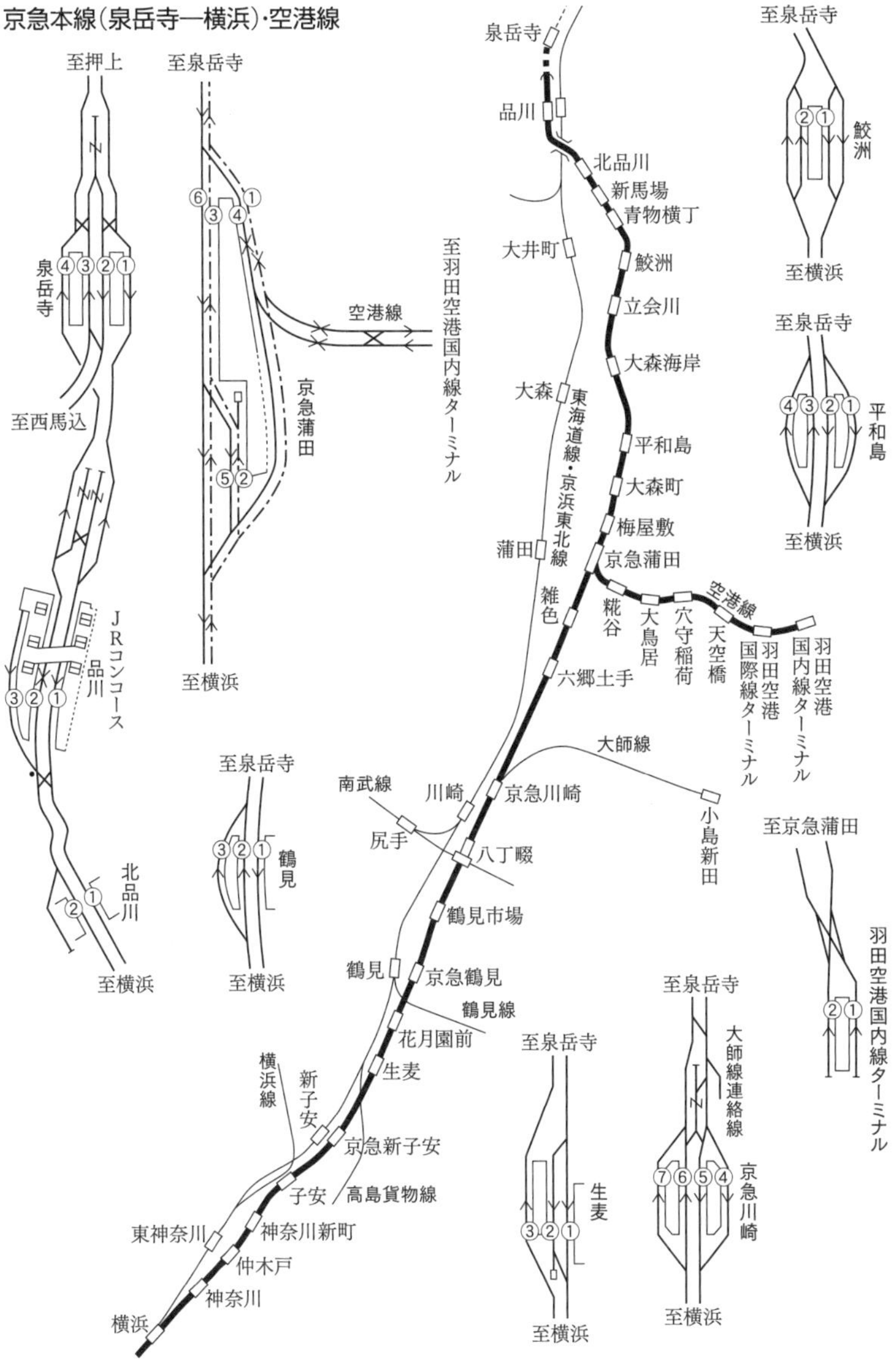

なる片面ホーム1面と島式ホーム1面がある。JR寄りが1番線の下り線、向かいに2番線の上り線、その裏に行止式の3番線があり、3番線は普通の折返用である。泉岳寺寄りには引上線が2線設置されている。

2、3番線からJRに乗り換えるには泉岳寺寄りにある1階への階段を降りて、連絡改札を通るか、あるいは一度外に出てJR改札口に入る方法と、ホーム中央あたりにある跨線橋《こせんきょう》で1番線に出て連絡改札口を通る方法がある。いずれにしても乗り換えは面倒である。JRに乗り換えずにそのまま浅草線に乗れといわんばかりだと思ってしまう。

品川—横浜間の平均駅間距離は0・9キロである。開業時にくらべると駅の廃止や統合がなされたりしてはいるが、それでも1キロを切っている。

阪神ジェットカーほどの高加減速ではないが、首都圏他社の車両よりも加速性能と減速性能はいい。通常の各駅停車電車は発車して70キロくらいになるとノッチオフ（加速をやめること）、その後しばらく惰行《だこう》運転をし、駅に近づくとブレーキをかけるが、京急の普通は駅間距離が短いこともあってずっと加速を続け、ノッチオフをすると同時にブレーキをかけて駅に停まる。これによって駅間走行時間を短縮している。

鮫洲駅は外側に通過線がある島式ホーム1面4線の追越駅、平和島駅は通常の島式ホーム2面4線の追越駅、京急蒲田駅は上下2段式で本線ホーム側は浦賀寄りに切欠きホームがあり、ここで普通は待避する。

京急川崎駅は島式ホーム2面4線で泉岳寺寄りに引上線がある。この引上線は内側の本線にしかつながっていない。また、泉岳寺寄りの下り線から引上線への渡り線があり、かつては空港発の特急が引上線に入って快特を待避、そして下り本線に入って追い抜かれた快特と連結したことがあった。

京急鶴見駅では上り線側にだけ島式ホームになっていて待避ができる。生麦《なまむぎ》駅は逆に下り線側が通過線と停車線に分かれた待避線がある。下り片面ホームに面しているのが通過線、もともと上り本線だった線路を待避線にしたもので、その反対側に上り本線がある。待避しない普通は下り片面ホームに面した通過線に停車する。

子安駅は幅が狭い島式ホーム2面と4線がある。神

浦賀寄りから見た南太田駅

奈川新町駅も島式ホーム2面4線で車庫が上り線側で隣接している。その車庫線の1線を上り副本線にして、神奈川新町→子安間の上り線は複線になっている。

横浜駅はもともと島式ホームだったのを下り線側に片面ホームを設置して上下ホームを分離した。

南太田《みなみおおた》駅は新幹線タイプの停車線と通過線がある相対式ホーム2面4線である。京急富岡《とみおか》駅は上り線だけ待避線がある。上大岡駅は島式ホーム2面4線で内側の本線の泉岳寺寄りに渡り線があって2番線は泉岳寺方向に折り返しができる。

金沢文庫—金沢八景間は複々線になっており、両駅とも島式ホーム2面4線である。逸見《へみ》駅も新幹線タイプの相対式ホーム2面4線になっている。

堀ノ内駅で久里浜線が分岐するので島式ホーム2面4線だが平面分岐である。浦賀駅は頭端島式ホーム1面2線で泉岳寺寄りにシーサスポイントがある。

逗子線は金沢八景で分岐する。下り電車は2番線、上り電車は4番線で発着する。4番線は車両メーカーの総合車両製作所（元東急車輌製造）の線路とつながっている。狭軌線の車両を造ることが多く、甲種回送

京急本線(横浜—金沢八景)

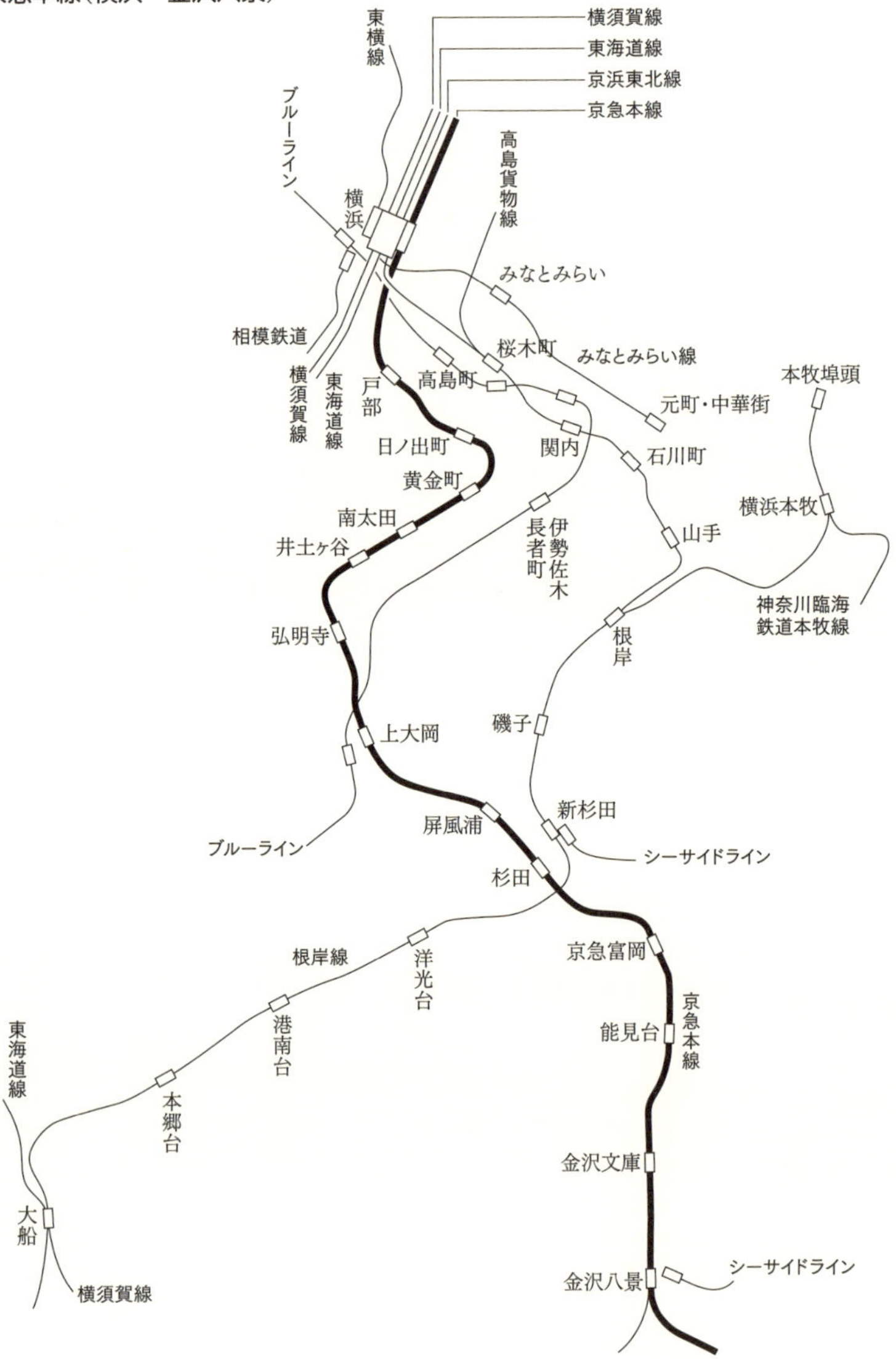
横須賀線
東海道線
京浜東北線
京急本線
東横線
ブルーライン
横浜
高島貨物線
みなとみらい
相模鉄道
横須賀線
東海道線
戸部
高島町
桜木町
みなとみらい線
元町・中華街
本牧埠頭
日ノ出町
関内
石川町
黄金町
横浜本牧
南太田
伊勢佐木長者町
山手
井土ヶ谷
神奈川臨海鉄道本牧線
弘明寺
根岸
磯子
上大岡
新杉田
屏風浦
シーサイドライン
ブルーライン
杉田
京急富岡
根岸線
洋光台
京急本線
能見台
港南台
東海道線
本郷台
金沢文庫
大船
金沢八景
シーサイドライン
横須賀線

京急本線(金沢八景―浦賀)・逗子線・久里浜線

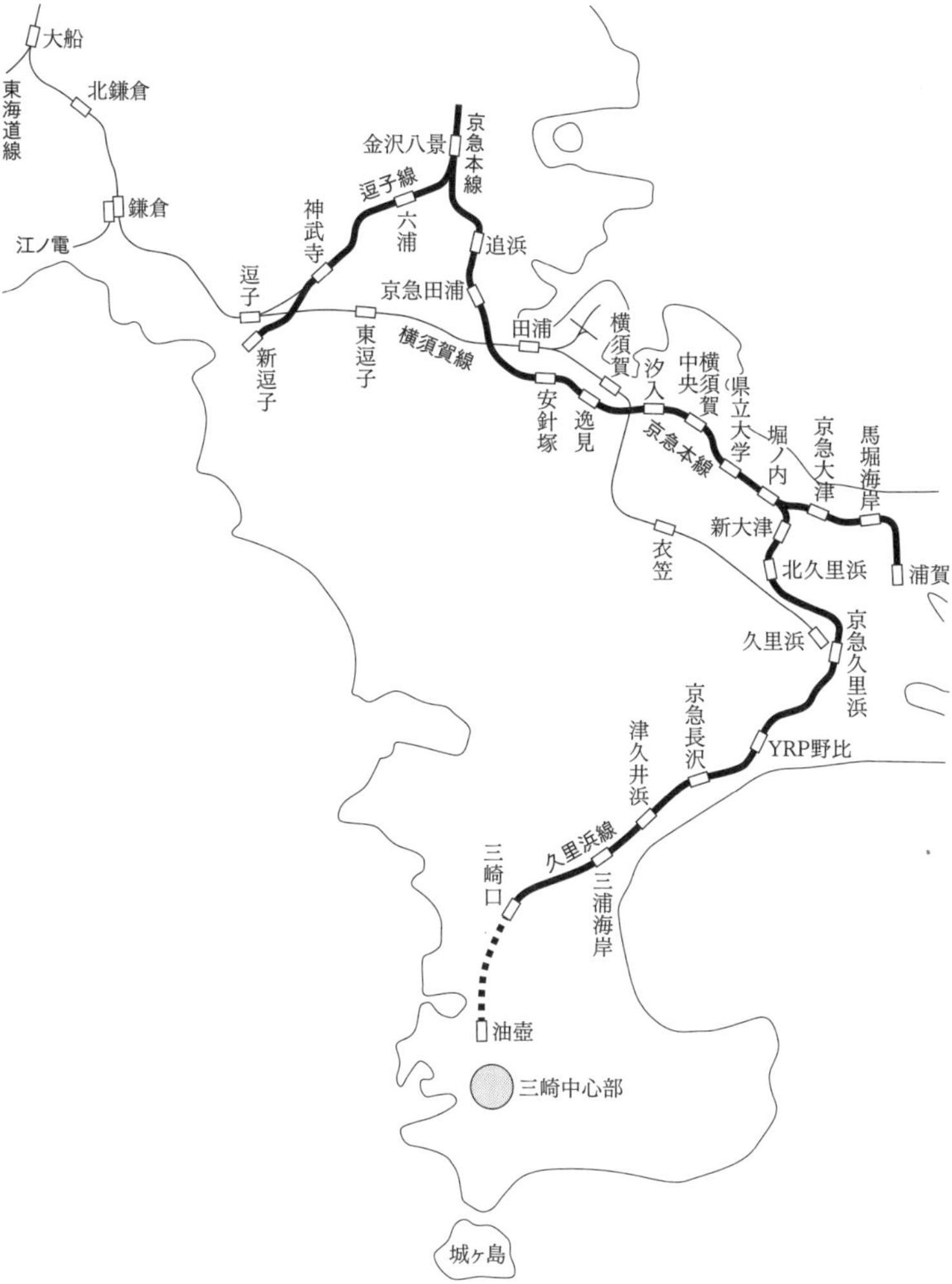

列車を夜間に走らせる関係上、標準軌・狭軌併用の3線軌になっている。そしてそのまま逗子線の上り線は3線軌になっている。

途中の六浦《むつうら》駅では狭軌線の列車はホームに当たるために、ホームの前後とホームは複線の外側に狭軌と標準軌のレールの2本が並ぶ3線軌になっている。他の区間では内側に2本のレールが並んでいる。

神武寺《じんむじ》駅の手前で狭軌線が分かれる。といっても神武寺あたりでは2線の留置線になって逗子線と並行している。狭軌線はトンネルに入って横須賀線逗子駅構内に入っていく。

逗子線新逗子駅は単線と片面ホームの棒線駅である。頭端側にバスストップと車庫がある。この車庫は逗子海岸駅の跡地を流用したものである。

久里浜線の北久里浜駅の先に久里浜信号所があり、久里浜検車区と久里浜工場が置かれている。

京急久里浜駅は島式ホーム2面3線で中線は折返用だが、昼間時は使われていない。京急久里浜—京急長《なが》沢《さわ》間は単線で途中のYRP野比《のび》駅は相対式ホームの行き違い駅である。

京急長沢—三浦海岸間は複線で三浦海岸駅の両端にシーサスポイントがあり、三崎口《みさきぐち》寄りに引上線がある。終点三崎口駅は相対式ホーム2面2線で終端側はホームがなくなっても線路は伸びて国道134号をくぐった先で止まっている。油壷《あぶらつぼ》への延伸に備えて開業時から設置されている。ただし国道をくぐる手前にも車止めが置かれている。

泉岳寺駅で浅草線からの流入は定期外客が3万3918人、浅草線を通り越して京成からは293人、北総線からは123人、定期客は2万7102人、京成線からは2744人、北総線からは1045人である。

昭和59年度の浅草線流入客は定期外が1万4256人、定期が3万834人である。京成からの流入を含むが当時は北総鉄道との直通はなかった。北総は新京成電鉄と直通していた。

定期外客は大幅に増えているが、定期客はあまり変わらない。というよりも、ほぼどの路線でも定期客は減少していく。あまり変わらないというのは減少分と同じ人数の定期外客が増えたということである。

品川駅での堀ノ内方面の乗車客は定期外が5万45

3人で、うちＪＲからの乗換客が４２１８人である。定期客は6万８６３２人でうちＪＲからの乗換客は５万６３４０人である。ＪＲからの乗り換えは定期客が多く、定期外客が少ないのは単に連絡切符の利用客が減ってスイカによる利用が増えたことからである。

昭和59年度は定期外客が３万３２２人、定期客が５万５５８４人といずれも増えている。国鉄から乗り換え比率は平成25年度と変わらない。

北品川→品川間の終日の乗車人数は定期外が８万１３４４人、定期が10万９８２３人、定期比率は57％である。昭和59年度は定期外が４万４３３７人、定期が９万４４５０人で定期比率は70％もあった。羽田空港への乗客が増えて、定期外客が大幅に増加している。

京急蒲田駅で品川方面から空港線への流出客は定期外が3万５９５人、定期が１万５０１８人、横浜方面からは定期外が1万４４２３人、定期が１万３１０７人である。

昭和59年度は品川方面から定期外が３７８４人、定期が６５９０人、横浜方面から定期外が３４０６人、定期が４６８９人である。空港輸送はまったくしていなかった。

京急川崎駅で品川方面からの降車は定期外が１万３５１１人、定期が６６２２人、大師線へは定期外が２７３０人、定期が２７２６人、横浜方面への乗車は定期外が９５６６人、定期が１万２１１人、大師線からは定期外が２９２７人、定期が７６２８人である。ＪＲと連絡運輸をしているのは定期だけで、品川方面からＪＲへは２７２６人、横浜方面からは１８０２人が乗り換えている。

八丁畷駅でＪＲへの乗り換えは定期外が品川方面から８人、横浜方面から24人、定期は品川方面から２００人、横浜方面から１２１人である。ここもスイカの普及で連絡切符を買う人が減った。

鶴見駅で定期だけがＪＲと連絡運輸をしている。品川方面からは２００人、横浜方面からは５３８人である。同様に仲木戸駅では品川方面からは１２６４人、横浜方面からは９０１人で、大半は横浜線の各駅との乗り換えである。

横浜駅では各線と乗り換えがある。横浜駅の品川方面からの降車客は定期外が２万３６６１人、定期が６

973人、横浜方面への乗車は定期外が3万5816人、定期は1万7539人である。JRへの乗換客は品川方面からの定期外が738人、定期が9641人、横浜方面からは定期外が1166人、定期が2万4235人である。

定期外が少ないのはスイカの普及のためで、東急や相鉄、地下鉄、横浜高速鉄道でもいえることで、定期外客についてはあまり意味がなくなっている。JR以外は定期客だけ紹介する。

東急とは品川方面からは1697人、横須賀方面からは1万898人である。品川方面からは元に戻るようなコースになっているから少ない。相鉄とは品川方面からは7627人、横須賀方面からは8019人である。みなとみらい線とは品川方面からは762人、横須賀方面からは2297人である。ブルーラインとは品川方面からは1532人、横須賀方面からは1268人である。

戸部《とべ》→横浜間の終日の乗車人数は定期外が6万5845人、定期が13万2828人、合計で19万8673人、定期比率は67%である。北品川→品川間よりも多く、同区間が京急本線の最混雑区間になる。

昭和57年の定期外客は5万8148人、定期客は13万9211人、合計で19万7359人、定期比率は71%もあった。三浦半島地区での人口減少はあるけれども乗車人数はほとんど変わっていない。定期外客が増えたのは少子高齢化の影響と羽田空港への乗客が増えたことであろう。

上大岡駅でブルーラインと定期客が連絡運輸をしている。品川方面からの乗換客は2034人、横須賀方面からは7485人となっている。横須賀方面から関内方面に行くにはブルーラインに乗り換えるのがいい。このため横須賀方面からの乗り換えが多い。

杉田駅でのJRへの定期客の乗り換えは、品川方面からは253人、横須賀方面からは2156人である。やはり関内方面に行くには根岸線も便利だからである。シーサイドラインとは品川方面からは300人、横須賀方面からは37人しかいない。

金沢八景駅で逗子線への流入客は定期外が5190人、定期が8700人である。シーサイドラインは定期のみ連絡運輸をしている。品川方面からは562

人、横須賀方面からは１１３０人である。

堀ノ内駅で久里浜線流入客は定期外が1万７４４１人、定期が3万１６９０人となっている。堀ノ内↓京急大津間の乗車客は定期外で７１１８人、定期で1万８７９人と久里浜線直通のほうが圧倒的に多い。

京急久里浜駅でのＪＲ横須賀線への定期乗換客は品川方面からが１８８人、三崎口方面からが７３７人とわずかである。多くは衣笠《きぬがさ》駅近くの横須賀高校へ通う学生である。

三崎口駅の乗車客は定期外が３２０７人、定期が５８４５人、合計で９０５２人、定期比率は65％である。平成7年度では定期外が３６１５人、定期が７２１６人、合計で1万８３１人、定期比率は67％と2ポイントダウンし、２０００人近く乗客が減っている。三浦半島の少子高齢化による人口の自然減のほかに移転などの社会減が影響している。

新逗子駅の乗車客は定期外が５２３１人、定期が５８４５人、合計で1万１０７６人、定期比率は53％である。平成7年度の定期外は５４８８人、定期が７２１６人、合計で1万２７０４人、定期比率は56％、こちらは１０００人の減少ですんでいるが、定期比率が下がったのは少子高齢化で通勤・通学客が減ったことを示している。

先述したように最混雑区間は戸部↓横浜間で公表混雑率は１４４％となっている。最混雑時間帯は7時30分から8時30分、この間の輸送人員は4万６２２３人である。ピーク1時間に12両編成が16本で、うち5本が2扉クロスシートの２１００系8両＋ロングシート車4両の12両編成の快特（すべてではない）である。残りは特急である。これに8両編成の特急2本、6両編成の普通が8本運転される。

定員を厳密に計算すると平均定員は１２５人から１２２人になる。修正混雑率は１４８％になる。

快特は金沢文庫まで特急であり、金沢文庫駅でロングシートの4両編成を増結して快特品川行になる。始発駅は浦賀、久里浜、三崎口の各駅である。

特急の始発駅は前述の快特の始発駅のほかに新逗子駅が加わる。泉岳寺―都営浅草線に直通する。

下り品川からの快特の停車駅は京急蒲田、京急川崎、横浜、上大岡、金沢文庫、金沢八景、横須賀中央、堀ノ内以遠各駅である。特急の停車駅は青物横《あおものよこ》丁《ちょう》、平和島、京急川崎、神奈川新町、横浜、上大岡、金沢文庫、金沢八景、追浜《おっぱま》、汐入《しおいり》、横須賀中央、堀ノ内以遠各駅である。

朝ラッシュ時には品川—京急蒲田間で羽田空港発着のエアポート急行が加わる。本線内の停車駅は青物横丁、立会川《たちあいがわ》、平和島、京急蒲田から各駅である。下りは空港線直通の快特も運転される。停車駅は京急蒲田、羽田国際線ターミナルの2駅だけである。

座席指定のモーニングウィング号が走る。1号は横須賀発6時5分、3号が三浦海岸発6時9分、5号が同7時56分に走る。品川到着時間は順に6時57分と7時28分、9時19分で、9時19分着は泉岳寺駅まで走る。泉岳寺到着は9時22分である。停車駅は横須賀中央、金沢文庫、上大岡の3駅で、料金は300円である。

L/Cカーによる座席指定列車を東武東上線や西武、京王、東急が運転しているが、それよりも快適な京急2100系の座席なのに、それら座席指定列車よりも指定席料金は安い。なお土休日の昼間時、2100系使用の快特は40分毎に、2号車については座席指定のウィングシート車になる。料金は300円である。

昼間時は40分サイクルに快特の泉岳寺—三崎口間2本と青砥—三崎口間と京成高砂—三崎口間が各1本運転され、泉岳寺—三崎口間は10分毎の運転になる。

これに成田空港—羽田国内線ターミナル間のエアポート快特が1本、印旛日本医大—羽田国内線ターミナル間の快特が2本、高砂—羽田国内線ターミナル間の快特が1本走る。エアポート快特の京急線内停車駅は羽田国際線ターミナルのみ、快特はこれに京急蒲田が加わる。エアポート快特と快特を合わせてほぼ10分毎に走る。エアポート快特は快特より30秒速い。

京急蒲田以南では羽田国内線ターミナル—新逗子間にエアポート急行が10分毎に運転される。停車駅は空港線内各駅、京急蒲田、京急鶴見、神奈川新町、仲木戸、横浜、日ノ出町《ひのでちょう》、井土ヶ谷《いどがや》、弘明寺《ぐみょうじ》、上大岡、杉田、能見台《のうけんだい》以西各駅である。上大岡駅で本線快特と緩急接続をする。

普通は品川—浦賀間で10分毎に運転されるほかに20分毎に品川—京急蒲田間の区間普通も走る。区間普通は京急蒲田駅で折り返しができないために同駅―京急川崎間を回送で走る。

浦賀折返の普通は鮫洲《さめず》駅で空港快特（エアポート快特を含む）、平和島駅で本線快特、京急蒲田駅で空港快特、京急川崎駅で本線快特とエアポート急行、上りは京急鶴見、下りは生麦駅で本線快特、神奈川新町駅でエアポート急行と本線快特、南太田駅でエアポート急行と本線快特、金沢八景駅で本線快特を待避し、堀ノ内駅で本線快特と接続する。

区間普通は鮫洲駅で本線快特、平和島駅で空港快特、京急蒲田駅で本線快特とエアポート急行と接続待避して京急川崎駅まで回送される。

快特の品川―堀ノ内間の所要時間は49分、表定速度は64・0キロだが、最高速度120キロになっている品川―横浜間では18分、表定速度は77・3キロにもなる。

夕ラッシュ時下りは10分サイクルに快特、特急、浅草線直通と新逗子行のエアポート急行、それに普通が走る。さらに座席指定のイブニングウィング号が18時45分から20分毎に運転される。

京急線内だけ見れば昼間時以降は10分毎に各列車が運転されて、それなりに便利になったが、快特が堀ノ内以南で各駅に停車し、金沢八景駅にも停車してスピードダウンしている。

堀ノ内―京急久里浜間運転の区間電車を20分毎に設定して、2100系を使用する快特だけでも金沢八景、新大津、北久里浜の3駅を通過、横浜以南でも最高速度を120キロに引き上げてスピードアップをすれば、人口減に悩む三浦半島にとって増加に転ずるチャンスを得ることになる。

品川駅はJRと同じ地上に移設して、島式ホーム2面4線にする。これに合わせて北品川―新馬場間を高架にする。地上に降りた品川駅からは急勾配で上っていくことで八ツ山橋の踏切をはじめ三つの踏切を除去する。泉岳寺側はそのまま地下でつなげる。

これによってJRを跨ぐ東西自由通路はそのまま京急の線路をも跨ぐことになって、高輪口と芝浦口とが段差なしで行き来できることになる。

品川折返電車はすべて引上線で折り返すことになり、ホームは方向別なのでどちらのホームに行くか迷うことがなくなる。

JR横須賀線・湘南新宿ライン

朝ラッシュ時上りの品鶴線区間はパンク状態寸前

横須賀線は東京―久里浜間70・4キロの路線である。ただし正式には大船―久里浜間23・9キロが横須賀線であって、東京―品川間は東海道本線の地下別線、品川―鶴見間は東海道貨物支線の品鶴《ひんかく》線である。鶴見駅にはホームがない。鶴見―大船間は東海道本線の線増線である。横須賀線は東海道線の部の所属線である。本書では横須賀線電車が走っている東京―久里浜間を横須賀線とする。

湘南新宿ラインも独立した路線ではなく愛称である。新宿―大崎間は山手貨物線、大崎から連絡線を通って品鶴線に入って横須賀線電車と同じ線路を通ることになる。大崎駅は島式ホーム2面4線で、湘南新宿ラインは外側の線路で発着する。

横須賀線の東京駅は丸の内側の地下3階にあり、島式ホーム2面4線で総武快速線と接続して相互直通をしている。品川駅の手前で地上に出る。横須賀線だけを見るとJR形配線をしている。上り線側が島式ホームになっていて、ラッシュ時には交互発着するほか、品川止まりの湘南ライナー10号は中線に到着する。

品川駅からは品鶴線に入る。途中で現在は大崎駅構内になっている旧蛇窪《へびくぼ》信号場で大崎駅からの貨物支線が合流する。この貨物支線には湘南新宿ラインの電車と新宿発着の特急「踊り子」、相鉄JR直通電車などが走る。

品鶴線内には西大井、武蔵小杉、新川崎の三つの駅のほかに新鶴見信号場がある。新鶴見信号場―鶴見間では貨物線の武蔵野南線が並行する。鶴見駅の手前で武蔵野南線と斜めに交差しながら右カーブして京浜東北線の東側を並行する。横須賀線に鶴見駅の設置の要望があるが、ホーム設置の用地がないために、今のところ具体的な計画はない。

武蔵野南線は東海道貨物支線の桜木町方面と羽沢《はざわ》方面の2線に接続しているほかに、東海道本線へ転線できる渡り線もある。

JR横須賀線(東京—品川)

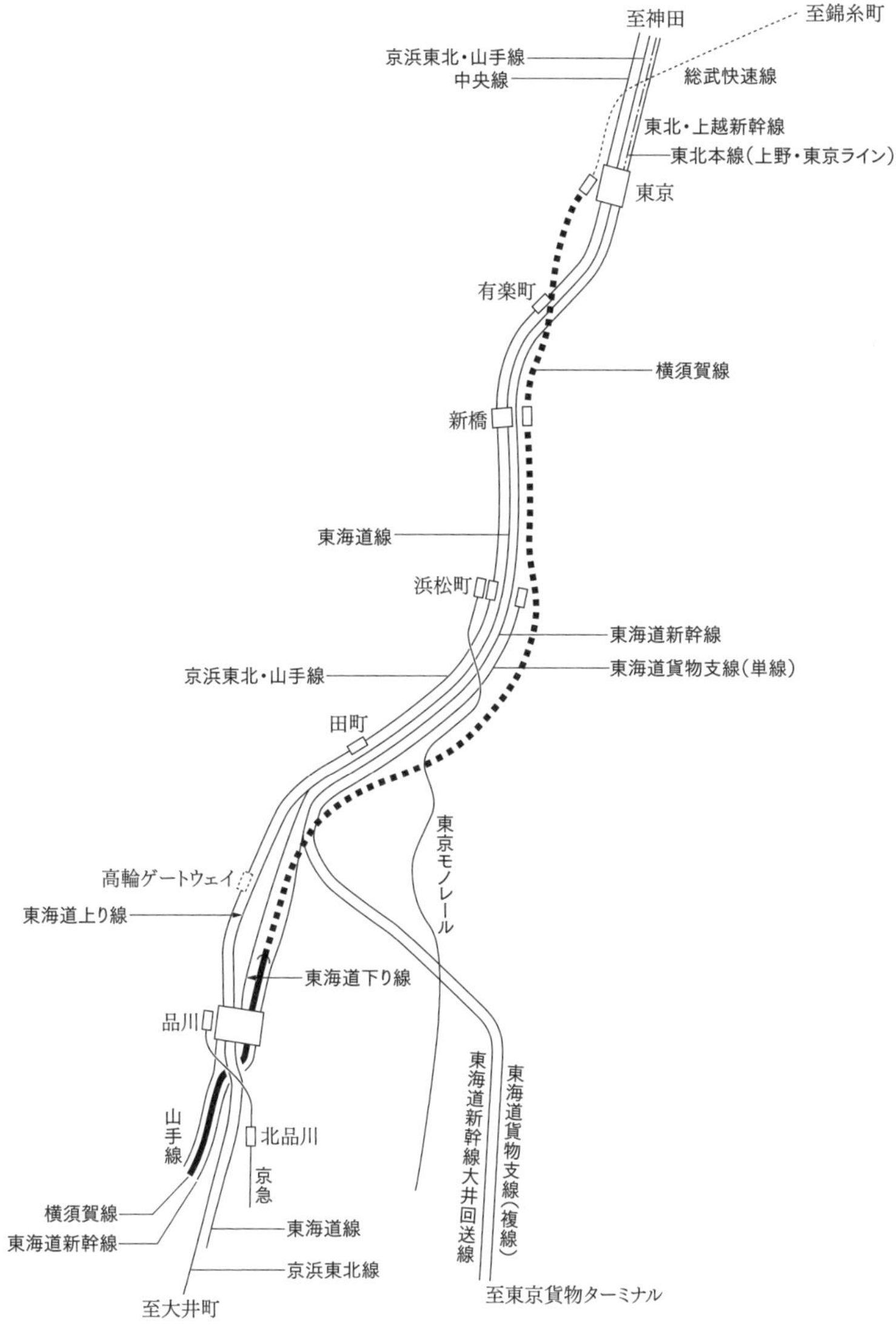
至神田
至錦糸町
京浜東北・山手線
中央線
総武快速線
東北・上越新幹線
東北本線(上野・東京ライン)
東京
有楽町
横須賀線
新橋
東海道線
浜松町
東海道新幹線
東海道貨物支線(単線)
京浜東北・山手線
田町
東京モノレール
高輪ゲートウェイ
東海道上り線
東海道下り線
品川
山手線
北品川
京急
横須賀線
東海道新幹線
東海道線
京浜東北線
至大井町
東海道新幹線大井回送線
東海道貨物支線(複線)
至東京貨物ターミナル

JR横須賀線（品川—横浜）

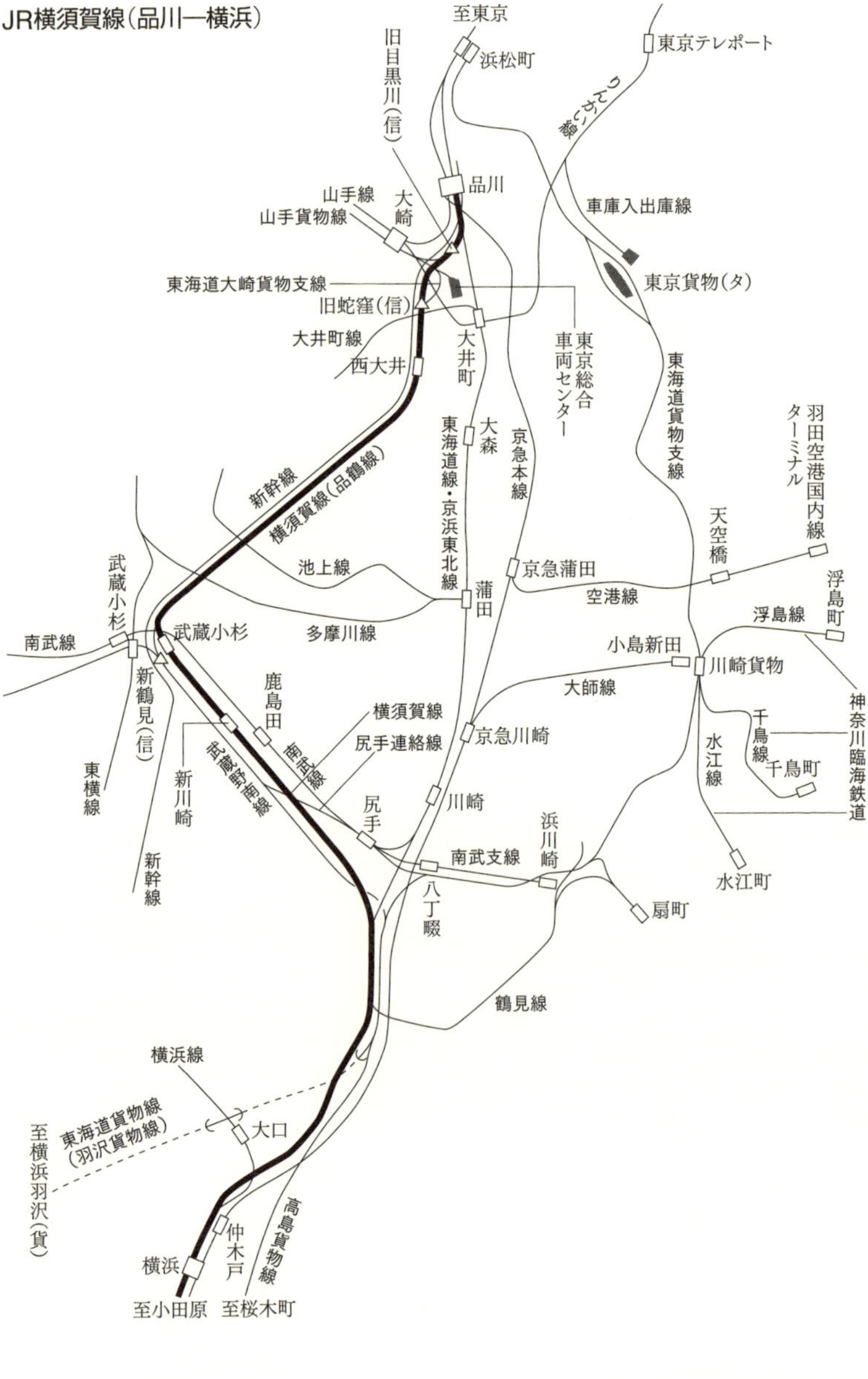
至東京
浜松町
旧目黒川（信）
東京テレポート
りんかい線
品川
山手線
山手貨物線
大崎
車庫入出庫線
東海道大崎貨物支線
東京貨物（タ）
旧蛇窪（信）
大井町線
大井町
東京総合車両センター
西大井
東海道貨物支線
大森
京急本線
東海道線・京浜東北線
新幹線
横須賀線（品鶴線）
羽田空港国内線ターミナル
天空橋
池上線
京急蒲田
蒲田
空港線
浮島町
武蔵小杉
浮島線
南武線
武蔵小杉
多摩川線
小島新田
川崎貨物
新鶴見（信）
大師線
鹿島田
横須賀線
千鳥線
神奈川臨海鉄道
東横線
京急川崎
尻手連絡線
水江線
千鳥町
新川崎
武蔵野南線
南武線
川崎
尻手
浜川崎
南武支線
新幹線
八丁畷
水江町
扇町
鶴見線
横浜線
大口
東海道貨物線（羽沢貨物線）
至横浜羽沢（貨）
仲木戸
高島貨物線
横浜
至小田原
至桜木町

JR横須賀線(横浜―大船)

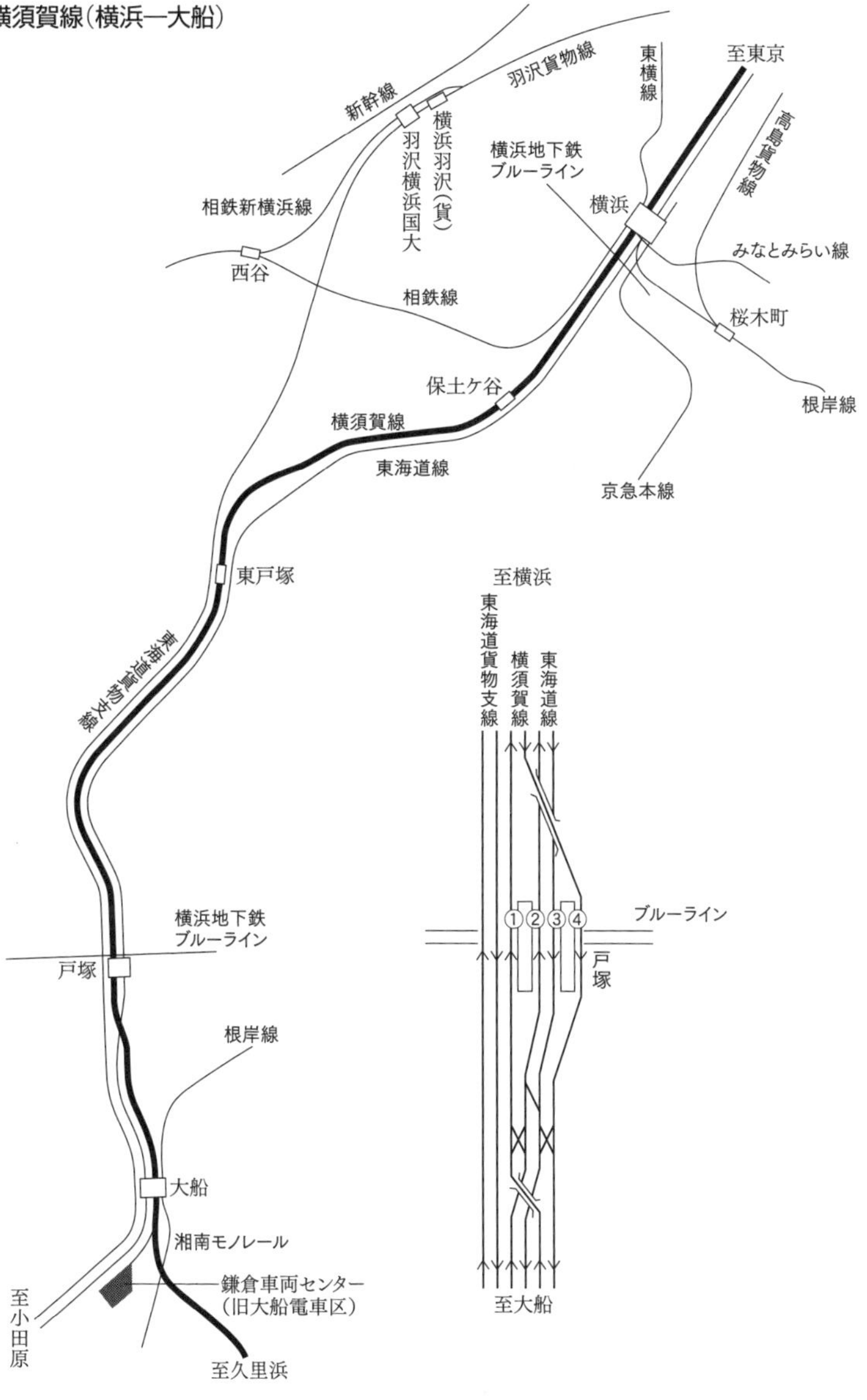
至東京
新幹線
羽沢貨物線
東横線
高島貨物線
横浜羽沢(貨)
羽沢横浜国大
横浜地下鉄
ブルーライン
横浜
相鉄新横浜線
みなとみらい線
西谷
相鉄線
桜木町
根岸線
保土ケ谷
横須賀線
東海道線
京急本線
東戸塚
東海道貨物支線
横浜地下鉄
ブルーライン
戸塚
根岸線
大船
湘南モノレール
鎌倉車両センター
(旧大船電車区)
至小田原
至久里浜
至横浜
東海道貨物支線
横須賀線
東海道線
①②③④
ブルーライン
戸塚
至大船

立川―鎌倉間の臨時電車が走ることがあるが、立川駅からは南武線、武蔵野南線を経てこの渡り線で東海道本線に入り、戸塚駅で横須賀線に転線するコースをとっている。

東海道本線、京浜東北線と並行して横浜駅に達する。横浜駅からは東海道本線と並行する。横須賀線には保土ケ谷、東戸塚駅があるが、東海道本線にはない。横浜―戸塚間では横須賀線が緩行線、東海道本線が快速といったところである。湘南新宿ラインは横須賀線を通るが、保土ケ谷、東戸塚、それに品鶴線内の西大井、新川崎を通過するので快速あるいは特快となっている。

東戸塚駅では東海道貨物支線が合流して、この先は3複線になる。この貨物支線は羽沢貨物線あるいは新横浜貨物線と呼ばれ鶴見駅で武蔵野南線と直通している。鶴見駅を出ると地下に潜ってから丘陵地帯をトンネルで進む。横浜線と高架で交差するが、騒音防止のためにシェルターで覆われている。

途中に横浜羽沢貨物駅があり、そこから相鉄・JR直通線が分岐している。相鉄・JR直通線に入ってすぐに羽沢横浜国大駅があり、トンネルでくぐって相鉄西谷《にしや》駅に達している。

羽沢貨物線は地下で進んで相鉄線と上星川駅付近で交差、東戸塚駅付近で東海道本線と横須賀線と合流する。

横須賀線の下り線が東海道本線を斜めに乗り越して西側に移ると戸塚駅である。東海道本線が内側、横須賀線が外側の方向別ホームになっている。このため、東海道本線との乗り換えは同じホームでできて便利である。戸塚駅の久里浜寄りにシーサスポイントがあって東海道本線と横須賀線を走る電車は互いに転線が可能である。

大船駅手前で、上り線が東海道本線を斜めに乗り越す。さらに根岸線が横須賀線の横を並行する。西から根岸線、横須賀線、東海道本線、東海道貨物支線のそれぞれの複線、合わせて8線の線路が並ぶ。

大船駅は根岸線が島式ホーム1面2線、横須賀線と東海道本線がそれぞれ2面4線になっている。根岸線から横須賀線への連絡線があり、かつては直通電車が走っていた。大船駅では湘南モノレールと連絡する。

JR横須賀線(大船—久里浜)

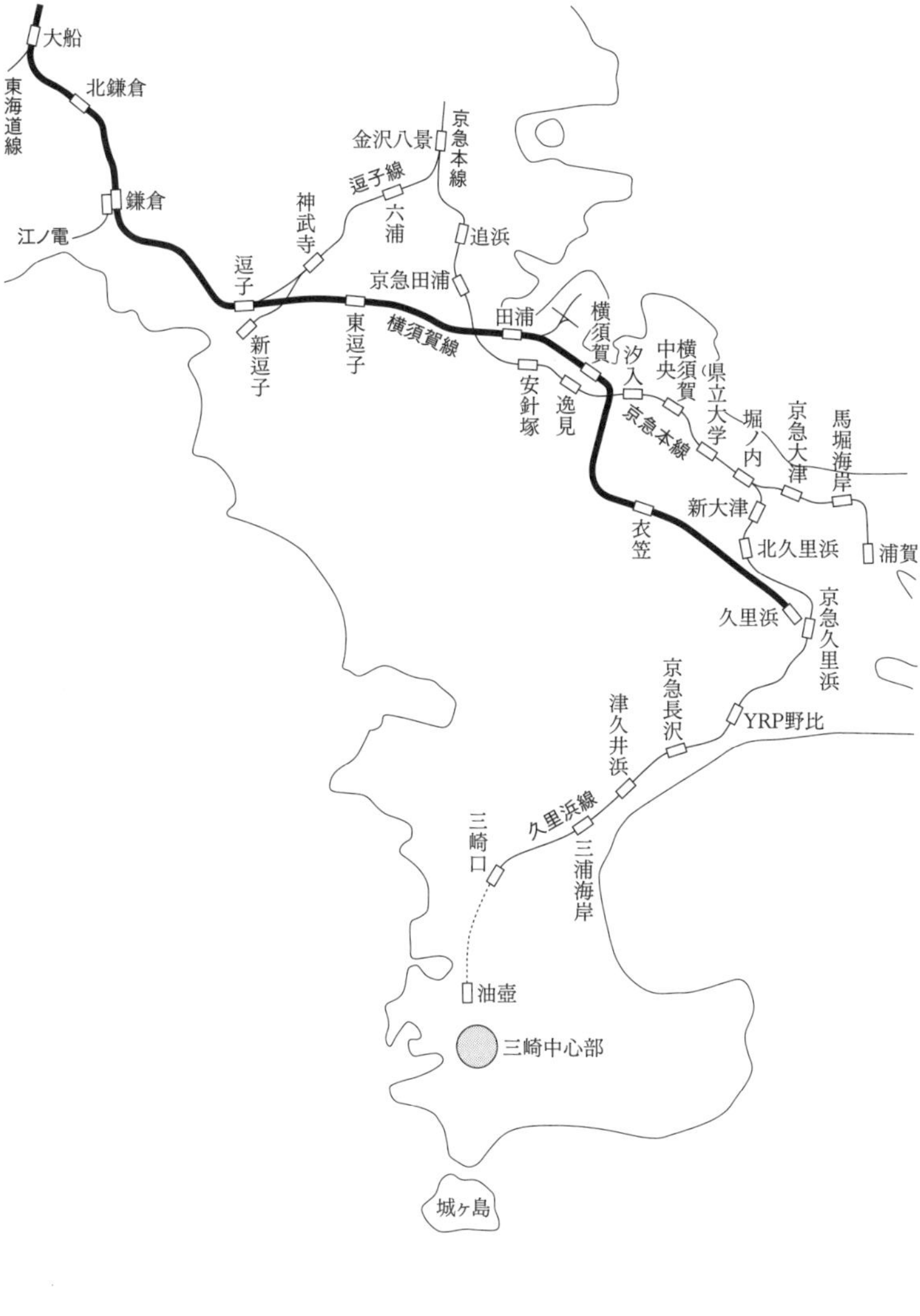

鎌倉駅は島式ホーム1面2線と両外側に留置線がそれぞれ1線ずつある。逗子駅はJR形配線プラス7線の電留線、それに引上線がある。同駅折返電車が多数設定され、また、15両編成のうち4両を切り離して11両編成で逗子―久里浜間を走る。

前4両を切り離して、この4両が引上線に入るまで、久里浜行は待っている。上りでは久里浜から来た11両編成が先に停車してから、引上線で待っている4両を連結する。

京急では金沢文庫で増結するときは、増結車が先にホームに停車して、横須賀方面から来た乗客を乗せた電車が連結する。ただし後ろに4両連結することもある。切り離すときも、増結車を置いてきぼりにするだけなので、横須賀方面の電車はすぐに発車する。

横須賀線のこの増解結作業は国鉄時代から行っているもので、ATSやATCがない時代では安全性を考えてのものだが、そろそろ変更してもいいように思う。

逗子駅は三浦半島の西海岸にある。横須賀駅は東海岸にある。このため逗子―田浦間で三浦半島を横断する。京急本線はずっと東海岸を通っているのにくらべると遠回りになっている。対横須賀・久里浜では横須賀線は不利である。

田浦駅は島式だが、両端がトンネルのために、これ以上のホーム延伸は費用がかかる。このため逗子以遠では11両編成までしか走れない。

横須賀駅は島式ホームだが、2番線は頭端行き止りになっている。1番線は機回線だったが、今はそのためのポイントもなくなっている。3番線の反対側にも機回線があり、こちらの機引上線へのポイントは残っている。機回線を含め3線の客留線は今でも臨時列車の留置線として使われている。

3番線から久里浜駅への本線が延びている。2084mの久里浜トンネルがある。衣笠駅は島式ホーム1面2線で行き違いができる。ホームよりも行き違い線はずっと長い。かつては長大編成の貨物列車が走っていたためである。

久里浜駅は島式ホームで、ホームの先で線路は収束して引上線が京急の高架線近くまで伸びている。ホームの西側には貨物ヤードがあった。一部は乗務員の訓練用の線路になっているが、大半は今でも残っていて電化もされ、電留線になっている。長い引上線は貨物列車のためのものだったが、11両編成の引き上げにも使用できる。引上線の途中に道幅の広い踏切がある。

西大井→品川間の1日平均の乗車人員は定期外が2万5638人、定期が5万3763人、定期比率は68%である。最混雑区間は武蔵小杉→西大井間になっているが、同区間の乗車人員は定期外が2万2998人、定期が4万8255人と品川→西大井間よりも少ない。定期の1日平均の乗車人数は品川→西大井間の逆方向もカウントされることから、多くなっていると考えられる。

品川駅で横須賀線から山手線渋谷・新宿方面へは定期外客が5725人、定期客が1万4200人となっている。人数的に少ないように思えるが、東海道本線から山手線への乗換客がカウントされていない。こちらの定期外客は10万4921人、定期客は19万8946人にもなっている。ただし京浜東北線の人数も含んでいる。これらのうちのどのくらいが湘南新宿ラインを利用しているかは、統計から読み取れない。

武蔵小杉駅の上りの乗車人数は定期外が4559人、定期が1万5935人、南武線から上り電車への乗換客は定期外が1万8438人、定期が3万2320人となっている。

鶴見（横浜）→新川崎間の乗車人員は定期外が1万3671人、定期が2万5918人である。

最混雑区間は武蔵小杉→西大井間で、公表混雑率は196%だが修正混雑率は193%である。3ポイントのずれはセミクロスシート車の定員の算出方法が異なっているためである。公表では0・4m²で割っているが、修正ではボックスクロスシート部分の面積を差し引いた面積を0・35m²で割り、これにボックスクロスシートの座席定員をプラスしている。

かつての国鉄急行形のボックスクロスシートにくらべ横須賀線用217系のボックスクロスシートは狭く場所を取らないから、総定員が増えるのである。

なお、E235系に置き換え中で、E235系はオールロングシートである。

最混雑時間帯は7時26分から8時26分、この間にグリーン車を除く13両編成10本が走る。しかし、品鶴線には湘南新宿ラインも5本走っている。これをカウントする必要があるのかないのかはっきりしない。

というのは輸送人員を単純に横須賀線電車だけの人数にしているかどうかで違ってくる。しているとするならば不要だし、すべての乗車人数でカウントしていれば必要である。そのあたりの注釈が統計にはない。これは東海道本線の混雑率でも湘南新宿ラインの乗車人数に関してどう処理しているか不明瞭である。

ともあれ西大井到着7時26分から8時26分の間に横須賀線電車が10本、湘南新宿ラインが5本走るほかに、鶴見—大崎（旧蛇窪信）間に「おはようライナー新宿」22号と24号の2本、鶴見—横須賀線東京間に特急「成田エクスプレス」9号と湘南ライナー8号、さらに鶴見—大崎間には相鉄・JR直通電車が3本走る。鶴見—大崎間の運転本数は22本、平均運転間隔は2分45秒にもなる。貨物線だったために閉塞区間（二つの信号機の間隔）は比較的長いから、これ以上間隔を詰めにくい。まさにパンク寸前である。

湘南新宿ラインのうち2本は国府津発と小田原発の快速である。戸塚駅で横須賀線に入る。快速は東戸塚と保土ケ谷、新川崎、西大井を通過する。残りは逗子発（2本）と大船発の普通である。

横須賀線電車の始発駅は久里浜が4本、横須賀が4本、逗子が1本、大船発が2本である。久里浜—横須賀間は13〜14分毎、横須賀—逗子間は6〜11分毎、逗子—大船間は3〜11分毎になっている。

昼間時は横須賀線電車が1時間に4本運転され、そのうちの1本が久里浜発着、他は逗子発着になっているが、すべて逗子発着になっている時間帯もある。逗子—久里浜間は同区間を走る普通が2本加わって20分毎の運転になっているので、逗子駅での接続時間は長かったり短かったりしている。これに相鉄・JR直通電車と成田エクスプレス各2本が加わる。

湘南新宿ラインも1時間に4本が運転され、1本は小田原発着の特快、1本は平塚発着の快速、2本は逗子発着の普通となっている。これに相鉄・JR直通電車と成田エクスプレス各2本が加わる。

夕ラッシュ時の横須賀線電車は1時間に7本前後の運転、湘南新宿ラインは4本運転され、特快はなく、快速と普通がそれぞれ2本走る。

東急東横線・みなとみらい線

相鉄線直通でどうなる？

東急東横線は渋谷―横浜間24・2キロの路線で、渋谷駅で東京メトロ副都心線と接続して相互直通運転をしている。中目黒駅では日比谷線と接続するが相互直通運転は中止している。自由が丘駅で大井町線と連絡、田園調布―日吉《ひよし》間は複々線になっていて内側の複線は目黒線電車が走っている。武蔵小杉駅で南武線と横須賀線・湘南新宿ライン、日吉駅で横浜地下鉄グリーンライン、菊名《きくな》駅で横浜線と連絡する。

横浜駅ではJRと京浜急行、横浜地下鉄ブルーラインと連絡し、みなとみらい線と相互直通をしている。

みなとみらい線は横浜―元町・中華街間4・1キロの路線である。日本大通り駅は県庁・大《おお》さん橋《ばし》、元町・中華街駅は山下公園という副駅名が付いている。

渋谷駅は島式ホーム2面4線で、東京メトロ副都心線と共用している。西側から3→6番線で内側の4、5番線は主として折返用である。うち4番線は東横線電車の折り返しが多い。

中目黒駅は島式ホーム2面4線で、内側は日比谷線が発着する。祐天寺《ゆうてんじ》駅は相対式ホーム2面3線で、中線は通過用である。中線は上下線両方の電車が通れるが、主として上り線で通過追い越しをするのを前提で上り線電車が速度を落とさずに通れるようにしている。このため上りの特急・急行は通過線を通る。

自由が丘駅は島式ホーム2面4線で、その下に大井町線がほぼ直角に交差している。このような地上での直角立体交差駅はあるようであまりない。この自由が丘駅のほかには近鉄大和八木《やまとやぎ》駅くらいなものである。

田園調布駅で目黒線と合流、島式ホーム2面4線になっている。田園調布―多摩川間は複々線のほかに東急多摩川線の複線の連絡線が並行している。多摩川駅は島式ホーム2面4線のほかに、地下に東急多摩川線の島式ホーム1面2線がある。

内側が目黒線電車、外側が東横線電車の線路による複々線で進む。新丸子、武蔵小杉の両駅は島式ホーム

東急東横線・みなとみらい線

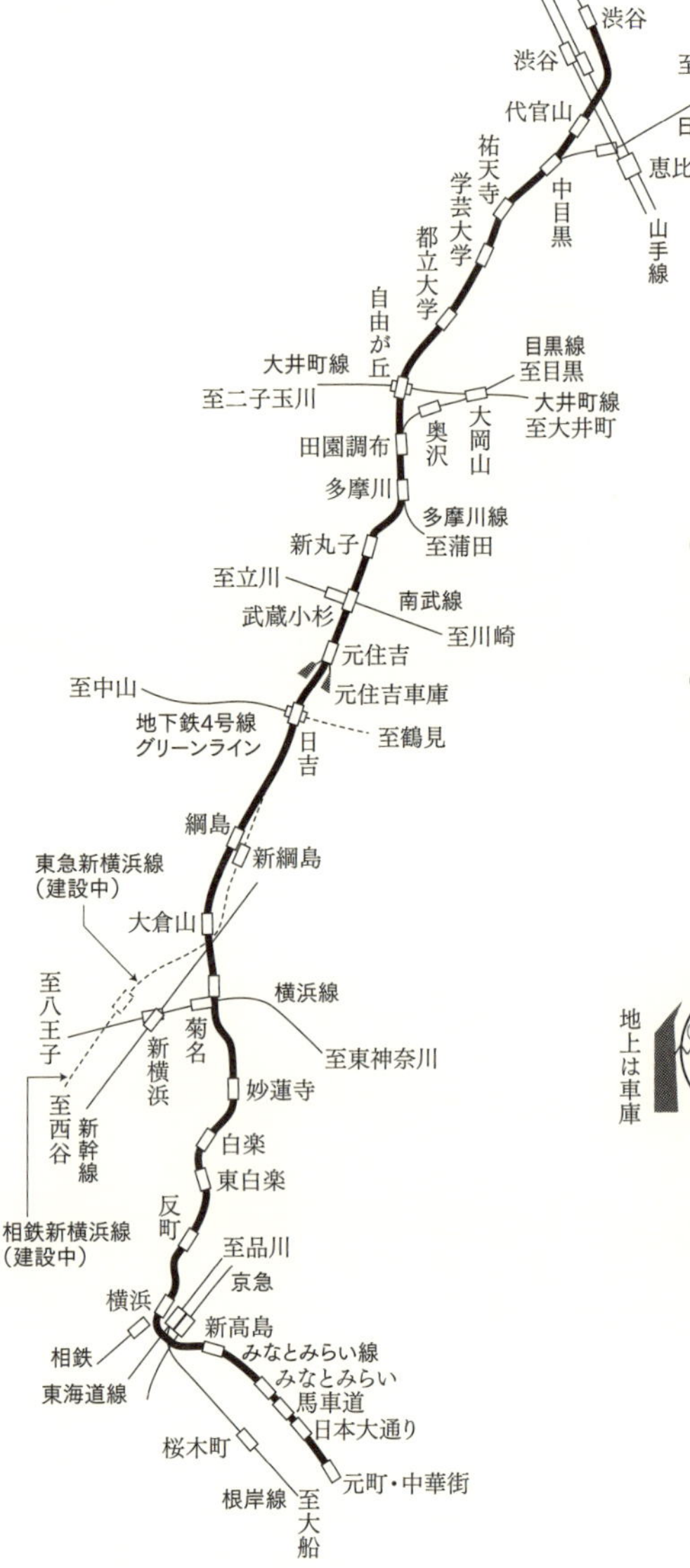

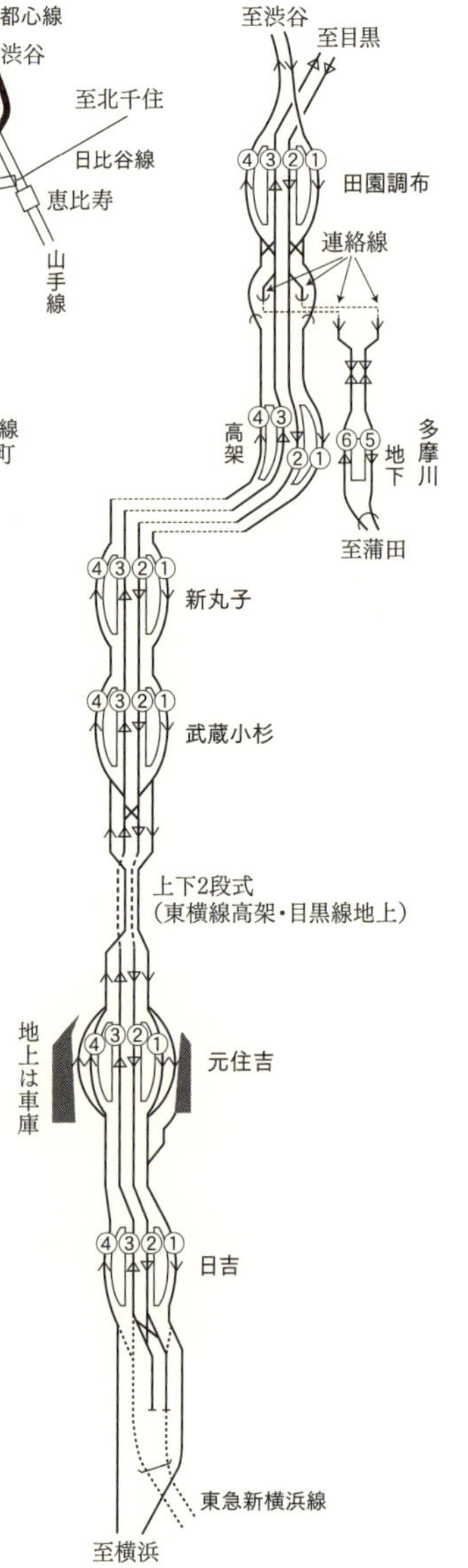

祐天寺駅には通過追越用中線が設置されている

2面4線になっている。武蔵小杉駅を出ると目黒線電車用線路は地平に降りる。地上には元住吉《もとすみよし》検車区がある。東横線の電車も元住吉検車区に入れるように武蔵小杉駅の横浜寄りに転線用の渡り線がある。

再び高架の複々線になって元住吉駅となる。東横線には普通を追い越すための通過線が外側に通している島式ホーム2面6線になっている。

日吉駅も島式ホーム2面4線で目黒線電車は日吉折返のために横浜寄りに引上線2線がある。菊名駅も島式ホーム2面4線で内側につながっている引上線1線が横浜寄りにある。

横浜駅は渋谷寄りにシーサスポイントがある。

みなとみらい線は新高島《しんたかしま》駅が相対式ホーム、その他は島式ホームになっている。元町・中華街駅は2階吹き抜けのドーム形天井になっている。

渋谷→代官山《だいかんやま》間の乗車客は定期外が9万8800人、定期が13万2703人、定期比率は57％と低い。

最混雑区間の祐天寺→中目黒間の乗車人数は定期外が11万5513人、定期が17万5364人である。相互直通はやめても日比谷線への乗換客は定期外が1万

９５６７人、定期が４万５００８人と、祐天寺→中目黒間の乗車客のうち定期外で20％、定期で25％が乗り換えている。日比谷線の全電車が中目黒発なので、ラッシュ時でも１列車見送れば必ず座れる。

自由が丘駅では大井町線から渋谷方面の乗換客が定期外で１万７０４７人、定期で３万１０１４人もいる。うち６割が二子玉川方面からの乗換客である。

田園調布駅から目黒線が乗り入れてくるが、複々線区間では東横線と目黒線は別々に公表されている。

武蔵小杉駅ではＪＲ線との乗換客がある。定期外、定期とも公表されているが、定期外はパスモとスイカの普及で乗り換え人数はあまりあてにならない。定期だけを見るとＪＲ線から横浜方面は７９３２人、渋谷方面は１万５０３０人となっている。

日吉駅では横浜地下鉄グリーンラインと定期だけ連絡運輸をしている。横浜方面は１９６５人、渋谷方面は９４２６人と少ない。多くは東急と横浜地下鉄、それぞれ１枚ずつの定期券を持っている人のほうが多いといえる。

菊名駅で横浜線からの流入は定期だけ見ると、横浜方面は３９３６人、渋谷方面は１万７７３３人となっている。

横浜駅で相互直通運転している、みなとみらい線へ直通客は定期外で２万９２９人、定期で２万３３９７人である。次にＪＲ、そして相鉄、京浜急行となり、地下鉄ブルーラインが一番少ないだけでなく、連絡運輸は定期しかしていない。しかも２１６２人である。

みなとみらい線で一番乗降客が多いのは定期では元町・中華街駅、次にみなとみらい駅、そして馬車道《ばしゃみち》駅、日本大通り駅となるが、定期外では行楽地のみなとみらい駅が１位、そして元町・中華街駅、日本大通り駅、馬車道駅の順になる。

東横線の最混雑区間は祐天寺→中目黒間で、輸送量は５万３２２９人である。混雑時間帯は７時50分から８時50分、その間に10両編成が10本、８両編成が14本走っている。

公表混雑率は１６８％だが、平均定員は１４９・３人にもなっている。ＪＲの広幅車両の10両編成の平均定員が１４８人である。東急の車両は通常幅の20ｍ４扉車である。この車両で10両編成の平均定員は１４０

人である。8両編成も走っているのだから、正確に計算すると、平均定員は139・7人である。そうすると混雑率は180％に跳ね上がる。

公表の平均定員を過去に遡ってみると、当初は142人、それが年を追うごとに増えていき149・3人になってしまっている。自社スペックで定員を算出しているのだが、自社スペックの定員が新形車になるにつれ多くしている。あまり感心できたものではない。

ともあれ、ピーク1時間の運転本数24本の内訳は通勤特急が4本、急行が4本、普通が16本である。

通勤特急の停車駅は下りでみて中目黒、自由が丘、武蔵小杉、日吉、菊名、横浜、みなとみらい以遠各駅である。急行は中目黒、学芸大学《がくげいだいがく》、自由が丘、田園調布、多摩川、武蔵小杉、日吉、綱島《つなしま》、菊名、横浜、みなとみらい以遠各駅である。ほぼ一駅飛ばしに停車していくことから隔駅停車と揶揄されることもある。

朝ラッシュ時上りには走らない特急の停車駅は中目黒、自由が丘、武蔵小杉、菊名、横浜、みなとみらいである。

東急の全路線は基本的に15分サイクルになっている。東横線も昼間時は15分サイクルに特急、急行各1本、普通2本の運転だが、30分毎に渋谷―菊名間の区間普通も運転されている。もともとは日比谷線直通が30分毎だったのを渋谷発着にしたものである。

渋谷駅から副都心線との直通は特急が副都心線内で急行になり、30分に1本は西武線直通の快速急行、もう1本は東上線直通の普通になる。その他は副都心線内普通である。

特急の渋谷―元町・中華街間の所要時間は37分、表定速度は45・9㌔である。

夕ラッシュ時は下りは15分サイクルに通勤特急と急行、それに渋谷―菊名間の区間普通が各1本、渋谷―元町・中華街間の普通が2本である。

休日には西武秩父・飯能《はんのう》―元町・中華街間に西武のL／CカーによるSトレインが3往復走る。停車駅は飯能、入間市、所沢、石神井公園、池袋、新宿三丁目、渋谷、自由が丘、横浜、みなとみらいである。西武秩父―元町・中華街間の所要時間は2時間14分である。

渋谷―元町・中華街間の所要時間は36分、表定速度は47・2㌔と特急よりも停車駅が少ないのに、特急よ

大倉山駅の横浜寄りで東海道新幹線と交差する

りも遅い。通常のダイヤに割り込ませて走るためである。祐天寺駅で普通を追い抜いている。

所要時間が長いことからトイレがあるが、今後は小田急MSEのような地下鉄乗り入れ対応のデラックス車を走らせてもらいたいものである。

日吉駅―新横浜間の東急新横浜線が建設中である。東横線と目黒線と直通運転をし、さらに東京メトロの副都心線や南北線、都営三田線、埼玉高速鉄道、西武池袋線、東武東上線と直通することから、標準幅車に対応した小さいトンネル断面積になっている。

新横浜駅で相鉄新横浜線と相互直通する。こちらは広幅車両に対応した大きなトンネル断面積になっている。

広幅車の相鉄12000系は新横浜駅まで来れても東急新横浜線には直通できない。標準幅車の20000系が東急直通用である。

日吉以東―西谷間直通電車は朝ラッシュ時10本、昼間時4本、日吉以東―新横浜間の区間電車は朝ラッシュ時4本、昼間時2本が予定され、新横浜―西谷以西間の区間電車はない。

相鉄本線・相鉄新横浜線（西谷—羽沢横浜国大間）

東急直通はどうなるか

相鉄本線は横浜—海老名《えびな》間24・6キロの路線で、西谷《にしや》駅で相鉄新横浜線、二俣川《ふたまたがわ》駅でいずみ野線と接続して直通運転をしている。大和《やまと》駅で小田急江ノ島線、海老名駅で小田急小田原線とJR相模線と連絡している。

横浜駅は乗降分離の櫛形ホーム4面3線で海老名駅に向かって左側から1番線になっている。1番線は早朝深夜を除いて各停が発着、2、3番線は優等列車が発着する。乗降分離を完全に行っているのは夕ラッシュ時以降である。朝ラッシュ時と昼間時は降車ホーム側の扉が開いてすぐに乗車ホーム側の扉を開く。このため降車客はどちらのホームにも出ることができる。

頭端側に広い改札口があるとともに、ホーム中央にも1階コンコースへの階段があり、みなみ西口改札がある。頭端側の改札からは髙島屋に行け、1階に降りると西口広場に行ける。しかし、他線とは離れていてあまり乗り換えは便利ではない。

駅を出ると1番線と2番線との間にシーサスポイントがあり、その先で3番線の線路がシングルスリップで上り線と交差、下り線と接続している。

東海道・横須賀線と並行し、地上に降りると平沼橋《ひらぬまばし》駅である。島式ホームだが幅は非常に狭い。横浜平沼高校が近くにあり、登下校時には通学生でホームは一杯になる。平沼橋駅で高校生が降りるために平成22年度まで最混雑区間は西横浜→平沼橋間だったが、少子化によって生徒数が減ったため平成23年度からは平沼橋→横浜間が最混雑区間になった。

右手に引上線と並行、引上線から4線の留置線が分かれると西横浜駅である。同駅も幅が狭い島式ホームである。右カーブして東海道・横須賀線と分かれる。

天王町《てんのうちょう》駅は以前から高架だった。同駅の先から横浜新道との交差地点手前までも連続立体交差事業で高架化された。途中にある星川《ほしかわ》駅は2面4線の追越駅である。天王町駅も耐震補強をして建て替え中である。

西谷駅は島式ホーム2面4線で外側が相鉄新横浜線

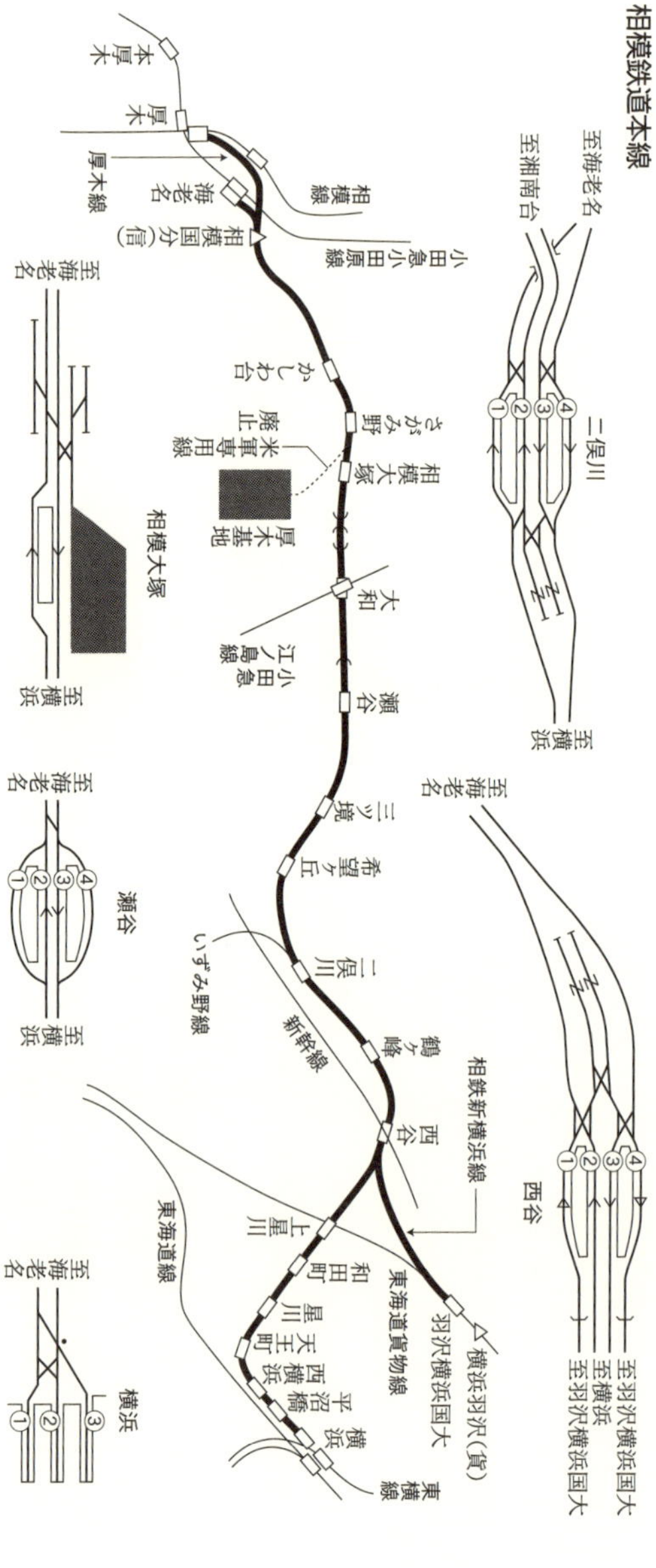

の発着線になっている。２線の引上線が海老名寄りにある。多くは相鉄新横浜線の電車がこの引上線で折り返すのに、相鉄新横浜線の発着線と出入りするには本線を横断するという交差支障が起きている。上を東海道新幹線が乗り越していく。

相鉄新横浜線の駅間はすべてトンネルで、羽沢横浜国大駅は地平に相対式ホーム２面２線がある（新横浜方面は本書の姉妹本「将来篇」を参照）。

二俣川駅は島式ホーム２面４線で、１、２番線が下り線、３、４番線が上り線である。本線電車もいずみ野線電車も下り１、２番線のいずれか、または上り３、４番線のいずれかに行き来できる。横浜寄りには引上線が2線ある。

瀬谷《せや》駅も島式ホーム2面4線、大和駅は島式ホーム1面2線の地下駅で高架の小田急江ノ島線との乗り換えは結構な段数を歩く。このためエレベーターとエスカレーターがある。海老名寄りに引上線がある。

相模大塚《さがみおおつか》駅は9線の留置線がある。もとは貨物ヤードで、海老名寄りに米軍厚木基地への専用線があって、タンク貨物列車が石油を輸送していた。専用線の本線分岐部の引上線などは残っているが、専用線自体は撤去されている。

かしわ台駅は島式ホーム2面4線で車庫が併設されている。横浜寄りに大塚本町《おおつかほんまち》駅があったが、かしわ台駅を新設したときに廃止された。同駅の出入口には改札口があり、かしわ台駅ホームまでの長い通路でつながっている。

海老名駅の手前に相模国分信号所があり、ここから貨物線の厚木線が分岐している。相鉄の厚木駅は貨物駅で、米軍タンク貨車を扱っていた。現在は電留線になって、JR相模線とつながっている。

海老名駅は島式ホームで頭端側に改札口があって小田急とJRの海老名駅と連絡している。かつて小田急海老名駅と改札内でつながっていて乗り換えが便利だったが、海老名駅を横浜寄りに移設してホームを拡幅した。乗換距離が増えただけでなく、相鉄の海老名行は一番前の車両が混んでいる。出口は小田急寄りにしかなかったが、現在、東口を整備中である。

バブル経済が終息しつつあった平成7年度の海老名→かしわ台間の乗客は定期外が2万1361人、定期が4万5466人、定期比率は68%だった。平成25年度は定期外が2万719人、定期が3万6437人と定期客が9000人も減少、定期比率は64%に下がった。定期客のうち小田急からの乗換客は平成7年度が2万5230人だったのが2万1406人と4000人の減少である。

少子高齢化だけではなく、横浜都心部への求心力が小さくなったことも影響している。小田急線は東京方面への流れが強くなっている。事実、小田急の海老名→座間《ざま》間で平成7年の定期客は8万4008人、平成25年度は8万6350人と2000人以上増えている。

平沼橋→横浜間の平成7年度の定期外客は7万18

36人、定期客が17万8117人、平成25年度は定期外が6万7971人、定期が14万4953人と大幅に減っている。

二俣川駅でいずみ野線からの流入は、平成7年度の定期外が1万133人、定期が2万7587人だった。平成25年度は定期外が1万2977人、定期が2万7383人とほぼ横ばいである。平成7年度は二俣川—いずみ野間しか開通していなかったので増えてしかるべきだったにもかかわらずである。

湘南台経由で横浜方面に行くほうが座れることもあって湘南台に近い駅を利用する人は湘南台経由でブルーラインに乗る。そのほうが関内や桜木町に行くのに便利である。東京都心方面は小田急経由もある。

相模鉄道が東京都心へのアクセス線である相鉄新横浜線の建設に熱心なのはこのためである。しかし、朝ラッシュ時に15分毎では心もとないだけでなく、これ以上の増発は難しい。本命の東急新横浜線が開通してこそ、東京都心直結線が本物になる。

最混雑区間は平沼橋→横浜間で、輸送人員は4万7185人、公表混雑率は133%である。平成7年度の輸送人員は6万4957人、混雑率は159%だった。2万人近くも減っている。

平均定員は139人にしている。しかし、広幅車と標準幅車の平成30年度の比率は概ね4対1である。広幅車のうち9000系の10両に2両はセミボックスシート車だが、定員の減少は1人程度である。8両編成の平均定員も10両編成とほとんど変わらない。

これらを考慮すると平均定員は146人ということになる。輸送力は3万5560人から3万7376人に増え、混雑率は6ポイント下がって129%になる。

朝ラッシュ時上りは二俣川駅発7時10分から8時10分の間に海老名発JR線直通特急が大宮行2本と川越行と赤羽行各1本、海老名—横浜間の特急2本、急行7本、各停5本（大和発とかしわ台発各1本を含む）、湘南台—横浜間の通勤特急2本と通勤急行4本、各停が各5本が走る。二俣川—西谷間は1時間に29本と限界である。

特急の停車駅は大和、二俣川、西谷でJR直通はJR線内は各停になる。瀬谷駅と星川駅で普通を追い越し、二俣川駅で湘南台発の通勤特急と接続する。

通勤特急のはいずみ野、二俣川、鶴ヶ峰、西谷でいずみ野駅で各停を追い越す。通勤急行は西谷駅まで各駅、以遠ノンストップ、急行は二俣川駅まで各駅、以遠ノンストップで特急が停車する西谷駅は通過する。海老名発各停は西谷駅で新宿行特急と接続し、星川駅で通勤特急と急行を待避する。湘南台発各停はいずみ野駅で通勤特急と緩急接続をし、星川駅で海老名発急行と湘南台発通勤急行または急行を待避する。

6時台に羽沢横浜国大→西谷間の3本と羽沢横浜国大→海老名間が1本、深夜に海老名→羽沢横浜国大間と西谷→羽沢横浜国大間各1本の各停が走る。

昼間時は1時間に新宿―海老名間の特急と各停が各1本、横浜―海老名間の特急が3本、急行が2本、快速が1本、各停が2本、横浜―湘南台間の快速が2本、各停が4本である。快速の停車駅は星川、西谷以遠各駅である。新宿発着の特急を合わせて西谷―海老名間では10分または20分間隔に特急が走る。新宿発着の特急は西谷駅で横浜―海老名間の快速と接続をする。

新宿―海老名間の各停は西谷駅で横浜発着の特急と接続する。緩急接続は二俣川駅で特急と各停とで行っている。横浜―海老名間の急行は従来通り二俣川駅で湘南台発着の各停と接続する。

夕ラッシュ時上りは新宿→海老名間の特急が1本、横浜発海老名行の急行が2本、各停1本、湘南台行の快速が1本、各停が2本走る。新宿発の特急は横浜発の急行や快速とは接続せず、各停と緩急接続をする。

朝ラッシュ時の二俣川→西谷間は平均運転間隔2分5秒と限界である。東急直通線が開通しても現状のダイヤを維持するなら東急直通電車はすべて西谷駅折返になる。おそらくはJR直通の一部を西谷折返にして、東急直通電車も海老名発特急になろう。二俣川―西谷間は複々線にしたいところである。

昼間時は海老名―渋谷方面間の特急が1時間2本、目黒方面の各停が2本ということになろう。

JR直通も東急直通も渋谷・新宿方面を結ぶのは誤乗の元であり、運賃面ではJR経由は相当高い。

理想なのは東急経由は渋谷と目黒方面、JR経由は鶴見で東海道貨物支線を経てりんかい線直通新木場行あるいは東京テレポート駅でスイッチバックして羽田空港に行くというように棲み分けをすることである。

東急大井町線

急行は等間隔になっていない

東急大井町線は大井町―二子玉川間10・4キロの路線で、二子《ふたこ》玉川《たまがわ》駅で田園都市線と接続してほとんどの電車は溝の口駅まで直通するほかに鷺沼《さぎぬま》駅と長津田《ながつた》駅まで乗り入れる電車もある。中延《なかのぶ》駅で都営浅草線、旗《はた》の台《だい》駅で東急池上線と連絡、大岡山《おおおかやま》駅で目黒線と接続、自由が丘駅で東横線と連絡する。

旗の台駅は島式ホーム2面4線の追越駅、大岡山駅も島式ホーム2面4線で、外側が目黒線の発着線とした方向別ホームである。自由が丘寄りに渡り線があるが、大井町方面から目黒線へ、あるいは田園調布方面から内側の大井町線への転線はできるが、自由が丘方面から目黒線へ、目黒方面から大井町線への転線はできない。

渡り線をシーサスポイントにすれば転線が可能になり、田園都市線沿線から東京都心部への第2ルートができて田園都市線二子玉川―渋谷間の混雑が解消される。ただし、全面的な乗り入れは難しい。

大井町寄りに引上線があるが、目黒線の電車を長津田工場へ回送するための折返線ということで、東急はこれを連絡線と称している。

自由が丘駅で東横線と直交し、二子玉川寄りに留置線が1線ある。夜間に入線して滞泊、朝の6時50分に自由が丘発大井町行普通になる。

上野毛《かみのげ》駅は上り線に通過追越線がある島式ホーム1面3線になっており、朝夕ラッシュ時に急行が普通を追い越している。

島式ホーム2面4線の二子玉川駅の内側が大井町線の発着線である。早朝深夜の各1本を除くすべての大井町線電車は田園都市線の溝の口以遠に乗り入れる。

田園都市線の二子玉川―溝の口間は複々線になっていて内側が大井町線電車用だが、途中の二子《ふたこ》新地《しんち》、高《たか》津《つ》の両駅にはホームがなく、各停であっても通過する。ただし、昼間時の普通のうち1時間に4本、早朝と夜間に数本が田園都市線電車用の外側線に転線して

東急大井町線

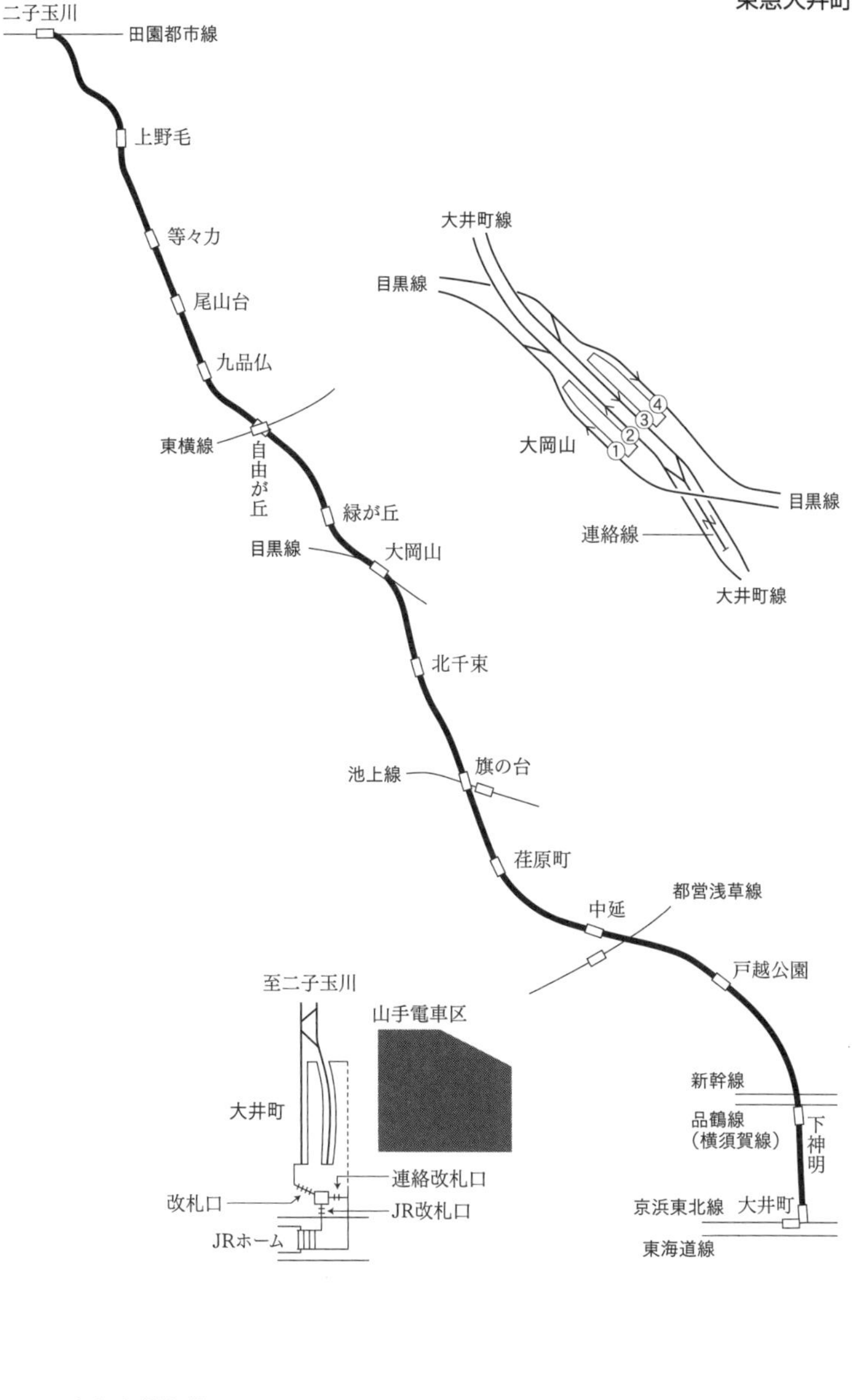

二子玉川
田園都市線
上野毛
等々力
尾山台
九品仏
東横線
自由が丘
緑が丘
目黒線
大岡山
北千東
池上線
旗の台
荏原町
中延
都営浅草線
戸越公園
新幹線
品鶴線
(横須賀線)
下神明
京浜東北線
大井町
東海道線
大井町線
目黒線
大岡山
1
2
3
4
目黒線
連絡線
大井町線
至二子玉川
山手電車区
大井町
連絡改札口
改札口
JR改札口
JRホーム

二子新地、高津の両駅に停車する。

二子玉川駅の上りでは田園都市線電車用の4番線から大井町線へ、大井町線電車用の3番線から田園都市線へ転線できる配線になっている。

田園都市線の高津→二子玉川間の通過客数は定期外が8万4894人で、そのうちの1万5626人が大井町線に乗り換えている。定期では16万1814人のうち1721人しか乗り換えていない。大井町線電車は溝の口駅始発である。溝の口駅で大井町線電車に乗り換えている人数は定期で3万4663人となっている。そして定期外の上りは0人になっている。

九品仏《くほんぶつ》→自由が丘間の通過客数は定期外が4万8283人、定期が7万7284人で定期比率は62％、うち定期外で1万7701人、定期で2万9609人が東横線に乗り換えている。

緑が丘→大岡山間の通過客数は定期外が4万6391人、定期が7万2468人、定期比率は61％、うち大岡山駅で目黒線への乗換客は定期外で25％の1万2307人、定期で27％の1万9670人である。

北千束《きたせんぞく》→旗の台間の通過客数は定期外で3万6936人、定期で5万4728人、定期比率は60％、うち定期外で21％の7806人、定期でやはり21％の1万1313人が池上線に乗り換えている。

中延駅で定期外は都営線との連絡運輸をしていない。定期の荏原町《えばらまち》→中延間の通過客数2万9377人、うち浅草線乗換客は9％の2637人である。

また他社線との乗換客数はパスモやスイカ利用が多くなって定期外客数はあてにならない。定期で下神明《しもしんめい》→大井町間の通過客数は4万1110人、うち大井町駅でJR京浜東北線への乗換客は52％の2万1273人、りんかい線へは18％の7490人である。

最混雑区間は九品仏→自由が丘間でピーク時の輸送人員は2万5482人、輸送力は1万5390人とし混雑率は166％としている。しかし、平均定員は145・1人になっている。20m通常幅車の平均定員は140人以下になるはずである。

平成29年度の通過両数は5両編成が14本、6両編成が6本である。定員を厳密に計算しなおすと輸送力は1万4652人、平均定員は138・2人に減る。そうすると混雑率は174％にもなる。

最混雑時間帯は7時30分から8時30分、この間に6両編成の急行が6本、5両編成の各停が14本の計20本が走っていた。

現在は7時31分から8時31分で、この間に急行が7本、各停が14本の21本と急行が1本増えている。急行が混んでいるので、さらに急行は7両編成に増結した。

7両編成は8本あり、うち6020系2本の3号車（大井町寄りから3両目）はクロスシートとロングシートとに転換できるL／Cカーである。夜間の19〜22時の間でクロスシートモードにしQSEATと呼ぶ座席指定電車を大井町→長津田間で急行で運転している。指定席料金は400円で、指定席区間は大井町—たまプラーザ間である。

急行の停車駅は大井町—長津田間でみて旗の台、大岡山、自由が丘、二子玉川、溝の口、鷺沼、たまプラーザ、あざみ野、青葉台である。

昼間時は30分サイクルに急行2本、各停5本が走る。普通のうち2本は田園都市線に入ると外側線に転線して二子新地、高津に停車する。急行の運転間隔は下りが11分または19分、上りが13分または17分と定まっていない。うち1時間2本は中央林間発着である。また、田園都市線内上りは15分サイクルである。

15分サイクルに急行1本、普通2本にするとわかりやすいが、1時間当たりの本数は12本になる。現在は14本だから減ってしまう。現在は間隔が長いときは各停3本、短いときは2本走る。そのうちのそれぞれ1本は二子新地と高津に停まる。

だが、他の東急各線は15分サイクルになっているのだから、これら各線とは乗る電車ごとに接続電車が異なってしまう。やはり15分サイクルに急行2本、普通2本にして、等々力《とどろき》駅の待避駅化が必要なところである。

なお、昼間時の急行の大井町—溝の口間の所要時間は20分、表定速度は37・2キロと遅い。

夕ラッシュ時下りは14〜17分サイクルに急行1本、普通3本の運転である。

急行のうち長津田行はQSEATを連結している。車体側面にはQSEAT車とわかるように塗装が施されている。しかし、定員が少なすぎることと、たいして快適でない座席なのに指定席料金４００円は高すぎることは問題である。

座席が少ないということは東急側からすると料金収入が少ないということになる。それでいてＱＳＥＡＴ車に乗務員を配置しているのだから収益は上がらない。座席を快適にするとともに、座席数が多い車両にすべきである。

溝の口駅の引上線に停車している急行（左）と各停（右）。急行は7両編成で3両目にQSEAT車を連結している編成がある

等々力駅を地下化して両外側に通過線がある島式ホーム１面４線にすることになっているが、等々力渓谷の湧水が涸《か》れるということで反対運動が起こった。それが起こらないような方法で地下化を行うことになったが、それでも着工はされていない。このため変則的なダイヤは今後も続く。

そこで急行を増発するとすれば、大岡山駅で目黒線、そして東京メトロ南北線、都営三田線に直通する長津田発急行を走らせて、田園都市線の都心直通の第２ルートにして、同線の混雑緩和をすればいい。

今後、目黒線が８両編成化されるので、この急行も８両編成にし長津田寄り最後部車両を２扉リクライニングシート車として指定席車にすればいい。今のＱＳＥＡＴ車の定員は45人だが、２扉車なら60人、２階車両にすれば90人にもなり、快適通勤を多くの人が享受できる。座席も快適なリクライニングシートになり、指定席料金４００円に見合った乗車ができる。

田園都市線の溝の口―鷺沼間の複々線化で大井町線電車の鷺沼駅までの延長運転が計画されているが、それもなかなか前に進んでいない。

東急田園都市線・こどもの国線

混雑率に欠かせない輸送力は国交省基準に従うべき

田園都市線は渋谷―中央林間《ちゅうおうりんかん》間31・5キロの路線で渋谷駅で東京メトロ半蔵門線と接続して相互直通運転をしている。

こどもの国線は長津田―こどもの国間3・4キロの路線で長津田駅で田園都市線と接続している。

田園都市線は三軒茶屋《さんげんぢゃや》駅で世田谷線と連絡、二子玉川―溝の口間は方向別複々線になっており、内側線は大井町線電車が乗り入れている。

溝の口駅ではJR南武線、あざみ野駅で横浜地下鉄ブルーラインと連絡する。長津田駅でJR横浜線と接続しているが、つながっているのは貨物授受線であり、新車の搬入等で甲種回送列車が出入りする。こどもの国線と接続している。中央林間駅では小田急江ノ島線と連絡している。

渋谷駅は島式ホーム1面2線で半蔵門寄りにシーサスポイント、中央林間寄りに逆渡り線がある。早朝深夜に渋谷折返が多数設定されている。上り線の2番線で折り返して逆渡り線で中央林間方面に向かう。

桜新町《さくらしんまち》駅は旧玉川通りにあり、道幅が狭いために上下2段式の片面ホーム2面4線の追越駅になっている。用賀《ようが》駅の中央林間寄りに逆方向の非常渡り線がある。地上に出て旧・玉川線を流用した路盤を進む。

二子玉川駅で大井町線が合流してきて溝の口駅まで方向別複々線になる。内側線が大井町線電車用、外側線が田園都市線電車用だが、一部の大井町線電車も外側線を走る。二子玉川駅の上り線は内側線から田園都市線へ、外側線から大井町線への連絡線がある。現在は内側線が大井町線、外側線が田園都市線と方向別に分けているが、これを朝ラッシュ時に限って内側線は急行用、外側線は普通用にする緩急分離運転ができるようにするためである。

二子新地、高津の両駅は外側線に面して相対式ホームである。高津駅の高架下には東急の電車とバスの博物館がある。

東急田園都市線

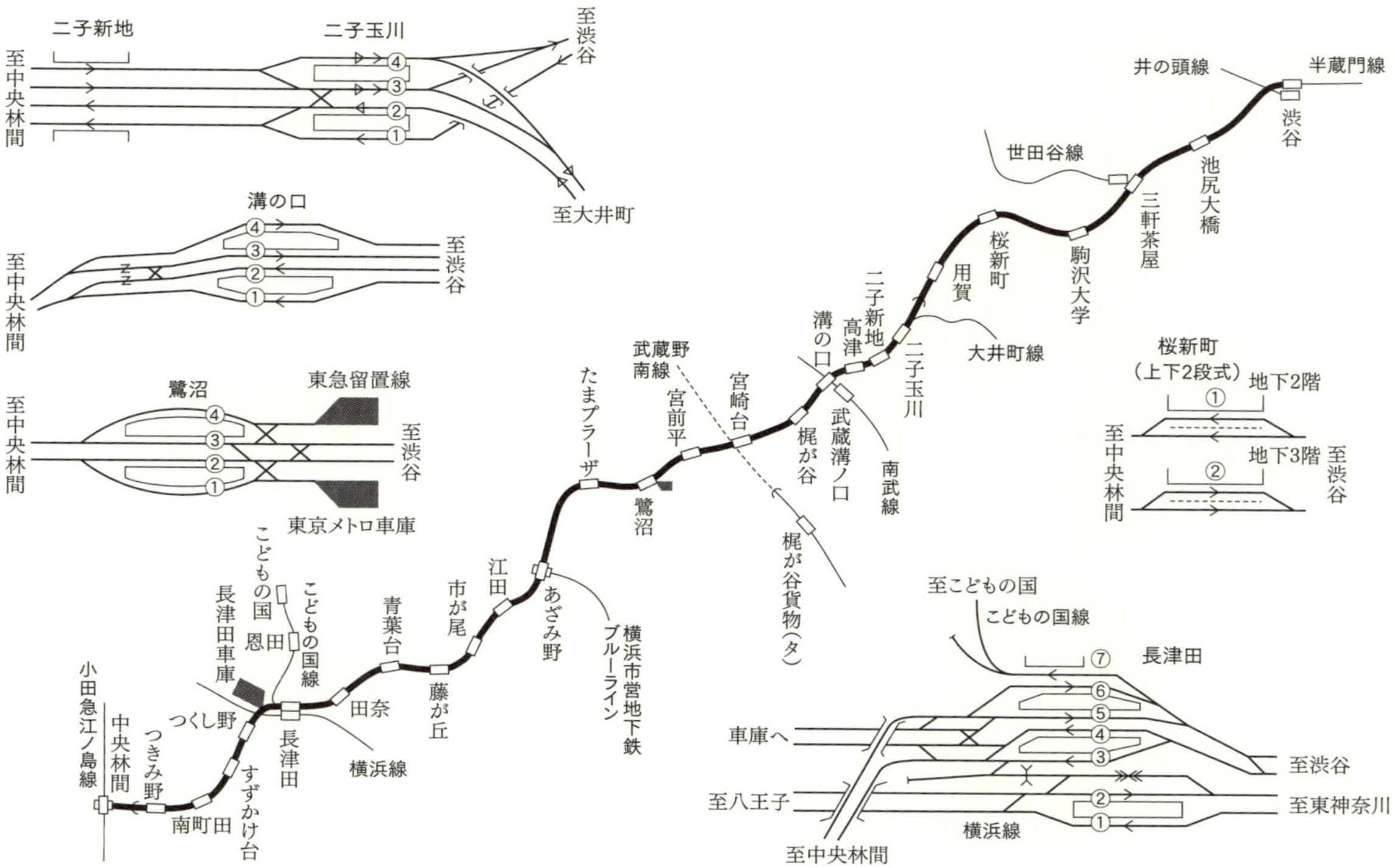
二子新地
二子玉川
至中央林間
至渋谷
至大井町
溝の口
至中央林間
至渋谷
鷺沼
東急留置線
至中央林間
至渋谷
東京メトロ車庫
半蔵門線
井の頭線
渋谷
池尻大橋
三軒茶屋
世田谷線
駒沢大学
桜新町
用賀
大井町線
二子玉川
二子新地
高津
溝の口
武蔵溝ノ口
南武線
梶が谷
宮崎台
宮前平
武蔵野南線
梶が谷貨物(タ)
鷺沼
たまプラーザ
あざみ野
横浜市営地下鉄ブルーライン
江田
市が尾
藤が丘
青葉台
田奈
長津田
横浜線
こどもの国線
恩田
こどもの国
長津田車庫
つくし野
すずかけ台
南町田
つきみ野
中央林間
小田急江ノ島線
桜新町
(上下2段式)
地下2階
地下3階
至中央林間
至渋谷
至こどもの国
こどもの国線
長津田
車庫へ
至渋谷
至八王子
至東神奈川
横浜線
至中央林間

溝の口駅は島式ホーム2面4線で中央林間寄りに大井町線の引上線があるが、中央林間―長津田・鷺沼発着の大井町線電車は引上線を本線として通り抜けている。

引上線が合流するとすぐに113mの溝の口トンネルに入り、抜けると梶《かじ》が谷《や》駅構内になる。島式ホーム2面4線で内側が副本線の待避線、外側が本線になっている。副本線からは中央林間に向かって引上線があるが、端部は行止りトンネルになっている。本線も100mの末永トンネルを抜ける。

二子玉川―溝の口間は複々線で内側は大井町線電車が乗り入れる

宮前平《みやまえだいら》駅にはホームドアがあるが、通常のように車両に面してぴったり並行して置かれておらず、1・5mほど外側に離している。田園都市線には混雑緩和のために10両編成中2両が6扉になっている編成があった。ホームドアを設置するにあたって通常の4扉車と6扉車のいずれにも対応できるためにはホームドアを後退すれば可能になる。このため試験的に設置された。現在6扉車はなくなったが、そのままにしている。

多種多様の扉位置に対応する一つの方法として有効であり、多くの新幹線駅では採用されているが、在来線では宮前平駅だけである。

鷺沼駅は島式ホーム2面4線で渋谷寄り南側は東京メトロ鷺沼車両基地、北側は東急鷺沼車庫がある。

あざみ野駅の地下には横浜地下鉄ブルーラインが直交している。江田《えだ》駅は島式ホーム2面4線だが、内側の本線は通過する電車だけが走るので線路に面して柵が置かれている。藤が丘駅は上り線だけが通過線と停車線がある相対式ホーム2面3線になっている。

長津田駅は島式ホーム2面4線に加えこどもの国線の片面ホームがある。中央林間寄りに長津田検車区がある。横浜線の長津田駅の田園都市線側に貨物着発用の上り1番副本線があり、八王子寄りで東急の授受線とつながっている。甲種回送列車はここでＪＲから東急線に入って下り3番線経由で長津田検車区に入る。

中央林間駅は頭端島式ホーム1面2線である。

こどもの国線は長津田駅の田園都市線とは別の改札口を通ってホームに出る。

長津田駅を出てすぐに半径１２０ｍという急カーブで直角に曲がる。もともとこどもの国は旧陸軍の田奈弾薬庫跡を流用している。長津田駅から弾薬庫専用線が延びていた。こどもの国線もこの専用線を流用している。このためこんな急カーブがある。

途中に島式ホーム1面2線の恩田《おんだ》駅がある。手前に東急長津田車両工場と東急テクノシステム長津田工場がある。

こどもの国駅は片面ホーム1面1線の棒線駅になっている。

中央林間駅で小田急江ノ島線からの定期の渋谷方面の乗換客は1万９０９５人、同駅乗車は1万５３８８人と小田急からの乗換客のほうが多い。小田急相模大野方面からは８３８７人、藤沢方面からは1万７０８人で、藤沢方面のほうが多い。しかし小田急はスピードアップしたので現在は乗換客は減っている。

長津田駅で定期客の乗車は1万３５０４人で乗換客を含む全体の39％、こどもの国線からの乗換客は２２９６人、同7％、横浜線からは1万９００６人で、同55％、うち八王子方面からは1万２７３４人、東神奈川方面からは６２７２人で、八王子方面からのほうが多い。

あざみ野駅では地下鉄ブルーラインからの渋谷方面への定期の乗換客は９７３７人と少ない。3社局間をまたがる定期券の発売はしないので、東急と東京メトロとの2社局間の定期券とブルーラインの定期券を持って乗る人が多いということである。

事実、あざみ野駅から渋谷方面の定期乗車客は2万５８３１人もある。多くの路線バスが来ているたまプラーザ駅の定期乗車客は1万３１９４人、鷺沼駅は１万３８３５人と大きく上回っている。あざみ野駅に向かうバス路線はすすき野団地や虹ヶ丘団地からは結構いるが、それを割り引いても多すぎる。ブルーラインの乗換客が多くを占めているといえる。

溝の口駅で南武線からの乗換客は1万5771人と少ない。これも2枚の定期で乗車していることでカウントされていないと思われる。

池尻大橋《いけじりおおはし》→渋谷間では定期外客が11万3843人、定期客が23万2708人、定期比率は67％と高い。

定期での渋谷駅降車は3万5263人（15％）、東横線へは7485人（3％）、山手線へは4万2753人（18％）、半蔵門線直通客は13万5376人（58％）、副都心線へは4832人（2％）、井の頭線へは6999人（3％）である。副都心線乗換客が少ないのは、開通して間もないからである。

最混雑区間は池尻大橋→渋谷間で輸送人員は7万4806人、公表混雑率は185％にしている。しかし、平均定員は149・4人にもなっている。

田園都市線の車両は20m標準幅車である。乗り入れてくる東武伊勢崎線の平均定員は140人にしている。JRや京王、西武もそうしている。7％近くも定員を多くすると比較にならない。

平均定員を140人にすると混雑率は198％と200％に近い数値になる。これが現実の混雑率である。今後も田園都市線の乗客は増えて実質の混雑率は200％を超えることになる。

混雑率をごまかすために平均定員を149・7人にしているという意図はないにしても、現実よりもかなり多くなっているのは事実であり、そのために田園都市線の混雑が深刻だということが一般に伝わっていない。このため混雑緩和策が手緩《てぬる》くなっている。

最混雑時間帯は7時50分から8時50分、この間に27本が走る。平均運転間隔は2分15秒である。準急が14本、普通が13本である。ようするに準急と普通の割合は1対1にしている。準急は藤が丘と江田、梶が谷駅で普通を追い抜いている。

ピーク時間帯の準急の多くは長津田始発である。普通も長津田始発がある。長津田駅で2本程度見送れば座ることができるようにしている。長津田からの定期券を持ち青葉台などからの折返乗車はホームが違うので時間がかかる。

準急の停車駅は下りでみて二子玉川まで各駅、溝の口、鷺沼、たまプラーザ、あざみ野、青葉台、長津田、南町田グリーンベリーパークである。

昼間時には急行が走る。急行の停車駅は三軒茶屋、二子玉川、溝の口、鷺沼、たまプラーザ、あざみ野、青葉台、長津田、南町田グリーンベリーパークである。

昼間時は30分サイクルに急行2本、準急1本、普通4本、大井町―中央林間間の急行1本の計8本、1時間に16本が走る。下りでみて普通のうち1本は渋谷―中央林間間運転で鷺沼と長津田で急行に抜かれる。もう1本は押上―長津田間運転で二子玉川で大井町線直通急行、鷺沼で急行に抜かれ、長津田で準急に接続する。残り2本は桜新町と鷺沼、長津田で大井町線直通急行を含む急行か準急に抜かれる。

渋谷―中央林間間の急行の所要時間は39分、表定速度は48・5キロとさほど速くはない。

夕ラッシュ時下りは9分サイクルに急行1本、普通2本が運転される。18時台から大井町線からの座席指定のQSEAT車連結の直通急行が長津田まで運転される。QSEAT車は大井町―自由が丘間は乗車のみ、二子玉川―鷺沼間は降車のみ、たまプラーザ以遠は指定券なしで乗車できる。

混雑緩和対策として渋谷駅の上り線を2線化して朝ラッシュ時に交互発着をして運転間隔を短くする。

また二子玉川―溝の口間を複々線化して大井町線電車を乗り入れさせたが、東京都心へは大岡山駅で目黒線に乗り換えなければならないのでさほど効果を上げていない。今後、複々線区間を鷺沼駅まで延ばすが、都心への別ルートでないのでやはり大きな効果は得られない。大井町線電車の目黒線直通が必要である。

もっと効果があるのは渋谷―二子玉川間の複々線化だが、それは不可能である。簡単なのは世田谷線の渋谷乗り入れだろう。しかし、輸送力は小さくて効果は大きくない。そこで世田谷線を鉄道線化し松陰神社前《しょういんじんじゃまえ》からは地下化する。三軒茶屋から田園都市線と並行して渋谷駅南口まで乗り入れる。鉄道線化すると小形車8両編成を走らせることは可能である。

あるいは全線地下化して三軒茶屋駅から銀座線渋谷駅まで新設して銀座線と相互直通をしてもいい。またはミニ地下鉄にして大江戸線の都庁前駅まで乗り入れてもいい。

小田急江ノ島線

快速急行が頻繁に走るようになった

小田急江ノ島線は相模大野《さがみおおの》—片瀬江ノ島《かたせえのしま》間29・1キロの路線で、相模大野駅で小田原線と接続して直通電車が走る。中央林間駅で東急田園都市線、大和駅で相鉄本線、湘南台《しょうなんだい》駅で横浜地下鉄ブルーラインと相鉄いずみ野線、藤沢駅で東海道線と江ノ島電鉄に連絡する。また、藤沢駅ではスイッチバック構造になっている。

江ノ島線の各停は小田原線の町田駅で折り返すのが基本だった。しかし、小田原線の運転本数が増えて、早朝深夜以外は相模大野折返が多くなっている。

以前の急行は新宿—相模大野間で小田原方面の電車と併結運転をして相模大野駅で切り離していた。これは紛らわしいと批判を受けて、相模大野—藤沢・片瀬江ノ島間の急行を設定し、相模大野駅で小田原方面の急行と連絡するように変更している。

相模大野駅では下りは1、2番線の両方から発車できるが1番線からの発車が多い。上りも3、4番線に到着できるが、やはり4番線の到着が多い。

大和駅と長後《ちょうご》駅は島式ホーム2面4線である。

藤沢駅は頭端櫛形ホームのスイッチバック駅で、北側から1番ホームになっていて、1番ホームは10両編成が停車できる。他は8両編成である。2番ホームは基本的に片瀬江ノ島行、3、4番ホームは相模大野方面からの折返用である。

終点片瀬江ノ島駅も頭端櫛形ホームで1番線は10両編成が停車できる。2番ホームは降車用である。

相模大野駅で小田原線への流入は平成7年度で定期外が2万1678人、定期が4万3449人、平成25年度の定期外が2万6716人、定期が4万8109人と増えている。

中央林間駅での東急田園都市線との定期の乗換客は平成7年度が1万4413人、平成25年度が1万9094人、藤沢駅の小田急からJR東海道本線東京方面の定期客は平成7年度が1万4040人、平成25年度が1万9042人とこれらも増えている。

最混雑区間は南林間→中央林間間で輸送人員は1万1871人である。混雑率は公表で127%、広幅車と標準幅車の在籍車割合で案分して修正混雑率を算出した結果は126%となった。

最混雑時間帯は東京都心から遠いので7時8分から8時8分になっている。この間、10両編成が4本、8

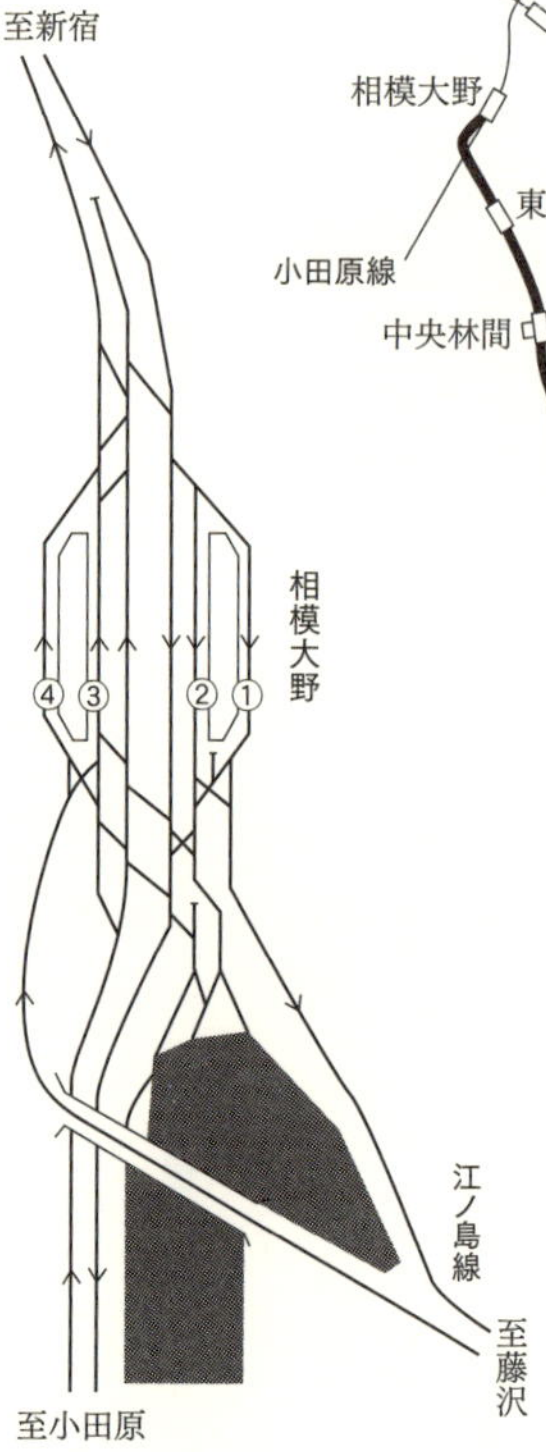

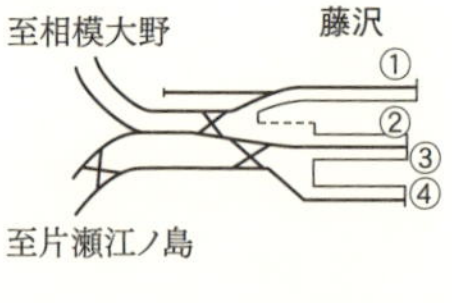

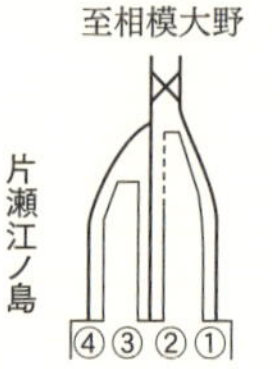

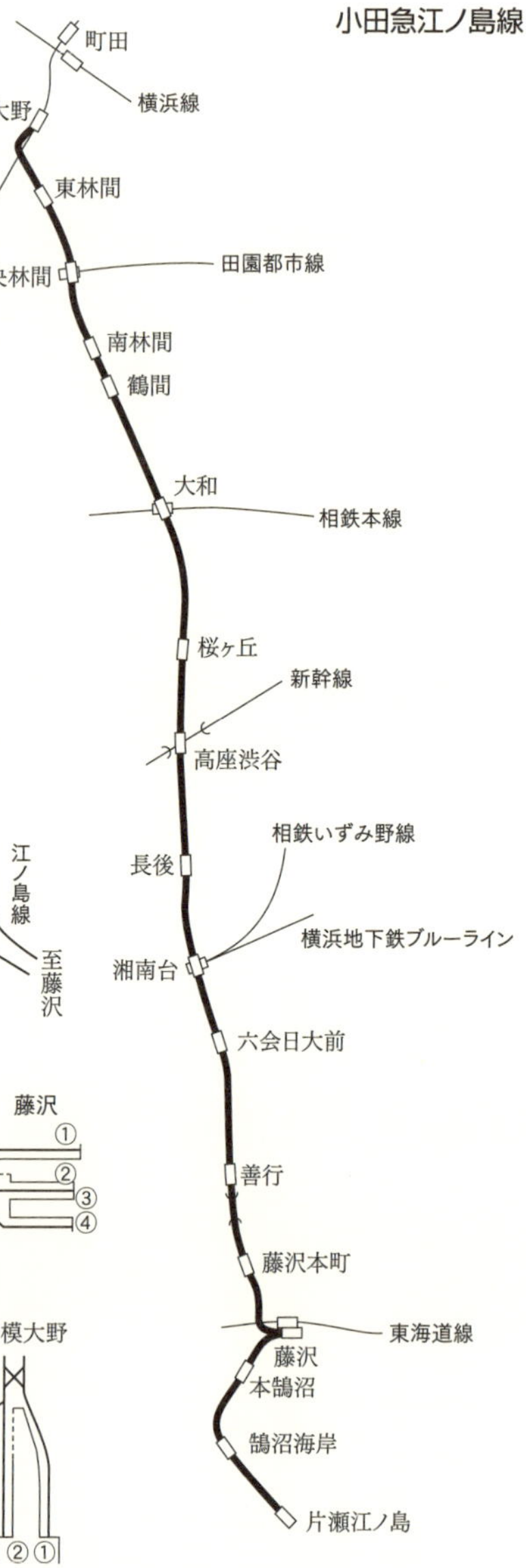

両編成が6本、6両編成が3本走る。

　現在のピーク1時間のダイヤは相模大野駅から快速急行になる江ノ島線内急行が7本、各停が7本の計14本である。各停は大和駅で急行を待避する。

　なお、江ノ島線内の急行の停車駅は下りでみて中央林間、南林間、大和、長後、湘南台、藤沢以遠各駅だが、現在はすべて藤沢折返で片瀬江ノ島駅には行かない。快速急行は中央林間、大和、湘南台、藤沢だが、平日は朝始発の上り1本の急行以外は藤沢―片瀬江ノ島間で優等列車は走らない。休日は早朝、深夜を除いて走る。

　昼間時は20分サイクルに快速急行1本、各停2本が走る。快速急行は大和駅で各停を追い越し、藤沢駅でその先を走る各停と接続する。

　夕ラッシュ時は基本的に15分サイクルに快速急行1本と各停2本が走るが、15分サイクルになるのは19時台からである。

　特急ロマンスカーは朝ラッシュ時のピークの前後にモーニングウェイ50号と60号各1本が走る。50号は藤沢発、60号は片瀬江ノ島発である。停車駅は藤沢、大和、相模大野である。午前下りに「えのしま」1号が走る。停車駅は新百合《しんゆり》ヶ《が》丘《おか》、相模大野、大和、藤沢である。夕ラッシュ時以降の下りには1時間毎にホームウェイが運転される。上りは「えのしま」2本が走り、うち1本は4両編成のEXEを使用し、相模大野駅で箱根湯本発の6両編成と連結して10両編成で新宿に向かう。

大和駅で各停（右）を追い抜く6両編成のEXE使用の特急「えのしま」（左）

小田急多摩線

小田急もリニア神奈川県駅に乗り入れるか

小田急多摩線は新百合ヶ丘—唐木田間10・6キロの路線で、新百合ヶ丘駅で小田原線と接続して直通電車が走る。永山駅で京王電鉄、多摩センター駅で京王電鉄と多摩モノレールと連絡する。

当初の計画では多摩線は小田原線の喜多見《きたみ》駅から分岐することになっていた。できるだけ都心寄りで分岐したほうが、小田原線の輸送負担が軽減されるからである。さらに喜多見駅では今の千代田線と接続して相互直通する予定だった。千代田線は世田谷通りを通すことになっていた。

南武線稲田堤駅の南側を通ってから、現京王相模原線の京王よみうりランド駅の西側で相模原線と交差、同線の北側を少し離れて並行し、永山—多摩センター間は相模原線と並行するが、その先は再び離れてから橋本駅に達し、さらに城山までとした。

しかし、小田急は並行することになる千代田線に乗客が取られるということで、代々木上原駅接続にした。多摩線の分岐は百合ヶ丘駅も変更して、その間の小田原線は複々線にすることを要望して認められた。百合ヶ丘駅は2面4線にできる構造だった。

しかし、大形車10両編成を走らせることになって、手狭な百合ヶ丘駅での分岐はできない。そこで百合ヶ丘—柿生《かきお》間の大カーブを短絡して、その中間に新百合ヶ丘駅を設置して、同駅から分岐することになった。人家も少ない場所なので現在の3面6線が設置できた。

しかし、代々木上原—新百合ヶ丘間の複々線化はなかなかできるものではなく、現在でも登戸—新百合ヶ丘間は複線のままである。ただし登戸—向ヶ丘遊園間は2線になっている。この区間が複々線化されるのはいつになるかわからない。

栗平《くりひら》駅は相対式ホーム2面2線だが、島式ホーム2面4線にできるように用地が確保されている。多摩センター駅は開業時は島式ホーム2面4線だったが、外

小田急多摩線と多摩ニュータウン関係路線計画

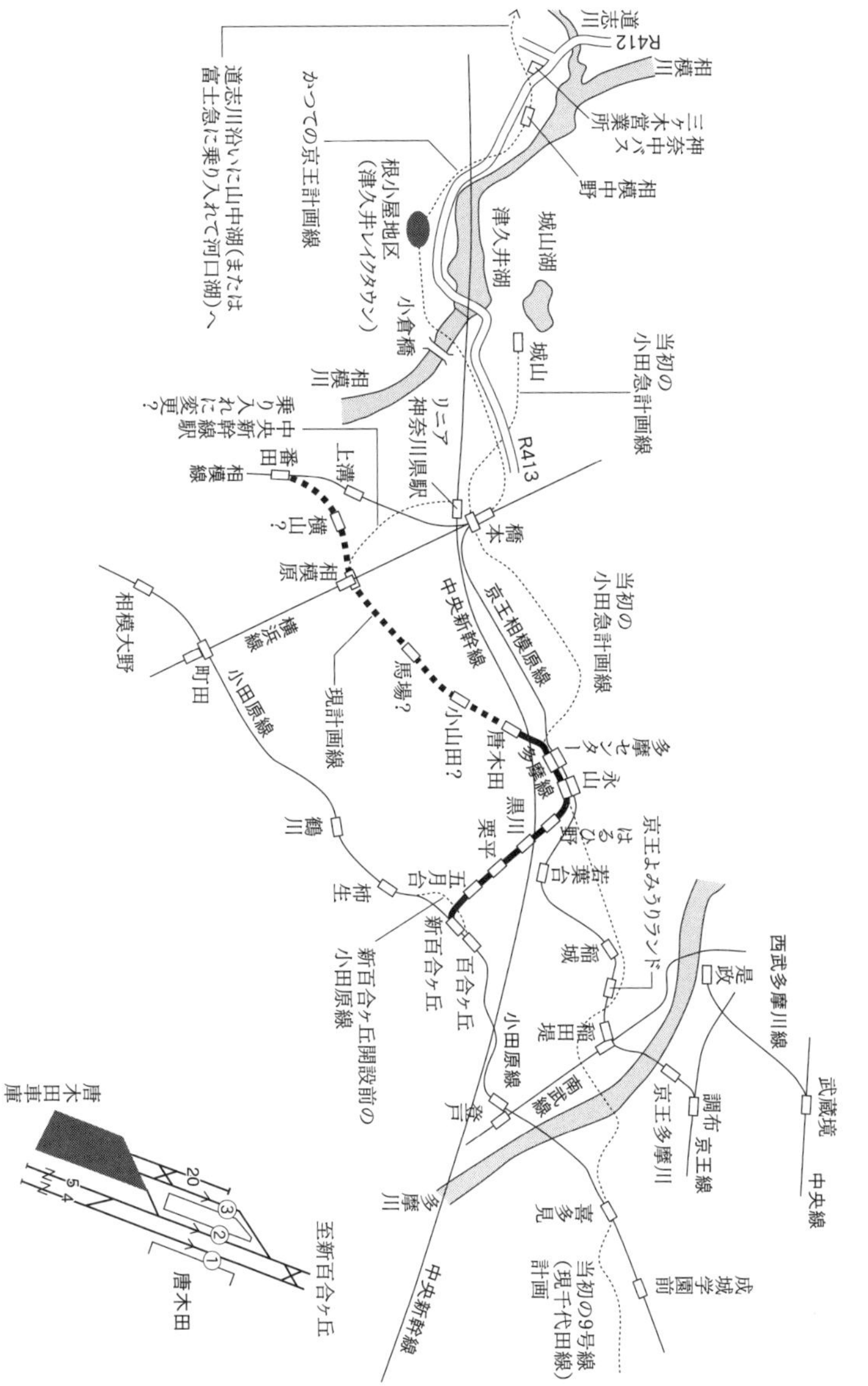

側の線路を撤去して2面2線になっている。今後、相模原駅まで延長するときには元の2面4線に戻すことになろう。

終点唐木田駅は片面ホーム1面と島式ホーム1面の2面3線になっている。奥に唐木田車庫がある。片面ホーム側の線路と島式ホームの内側の線路は、他の車庫内の留置線とは違って相模原へ延伸したときに本線になるように準備されている。

平成9年度の唐木田駅の乗車客は定期外が1313人、定期が4262人、定期比率は76％もあった。多摩センター——唐木田間の開通は平成2年3月、大妻女子大学多摩キャンパスの開校に合わせたものだった。7年経った平成9年であっても同大学の学生による通学定期客が多くを占めていたことと、やはり新しい一戸建て住宅からの通勤客もあって定期比率が高くなっていた。

平成25年度の定期外客は2806人、定期客は8089人、定期比率は74％とわずかに下がっただけである。集合住宅も建つようになっているが、大妻女子大学のほかに三菱ＵＦＪ銀行のビジネスセンターなどができて、そこへの通勤者が加わるようになって定期比率が高止まりしている。

小田急多摩センター駅の新百合ヶ丘方面の乗車客は平成7年度の定期外が3970人、定期が9851人、定期比率は71％だった。平成25年度は定期外が7721人、定期が1万2329人、定期比率は61％になった。定期客は京王と多摩モノレールからの乗換客を含んでいる。乗客が増えたのは朝ラッシュ時に新宿方面に行くには小田急のほうが速くなったためである。

多摩センター駅の定期乗車客のうち新百合ヶ丘方面は8659人、唐木田駅は338人である。京王多摩センター駅から新宿方面への乗換客は1万4110人だから、まだ小田急のほうが少ない。朝ラッシュ時を除いて京王のほうが便利なダイヤになっているからである。

京王から小田急の新百合ヶ丘方面への乗換客は2433人、唐木田駅への乗換客は963人である。多摩モノレールから新百合ヶ丘方面は3429人、唐木田駅へは357人である。

永山—多摩センター間を走る各停新百合ヶ丘行。右側の線路は京王相模原線

小田急永山駅の新百合ヶ丘方面への乗車客は、平成７年度の定期外が２５８５人、定期が５０４６人、定期比率は66％、25年度の定期外客は４９８０人、定期客は５１４５人、定期比率は51％に下がった。リタイアして通勤定期でなく切符やパスモで乗るようになった人が多くなったためだといえる。

五月台《さつきだい》→新百合ヶ丘間の通過客数については、平成７年度の定期外が７４５９人、定期が２万４２５５人、定期比率は76％もあった。平成25年度の定期外は１万７２６８人、定期は３万９９３８人と定期外、定期とも増えたものの、定期比率は70％に下がった。

このうちの８割が新百合ヶ丘駅から新宿方面に向かっている。

最混雑区間は当然五月台→新百合ヶ丘間でピーク１時間の輸送量は９６６２人、混雑率は72％である。広幅車も走っているために平均定員は１４２人にしており、妥当な平均定員である。

最混雑時間帯は７時26分から８時26分、この間に10両編成が３本、８両編成が２本、６両編成が９本、通過両数は１００両だった。

現在は10両編成の唐木田・多摩センター―新宿間の通勤急行が6本、唐木田―新百合ヶ丘間の6両編成の各停が7本、通過両数は102両である。

通勤急行の停車駅は多摩センター、永山、栗平、新百合ヶ丘、向ヶ丘遊園、成城学園前《せいじょうがくえんまえ》、下北沢《しもきたざわ》、代々木上原である。なお、朝ラッシュ時下りには快速急行が3本運転されている。

昼間時は20分サイクルに新宿―唐木田間の急行1本、新百合ヶ丘―唐木田間の各停が2本運転される。急行の停車駅は代々木上原、下北沢、経堂《きょうどう》、成城学園前、登戸、向ヶ丘遊園、新百合ヶ丘、栗平、永山、多摩センターである。

夕ラッシュ時下りは30分サイクルに新宿発快速急行1本、多摩線内運転の各停が3、4本となっている。新百合ヶ丘駅で各停は相模大野以遠の快速急行、急行と連絡している。快速急行の停車駅は代々木上原、下北沢、登戸、新百合ヶ丘駅、栗平、永山、多摩センターである。

新宿―永山間の所要時間は35分、表定速度は48・5キロである。

唐木田から横浜線相模原駅を経て相模線上溝《かみみぞ》駅までの建設が国土交通省から答申されている。上溝駅でJR相模線と相互直通してほしいという要望もある。

さらにJR相模線と小田急小田原線を結び、小田原線の新宿方面への第2ルートにする構想が周辺自治体から出されている。

小田急としては相模原駅までの延伸は採算がとれるが相模原―上溝間は採算割れをするということで建設を見合わせたいとしている。

しかし、小田急としても多摩線をリニア中央新幹線の神奈川県駅へのアクセス線にしたいところだろう。

中央新幹線の神奈川県駅はJRと京王の橋本駅に近い。といっても出入口とは少し離れている。

多摩線が相模原駅から国道16号に沿って北上して中央新幹線神奈川県駅の西側の地下で直結すれば、少し遠回りになって所要時間がかかっても多摩ニュータウンや新百合ヶ丘駅からの中央新幹線神奈川県駅へのアクセスは京王よりも有利になる。

小田急としても多摩線をリニア神奈川県駅に直結したいところだと思われる。

京王相模原線

リニア中央新幹線の開業で増発するか

京王相模原線は調布―橋本間22・6㌔の路線で調布駅で京王線と接続して新宿方面と直通運転をしている。京王稲田堤駅で南武線(駅は稲田堤)、京王永山駅で小田急多摩線、京王多摩センター駅で小田急と多摩モノレール、橋本駅でJR横浜線と相模線に連絡している。

調布駅は京王線とで上下2段式の地下線になっている島式ホーム2面4線で、地下2階の上段が下り線で南側が1番線、北側が2番線、地下3階の下段が上り線で南側が3番線、北側が4番線になっている。

基本的に1、3番線が相模原線電車、2、4番線が京王線電車が発着するが、必ずしもそうなっていない。ときおり1、3番線から京王線電車が停まり、京王ライナーが2、4番線を通過したり、京王八王子行区間急行が1番線に停車して2番線で発着する京王線特急を待避したりすることもある。

上下線別々の2段式になっていることから折り返しはできない。平日の夜間と土休日の夕方に調布行が各1本走るが、これらはつつじヶ丘駅まで回送されて3番線で折り返している。また、つつじヶ丘行快速も平日の夜間に4本、休日の夜間に1本運転されている。

京王多摩川、京王稲田堤、京王よみうりランド、京王永山、京王多摩センター、京王堀之内と京王の名が冠されている駅が多い。他線に同じ駅名があるためだが、利用者の多くは京王を省いて読んでいる。堀之内駅については他線の駅は京王沿線の近くにはない。あるのは京浜急行の堀ノ内駅とJR上越線の越後堀之内駅だが、京急のほうは「之」は「ノ」になっている。JRは「越後」を冠している。京王を冠する必要はないと思われるがそれでも冠している。

橋本駅は京王を冠していない。JR橋本駅と同一駅として連絡しているからである。ただし、普通乗車券での連絡運輸はしていない。今やICカードのパスモやスイカを利用している人が多い。連絡乗車券はもはや死語に近い。

京王相模原線

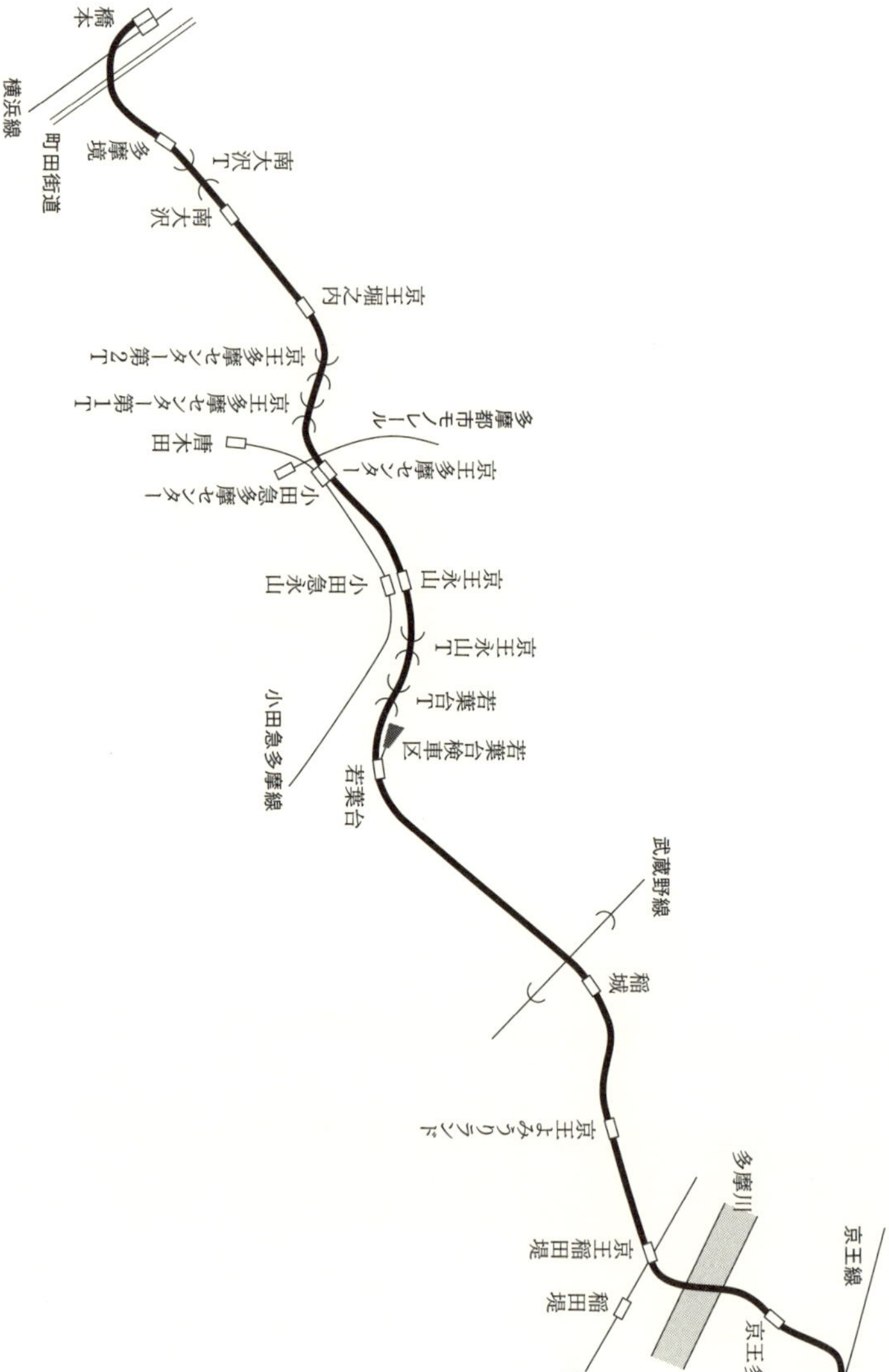

橋本
横浜線
町田街道
多摩境
南大沢T
南大沢
京王堀之内
京王多摩センター第2T
京王多摩センター第1T
多摩都市モノレール
唐木田
京王多摩センター
小田急多摩センター
京王永山
小田急永山
京王永山T
若葉台T
若葉台検車区
若葉台
小田急多摩線
武蔵野線
稲城
京王よみうりランド
多摩川
京王稲田堤
稲田堤
南武線
京王多摩川
京王線
調布

京王稲田堤駅と南武線稲田堤駅とは離れているが、京王稲田堤駅の北口からだと5分で南武線稲田堤駅に行ける。開業時には北口がなかった。このころは乗り換え距離は長く、南武線の改札口は川崎行ホームにしかなかったため、南武線の踏切を渡らなければならなかった。

京王よみうりランド駅は開業時に18m車7両編成対応の島式ホーム2面4線にできるようにしていたが、その後、20m10両編成対応にホームを延伸したために準備構造は無駄になった。今でもホーム中央部は島式ホームにできる構造で残っている。

稲城駅の前後は橋本駅に向かって半径600mの左カーブがある。そのためホームと車両の間に隙間があって危険である。ホームドアを設置するだけでなく、可動式のホームステップを設置して隙間をできるだけなくすことも必要である。

橋本寄りで武蔵野南線が頭上を横切っている。同線が旅客化されればここに駅が設置されることになろうが、同線の旅客化は新鶴見信号場の先でどちらに向かったとしても最終的な行先の確定が難しいから実現しそうもない。ただし、浜川崎《はまかわさき》駅、東京貨物ターミナルを経てりんかい線に乗り入れれば実用性はある（本書の姉妹本「将来篇」参照）。

若葉台《わかばだい》駅は若葉台車庫が隣接しているために島式ホーム2面4線になっている。駅の北口はショッピング街になり、その周りは住宅地が広がっている。

永山駅で小田急と並行するようになる。多摩センター駅で小田急と分かれ、多摩モノレールをくぐる。多摩センター駅は島式ホーム2面4線になっている。南《みなみ》大沢《おおさわ》寄りにY形引上線がある。

南大沢駅は相対式ホームだが、島式ホーム2面4線にできる構造になっている。橋本寄りに保守基地があり、旅客ホームとの間に逆渡り線があるが、乗り上がりポイントにはなっていない。上り2番線から橋本方面の下り線に転線できるように、2番線の橋本寄りに出発信号機が置かれており、保守用だけでなく本線列車の非常用渡り線でもある。

橋本駅は島式ホーム1面2線になっている。ここから津久井湖畔の相模中野駅まで単線線路で建設する予定だったが中止になった。それでも延伸の要望が地元

永山―多摩センター間を走る各停若葉台行

から出されているが、延伸予定のルートにマンションが建っており、延伸するにはかなりの急カーブで左に曲がらなくてはならない。

終日の最混雑区間である京王多摩川→調布間の乗車人員は、平成25年度では定期外が３万８８３４人、定期が７万１０２１人、定期比率は65％である。

多摩センター以西が開通していなかった昭和59年度は定期外が１万２９４７人、定期が３万４４４９人と、25年度は定期外が３倍、定期が２・３倍に増えている。定期比率は70％と高かった。

橋本駅まで開通して５年ほど経った平成９年度の定期外は２万８７３５人、定期が６万５９４８人である。平成25年度は定期外が１・４倍だが、定期は１・１倍しか増えていない。少子高齢化と小田急経由の通勤に変えた定期客が出てきたためである。定期比率は70％のままなので、平成25年度は少子高齢化が進んだことがわかる。

橋本駅でのＪＲからの定期乗換客は１万４０５６人、橋本駅乗車客は１万４８５０人なので全乗車客のうちの半数がＪＲからの乗換客である。終日の乗車客なので相模原線からＪＲへの乗換客も含んでいる。稲田堤駅で橋本方面から南武線への定期の乗換客は３００１人、調布方面からは４６８９人である。終日での乗換客数だから一概に言えないにしても南武線から京王に乗り換える定期客が多いと推察できる。

なお、定期客は往復するが統計では片道ぶんの終日の人数になっている。このため「橋本方面から」というのは「橋本方面へ」と読み替えることができる。

最混雑区間は京王多摩川→調布間で輸送人員は2万８３５人、混雑率は１２４％である。京王はＪＲと同じ平均定員を１４０人にしている。一部に8両固定＋2両固定の10両編成もあるが、そうであっても小数点以下を切り捨てると平均定員は１４０人のままになる。混雑率を修正する必要はない。

平成29年度の輸送人員は2万１５３４人だった。たった1年で７００人も減っている。というよりも稲城駅や南大沢駅、多摩境駅では住宅開発が進んで人口が増えている。減るというよりも増えてしかるべきである。減ったのは永山駅あたりの少子高齢化と小田急利用に切り替えたためであろう。

平成29年度は8両編成が1本あったので混雑率は１３０％だったが、30年度は12編成のすべて10両編成になり輸送人員が減って１２４％に下がった。

現在、調布到着7時22分から8時22分の間に、橋本発と多摩センター発の準特急各１本、橋本発と多摩センター発の急行各１本、区間急行５本、各停４本の計13本が走っている。急行と区急のうち４本は都営新宿線直通の本八幡行である。

京王線も含んで新宿発でみて準特急の停車駅は笹塚、明大前、千歳烏山、調布、京王稲田堤、京王永山、京王多摩センター、南大沢である。急行は笹塚、明大前、桜上水、千歳烏山、仙川、つつじヶ丘、調布、京王稲田堤、京王永山、京王多摩センター、南大沢、区間急行は京王線内は急行の停車駅と同じ、相模原線内は各駅に停車する。

昼間時は20分サイクルに準特急、区間急行、快速が各1本走る。快速の停車駅は相模原線内は各駅である。京王線内では笹塚、明大前、下高井戸、桜上水、八幡山、千歳烏山、仙川、つつじヶ丘である。区間急行は多摩センター駅で準特急を待避し、都営新宿線直通である。
タラッシュ時下りは20分サイクルに特急と急行が各1本、新宿発各停が2本で、各停は多摩センター駅で特急、急行を待避する。特急の停車駅は明大前、調布、京王稲田堤、京王永山、京王多摩センター、南大沢である。

橋本駅に中央新幹線の神奈川県駅ができる。駅の位置は南口の旧相原高校跡地である。地下入口は公表されていないが、ホームへの出入口と京王改札口は結構離れると思われる。開通すると相模原線からの乗換客が増えるものの、中央新幹線の橋本駅停車は1時間に1本にするとＪＲ東海は公表している。そうなると現在の輸送力があれば対処できる。

しかし、現行東海道新幹線の「のぞみ」がすべて新横浜駅に停車している。同様に中央新幹線の半数以上が橋本駅に停車する可能性がある。京王の沿線や八王子や町田、海老名からの中央新幹線利用者は結構多いと想定できるからである。相模原線の昼間時の優等列車は10分毎にする必要もある。だが、京王線の新宿―調布間は昼間時でも満杯状態で相模原線からの直通電車の増発は難しい。かといって調布折返はできない。可能性があるのは調布―京王多摩川間に転線用の渡り線を設置して折り返すことである。発着ホームが方向別にならないが、これが一番簡単な折返方法である。

橋本―相模中野間の延伸の目はまったくない。城山あたりから橋本駅への道路は朝の通勤時でもさほど渋滞はしていない。やるとすると城山や津久井あたりに、リニア駅に近くて自然豊かな住居をキャッチフレーズにして大型団地を建設することだが、リニア駅に近いだけでなく、東京都心への直結として高速の超特急を走らせることである。

相模中野駅までの免許を取得したときに、相模原線を最高速度１６０㌔で走らせて私鉄の新幹線にしようと構想していた。これを具現化すればいい。

相模原線で一番多い半径９００ｍでカント量１４０㎜の場合、最高速度は１４４㌔である。稲城駅前後にある半径６００ｍのカーブでは１１７㌔までしか出せない。カント量を２００㎜に引き上げると半径９００ｍのカーブでは１６０㌔出せるが、６００ｍのカーブでは１３１㌔である。

京王線

笹塚—仙川間の高架化で朝ラッシュ時のノロノロ運転がなくなる

京王線は新宿—京王八王子間37・9キロの路線で、新宿駅で都営新宿線と接続して相互直通運転をしている。新宿—笹塚間は別線複々線になっている。都営新宿線に接続しているのは新線新宿と呼ばれている緩行線のほうである。

明大前駅で井の頭線、下高井戸《しもたかいど》駅で東急世田谷線と連絡、調布駅で相模原線と接続して直通電車が走る。東府中駅で競馬場線と接続、分倍河原《ぶばいがわら》駅でJR南武線と連絡、北野駅で高尾線と接続して直通電車が走る。

新宿駅では急行線と緩行線のホームは別々のところにある。急行線のホームはもとからの京王線の駅なので京王新宿駅と呼ばれており、緩行線のほうは都営新宿線と接続しており、新しく別にホームを設置したので新線新宿と呼ばれている。

京王新宿駅は櫛形ホーム3面3線である。地下化されたときのホームの長さは18m中形車6両編成ぶんで櫛形ホーム5面4線だった。その後、7両編成に延伸したが、20m大形車10両編成に延伸することになった。

このとき3面3線にするとともに各発着線はS字カーブにして長くするとともに、八王子寄りにあったシーサスポイントも撤去して、ここまでホームを延ばしてようやく10両編成が発着できるようにした。

その先は八王子に向かって右カーブしているためシーサスポイントを設置するのは難しい。そこで直線になった、ずいぶん京王新宿駅から離れたところに設置した。駅に進入する電車が発車する電車と重なる、いわゆる交差支障が起こるときは進入電車はかなりの時間、シーサスポイントの手前で信号待ちをしている。

京王新宿駅の3番線の乗車ホームの八王子寄りに新線新宿駅のコンコースと出入口改札口に通じている。このためホームと通路は混雑する。しかも乗車ホームなので乗車客が待っているのに八王子寄りのホームと通路は狭くて、電車が到着すると混乱している。

そこで通路を広げ、2、3番線間にある降車ホーム

京王線

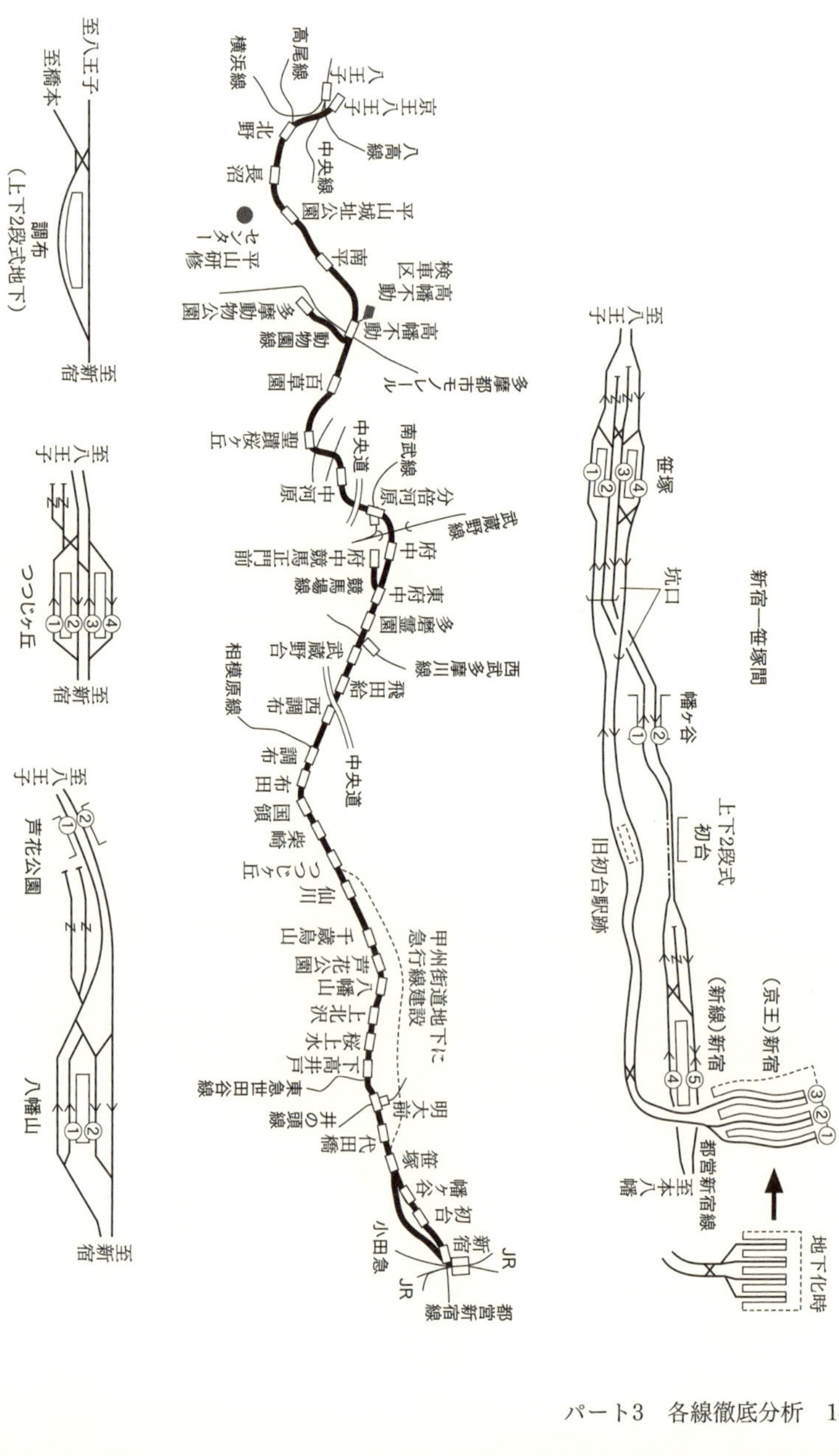

新宿―笹塚間
至八王子
笹塚
坑口
幡ヶ谷
上下2段式
初台
旧初台駅跡
(新線)新宿
(京王)新宿
都営新宿線
至本八幡
地下化時
京王八王子
八王子
高尾線
横浜線
北野
八高線
中央線
長沼
平山城址公園
平山研修センター
南平
高幡不動検車区
高幡不動
多摩動物公園
多摩動物公園線
多摩都市モノレール
百草園
聖蹟桜ヶ丘
中央道
南武線
中河原
分倍河原
武蔵野線
府中
府中競馬正門前
東府中
競馬場線
多磨霊園
武蔵野台
西武多摩川線
飛田給
相模原線
西調布
調布
中央道
布田
国領
柴崎
つつじヶ丘
仙川
千歳烏山
甲州街道地下に急行線建設
芦花公園
八幡山
上北沢
桜上水
下高井戸
東急世田谷線
明大前
井の頭線
代田橋
笹塚
幡ヶ谷
初台
新宿
小田急
JR
都営新宿線
至八王子
至橋本
調布(上下2段式地下)
至新宿
至八王子
つつじヶ丘
至新宿
至八王子
芦花公園
八幡山
至新宿

からも新線新宿駅のコンコースに行くことができる通路階段の設置工事が始まっている。

頭端側の奥に出口改札口がある。ここへの階段通路も狭い。電車が到着すると一斉に通路に殺到するので、うかうかすると5分以上かかる。そこで朝ラッシュ時には別にある臨時出口が解放される。この改札口は午前9時に閉まるが、終日、通れるようにしてほしいものである。

今後、頭端の奥の壁の向こうにある都営地下駐車場の一部を改札内コンコースにするとともに、自動改札機を多数設置された改札口を設け、遠くに設置されているシーサスポイントを元の近くの位置に移動させ信号待ちを減らすことになっているが、幅広い地下1階への階段も設置しなくてはならず、完成はずっと先になる。

新線新宿駅は島式ホーム1面2線で地下4階にある。地下3階には大江戸線への乗換階段、地下1階にコンコースと改札がある。八王子寄りに引上線があるとともにシーサスポイントと渡り線を組み合わせて上り5番線で折り返して下り線に転線できるようにしている。これを使って早朝と深夜のそれぞれ2本の各停が折り返している。

急行線は笹塚駅までホームはないが、線増前にあった初台駅のホームは残っている。急行線は地上時代の線路の地下を通っている。緩行線は甲州街道の地下を通っているが、初台駅は甲州街道の上を通っている首都高速の西新宿ジャンクションの橋脚等があるためにスペースが取れず、上下2段式になっている。

幡ヶ谷駅の八王子寄りで緩行線の上下線と急行線の下り線は3線になって並ぶが、急行線の上り線は緩行線を斜めに横切るために3線よりも新宿寄りで地上に出ている。そこに踏切がある。

笹塚駅の手前で方向別の複々線になる。内側が緩行線、外側が急行線で、笹塚駅は島式ホーム2面4線、八王子寄りに2線の引上線がある。急行線といっても京王新宿発の各停も走る。そこで一般には京王線と案内している。

明大前駅では井の頭線が直交している。京王線ホームは地上にあり、井の頭線ホームは掘割にある。乗換コンコース・階段は増設されてそれなりに混雑は解消された。とくに上り京王線ホームから北に延びる空間が設けられ、そこから井の頭線の上りホームとをつなぐエスカレーターが3基設置された。2基は井の頭線から京王線への上り、残る1基はその逆の下りになっている。

現在、笹塚―仙川《せんがわ》間が連続立体交差事業による高架工事中である。明大前駅は島式ホーム2面4線になる。これによって朝ラッシュ時は交互発着ができるようになって、駅の手前での信号待ちが解消される。ただし京王線のホームは地上3階に移るので、井の頭線との乗り換えは時間がかかるようになる。

下高井戸駅の南側に世田谷線のホームがある。高架化されるのは京王線だけである。桜上水《さくらじょうすい》駅の島式ホーム2面4線に電留線がある。もともとは桜上水車庫だった。朝ラッシュ時上りでは交互発着をしている。それでも明大前駅の手前から各列車が団子状態で並んでいるので、駅の手前で信号待ちをしてしまっている。明大前駅が高架化されて交互発着ができるまでこの状態は解消されない。電留線も2線が高架化される。

上北沢《かみきたざわ》駅は島式ホーム1面2線である。高架化後も島式ホーム1面2線になる。しかも現状と同じ幅が狭い島式ホームである。

八幡山《はちまんやま》はすでに高架化されている。高架化時は北側の上り線に面して片面ホームがあるJR形配線をしていたが、南側に下り通過線を設置して北側の片面ホームを廃止した。見た目には島式ホームの両外側に上下通過線がある1面4線になっているが、上り通過線は直線でも下り通過線は南側に大きく膨らんでいる。

八幡山駅の先で高架から地平になるが、2線の高架の引上線が南側に並行する。高架化後はこの引上線が本線になる。ただし芦花公園《ろかこうえん》寄りは流用されない。

千歳烏山駅は相対式ホームだが、高架化後は島式ホーム2面4線になる。仙川駅は掘割の中に幅が狭い島式ホーム1面があったが、上り線側に片面ホームを設置して、島式ホームは下り線用にした。さらに上部に人口地盤が設置されて地下駅のようになっている。

つつじヶ丘駅は島式ホーム2面4線で八王子寄りの下り線の外側に引上線がある。上り3番線の八王子寄りに渡り線があり、下り線に転線できる。下り線と引上線の間にはシーサスポイントがある。また、下り1

番線は新宿方面からの電車が折り返しできるようになっている。

国領《こくりょう》駅の新宿寄りで地下に潜る。国領駅は通常の可動柵があるホームドアだが、布田《ふだ》駅は線路部とホーム部を完全に遮断する全密閉型ホームドアになっている。国領—調布間は1・3キロしかなく布田駅の線路部の換気は国領駅と調布駅のトンネル換気施設に頼って布田駅に同設備の設置をなしにしてコストダウンを図った。その代わりにホーム部の換気はする必要があるので、ホーム部と線路部とを遮断してホーム部のみの換気設備を設けた。

調布駅は上下2段式の島式ホーム2面4線になっている。相模原線で述べたように調布駅で折返運転はできず、方向別ホームになっている上下線それぞれの発着線は相模原線用と京王線用に分けていない。このため調布駅の八王子・橋本寄りは上下線ともシーサスポイントで分かれる。

調布駅の先ですぐに地上に出る。飛田給《とびたきゅう》駅は下り線が片面ホームになっているJR形配線である。北側の甲州街道越しに味の素スタジアムがあり、試合などで飛田給発着の臨時電車のために2番線は折り返しが可能である。しかし、ほとんど同駅折返の臨時電車の運転はない。通常は上り本線となっていて、混雑するときのみ特急や準特急が臨時停車する。昼間時でもダイヤが一杯で臨時電車を走らせる余裕などないためである。

朝ラッシュ時には上り各停が3番線に停車して特急や準特急、急行を待避する。新宿寄りのポイントは新幹線と同じノーズ可動式になっている。ポイント通過時の騒音を軽減するためだが、さほど音は小さくなっていない。

武蔵野台《むさしのだい》—多磨霊園《たまれいえん》間で西武多摩川線が下で交差する。北側に多摩川線の白糸台《しらいとだい》駅がある。京王線の武蔵野台駅と多磨霊園駅と徒歩で乗り換えができるが、正式な乗換駅にはなっていない。乗り換えがしやすいのは多磨霊園駅である。武蔵野台駅からだと一度多摩川線の踏切を渡って西側にある同線の改札口に行かなくてはならず遠回りなのである。

東府中駅で競馬場線が分岐する。競馬場専用の1番線は2両編成分の長さ、2番線は京王線から直通できる。このため10両編成分の長さになっている。3番線が京王線下り本線、4番線は京王線上り本線で、競馬場線からの新宿行直通電車も発着する。

競馬場線の府中競馬正門前駅は終端部で扇形に広がった櫛形ホーム2面2線になっている。扇形に広がることで降車客が改札口に一斉に殺到しても混乱しないようにしている。改札口には自動改札機が多数設置されている。

京王線の府中駅は島式ホーム2面4線になっている。次の分倍河原駅は相対式ホームだが幅が狭く、各停しか停車しなかったときはホームに人が溢れていた。そこで特急、準特急が停車するようになって乗客が分散され、ホームの混雑が少しは緩和された。

聖蹟桜ヶ丘《せいせきさくらがおか》駅は特急が停車するが、駅自体は相対式ホームである。京王沿線から新宿と渋谷の両駅に降りることができる定期券として「どっちーも」があるが、聖蹟桜ヶ丘駅と相模原線の京王永山駅か京王多摩センター駅で乗り降りできる多摩版の「どっちーも」も発売している。

多摩センターから座って通勤、帰りに聖蹟桜ヶ丘駅に隣接する京王SCでショッピングあるいは着席通勤できる京王ライナーの八王子行と橋本行の両方に乗れる。そうすると乗車チャンスは30分毎になる。聖蹟桜ヶ丘―京王永山or京王多摩センター間はさほど離れていないが歩くには遠い。京王バスの均一区間乗り放題の「モットクパス」を購入することを推奨している。

高幡不《たかはたふ》動《どう》駅は車庫が隣接しており、動物園線の接続駅でもある。南側の片面ホームに面した1番線が動物園線の発着線、京王線は島式ホーム2面4線になっている。京王線と動物園線との直通運転は京王線のダイヤが一杯でほとんどしなくなった。新宿発は1、2番線に入線してスイッチバックする。新宿行は2番線で折り返すこともあるが、一度八王子寄りの下り本線に引き上げて折り返して下り4、5番線に入線して発車する。2番線で折り返すと八王子方面に向かう客が乗ってしまう誤乗を防ぐためである。なお、5番線は八王子方面に発車できる。

動物園線の終点多摩《たま》動物公園《どうぶつこうえん》駅は頭端島式ホーム1面2線になっている。多摩動物公園は駅を出て右にあるモノレール通りを渡った先にある。改札口の左側には京王れーるランドがある。

北野駅は高尾線との分岐駅で島式ホーム2面4線である。1、2番線は八王子・高尾の両方面へ発車できるが、1番線が高尾方面、2番線が八王子方面にほぼ固定している。また、1、2番線とも新宿方面に出発できる。

上りの3番線は八王子・高尾山口発の特急、準特急、急行が停車し、4番線は各停が停車して接続する。また新宿寄りの上り本線に引き上げて折り返して下り本線に転線できるようになっている。

中央線と八高線をくぐった先で地下に潜り京王八王子駅となる。頭端島式ホーム1面2線になっている。京王八王子駅とJR八王子駅とは徒歩で5分ほどしか離れていない。

京王八王子駅の乗車客は定期外が1万3425人、定期が1万5728人、定期比率は54%と低い。昭和59年度は定期外が1万2133人、定期が1万9680人、定期比率は62%だった。

定期客が減り定期外客が増えているのは少子高齢化によるところが大きいが、京王八王子—新宿間の運賃が370円に対してJRは490円と大きく異なる。通勤定期客は企業が負担するから運賃に関して気にならないが、定期外客は自己負担がほとんどなので安いほうを選ぶ。京王が先取り運賃の還元で50円値下げしたときにはJRの八王子—新宿間の定期外客が減り、京王が増えた。

京王八王子駅からJR八王子駅へ行ってJR線に乗る。あるいはその逆は少ないように思えるが、朝ラッシュ時では両駅を結ぶ道路は双方への乗換客が足早に歩いている。京王八王子駅に向かう人のほうが若干多いが、京王八王子駅からJR八王子駅に向かう人も多い。運賃が安い京王線から中央線沿線の企業や八高線の北八王子駅にある工業団地に通う人々であろう。

北野駅で高尾線から新宿方面への流入客は定期外が8823人、定期が1万1654人である。昭和59年度の流入客は定期外が5788人、定期が1万3522人だったから、やはり定期外客が増えて定期客が減っている。

北野→長沼間の乗車客は定期外が2万2821人、定期が3万2553人、定期比率は57%である。平日朝ラッシュ時上りは北野駅ですでに座席は満杯になっている。
中河原《なかがわら》駅まで定期外、定期とも漸増していく。分倍河原駅で定期客のうち南武線への乗換客は7806人、南武線からの乗換客は8882人とさほどの差はないが、同駅降車客は少なく乗車客は多い。3社線間の連絡定期券は基本的に発行しないので、南武線関連と京王線関連で分けた2枚の定期券を使用している割合が多いといえる。

調布駅で相模原線からの流入客がある。西調布→調布間の乗車客は定期外が5万7451人、定期客が9万1444人だったのが、調布→布田間では定期外が9万1208人、定期が15万7222人になる。

明大前駅では井の頭線に乗換客が多数あるので、下高井戸→明大前間の定期外客が12万3008人、定期が21万6866人にもなっているのが、明大前→代田橋《だいたばし》間では定期外客が11万5449人、定期が20万1223人と少し減る。

高井戸→明大前間の定期比率は64％である。昭和59年度は69％なので下がっている。

さらに笹塚駅で京王新線に乗り換える客で減る。統計は京王新線と京王線の合算なので数字では不明だが、乗った感覚としてはすし詰め状態が笹塚駅を出るとなくなっている。

初台→新宿間では定期外客は13万4798人で、うち新宿駅降車は9万8804人（73％）、JR乗換客が8296人（6％）、東京メトロ乗換客が483人（0・36％）、小田急乗換客が4111人（0・3％）、都営地下鉄乗換客が2万6805人（20％）となっている。いずれの乗換客も実際よりも少ない。乗換客は連絡乗車券を購入した人数をカウントしているからである。

定期客も連絡定期券を購入した人数だが、定期外客よりも多い人数になる。新宿駅降車は5万9992人（22％）、JR乗換客は9万3948人（41％）と多い。東京メトロ乗換客は1万5085人（7％）、小田急乗換客は1627人（0・71％）、都営地下鉄乗換客は新宿線と相互直通しているので6万4953人（28％）と多い。さらに定期客は西武新宿線と乗換客1853人（0・81％）がカウントされている。

最混雑区間は下高井戸→明大前間で輸送人員は6万2428人、10両編成27本が運転され、混雑率は16

5％である。平均定員は140人にしている。これによって輸送力は3万7800人になる。一部に8＋2または6＋4の10両編成がある。これを考慮すると輸送力は3万7740人に減る。しかし、誤差の範囲なので混雑率は変わらない。

最混雑時間帯は7時40分から8時40分、この間に急行は八王子発が3本、高尾山口発が3本、橋本発が3本、多摩センター発が1本、区間急行は八王子発が2本、橋本発が5本、各停は高尾山口発が3本、八王子発が1本、府中発が2本、橋本発が3本、つつじヶ丘発が1本である。つつじヶ丘発があるのは途中駅からつつじヶ丘駅に行って、この列車に乗り換えることで座っていけるようにしているためである。

新宿発高尾山口行でみて急行の停車駅は笹塚、明大前、桜上水、千歳烏山、仙川、つつじヶ丘、調布、東府中、府中、分倍河原、聖蹟桜ヶ丘、高幡不動、北野、めじろ台、高尾である。区間急行は急行の停車駅に加えて調布以遠で各駅に停車する。

朝ラッシュ時のピークが外れた時間の八王子発6時5分と8時31分、橋本発6時20分と8時49分に座席指定の京王ライナーが走る。府中・京王永山まで特急停車駅と同じで、府中・京王永山から新宿駅までノンストップである。

定員が少ないことと、設備の割にはライナー料金が高いという問題はあるが、着席通勤ができる列車があるのはいいことである。

なお、一部のライナー用の5000系をロングシートモードにして各停に使用している。これなら時間がかかる各停に我慢せずに乗れる。

定員を多くしてリクライニングシートですべての座席から外の景色を見ることができる専用の車両を造りなおして使用すればなおベターである。

八王子駅と橋本駅で京王ライナーに乗る人は少ない。両駅とも始発駅だから朝ラッシュ時でも十分座れるから、あまり快適でない座席であることもあってなにも410円払ってまで京王ライナーに乗る必要はないのである。

満員のロングシートでは外の景色も見れない。京王ライナーでは立つ人はいないから、うっとうしい人込みの中でじっと目をつぶって耐える必要がないところ

休日に不定期で走る京王ライナー高尾山口行

が快適な面につながるだろう。また、扉間のクロスシートの一番前の座席はドアポケットで外の景色は見えにくい。それでも座席の前に人が立つことはないからゆったりできる。

座席指定券等がなくて乗り込むと通常410円のところ700円を徴収される。これは高いといえるが、座席がなくてどこかに立たれると、座っているほうからみると、それこそうっとうしいものがある。そのためにも指定券なしで乗ってくるなということである。

八王子発は府中駅、橋本発は京王多摩センター駅からの利用が多い。このため、他の駅では1両に1か所しか扉を開けないが、両駅では2か所開けている。

昼間時は20分サイクルに新宿—高尾山口間の特急、新宿—八王子間と新宿—橋本間の準特急、本八幡—橋本間の区間急行、本八幡—橋本間の快速、それに各停の新宿—八王子間と新宿—高尾山口間のそれぞれ各1本が走る。

特急の停車駅は明大前、調布、府中、分倍河原、聖蹟桜ヶ丘、高幡不動、北野、めじろ台、準特急はこれに笹塚と千歳烏山が加わる。快速は初台、幡ヶ谷、笹塚、明大前、下高井戸、桜上水、八幡山、千歳烏山、仙川、つつじヶ丘、調布以遠各駅である。

各停は八幡山駅で特急か準特急、つつじヶ丘駅で急行と特急か準特急、府中駅で特急か準特急を待避、北野駅では高尾山口発着は八王子発着の準特急、八王子発着は高尾山口発着の特急と連絡する。また、区間急行は八王子発着の準特急、快速は高尾山口発着の特急と調布駅で連絡する。

なお、土休日は高尾山口発着が準特急、八王子発着が特急になる。高尾線の特急が通過する各駅から新宿方面へは平日は20分毎と少ないが、土休日に新宿に行き来しやすいように準特急にして約10分毎にするのである。ただし、午前の土休日は高尾山への行楽客が多い。特急にするかライナーを頻発して便宜を図る必要がある。

特急の新宿—高尾間の所要時間は44分、表定速度は58・6㌔、土休日に走る特急の新宿—八王子間の所要時間は38分、表定速度59・8㌔である。分倍河原駅と北野駅に停車するようになって遅くなった。便利にはなったが遅くなったという図式である。ただし停車駅が増えただけで遅くなったのではなく、調布駅で1分30秒停車したり、下りで見て、八幡山駅手前やつつじヶ丘駅手前で先行各停に追い付いてしまってノロノロ運転をすることが要因である。

これらが解消できるのは高架化されて明大前駅と千歳烏山駅が2面4線となったときである。

夕ラッシュ時下りは20分サイクルに八王子行と橋本行の特急、八王子行の準特急、本八幡発高尾山口行の区間急行、橋本行の区間急行が各1本、各停が2本の運転になる。

20時0分から0時0分まで1時間毎に八王子行、20時30分から0時20分までほぼ1時間毎に京王ライナーが走る。府中と永山以遠ではライナー券なしでも乗ることができる。

笹塚—調布間の複々線化が計画されている。笹塚駅から地下に潜って井ノ頭通りを経て甲州街道の地下を通る。つつじヶ丘駅手前で地上に出てつつじヶ丘駅で合流、柴崎駅手前までは方向別複々線、柴崎駅は地下に設置される。ここからは上下線別の2段式地下線になって調布駅に達する。線増線には駅がない。

京王井の頭線

渋谷駅で他線への乗り換えは不便

井の頭線は渋谷―吉祥寺間12・7キロの路線で、軌間は1067㎜狭軌と他の京王各線の1372㎜と異なっている。もともとは小田原急行鉄道（現小田急）の傍系の帝都電鉄の路線だった。本来は小田急の支線になるべきだったが、大東急の解体時に規模が小さい京王だけでは経営が成り立ちにくいので京王の支線として加えた。

京王の路線になったときに軌間を1372㎜に改軌していれば、今頃は橋本―渋谷間の特急どころか、新たな地下鉄線が建設されて都心に乗り入れていたことだろうと夢想するのは筆者だけだろうか。

ともあれ下北沢駅で小田急、明大前駅で京王線、吉祥寺駅で中央線に連絡する。長年、下北沢駅では連絡改札なしで小田急と乗り換えができたが、小田急の複々線化完成後、改札口を分離して、一度、改札外に出ての乗り換えになった。

渋谷駅は頭端側に行くほど広くなっている櫛形ホーム2面2線になっている。両側にホームがある1番線がほぼまっすぐになっているのに対して2番線が頭端に行くほど広がっている。これによって後方の車両から降りた乗客と、前方の車両から降りた乗客が重ならないようにしている。

この構造になる前は100mほど奥まで線路があって山手線や東横線、銀座線に乗り換えるのが便利だった。混雑解消のために100m後退させて通路を広くして歩く距離が増えた。そして東横線が東口広場の地下に潜って乗り換えに時間がかかるようになり、今後、銀座線も東口広場の高架に移転するのでますます不便になる。井の頭線からの乗り換えが便利になるようにせめて動く歩道を設置してほしいものである。

明大前駅は掘割のなかに相対式ホームがある。吉祥寺寄りに逆渡り線がある。この渡り線は重宝されている。ときおり明大前―渋谷間が不通になったり、改良工事のため休止になることがある。このとき明大前駅折返が設定できるのは、この渡り線のおかげである。明大前駅までくれば京王線と山手線経由で渋谷まで振り替え輸送ができるのである。

永福町《えいふくちょう》駅は昭和47年の急行運転開始のときに島式ホーム2面4線になった。

富士見ヶ丘《ふじみがおか》駅に隣接して車庫がある。駅自体は島式ホーム1面2線で吉祥寺寄りに引上線があるだけである。吉祥寺駅は頭端相対式ホームになっている。

吉祥寺駅で中央線からの乗換客は定期外が1668人、定期が1万8663人である。定期外が少ないのは、パスモやスイカ利用が増えた人だけでなく、中央線などの駅で井の頭線の各駅への連絡乗車券を買える自動券売機が少ないからである。逆に井の頭線から中央線などへの定期外客は2075人いることは井の頭

京王井の頭線

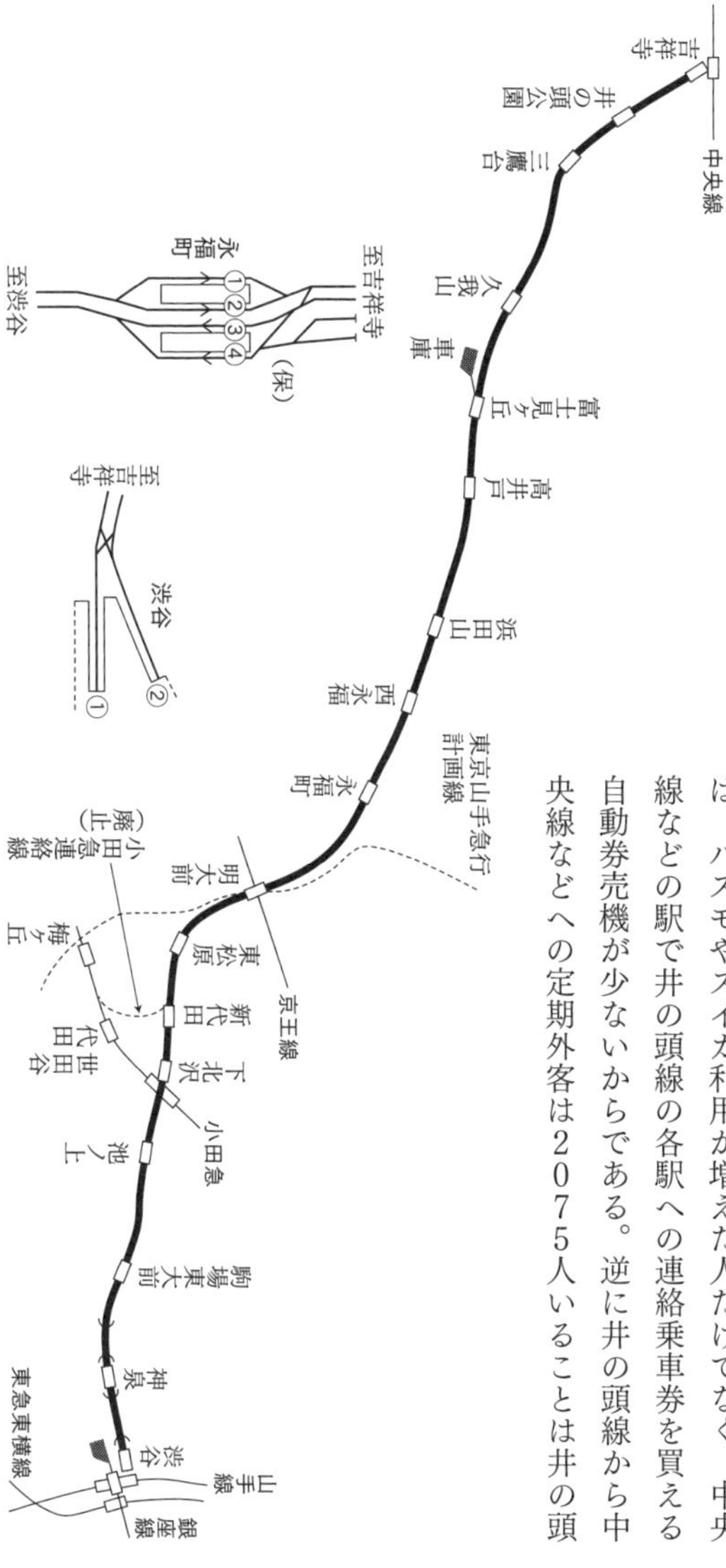

線各駅の自動券売機に連絡乗車券のボタンがある駅が多いことを示している。

吉祥寺駅は頭端相対式ホーム2面2線

吉祥寺駅乗車は定期外が2万８４８１人、定期が１万９６４３人、定期比率は41％と低い。昭和57年度は定期外が2万６１３９人、定期が2万８０２５人、定期比率は51％だった。もともと低いのは中央線沿線から渋谷へのショートカット路線であり、渋谷へのショッピング客が多いと考えられる。

明大前駅では京王線からの乗換客のうち渋谷方面の定期外が2万２４８５人、定期が3万２３７９人、吉祥寺方面は定期外が１万２２４０人、定期が１万８８１６人と、吉祥寺方面への乗換客も結構多い。定期客は逆方向も含まれるが、定期外客は逆方向は含まれない。京王線沿線から吉祥寺などへのショッピングや井の頭公園に行楽に出かける客があるためと思われる。定期客は吉祥寺方面から八王子方面に通う通学生という逆の流れがあるためだろう。

下北沢駅で小田急から渋谷方面への乗換客は定期外が６６２０人、定期が１万３４７６人、吉祥寺方面へは定期外が５０５８人、定期が１万２１０人となっている。吉祥寺方面への乗換客が意外と多い。

最混雑区間の池ノ上《いけのうえ》→駒場東大前《こまばとうだいまえ》間の乗車客は定期外が6万７４７８人、定期が9万６６２０人、定期比率は60％である。昭和59年度は定期外が4万６７８４人、定期が11万１０９０人、定期比率は70％もあった。少子化や東大の通学生が減ったことが原因で定期外客が増え、定期客が減ったといえる。

神泉《しんせん》→渋谷間の乗車客は定期外が6万８６５２人、

定期が9万7926人、定期比率は59％である。定期客のうち渋谷駅降車は3万7284人（38％）、JR乗り換えは2万3055人（24％）、東京メトロ乗り換えは1万8858人（19％）、東横線乗り換えは1万8729人（19％）である。

昭和57年度の神泉→渋谷間は定期外が4万6921人、定期が11万4679人、定期比率は71％だった。少子高齢化も要因の一つだが、井の頭線沿線が成熟して通勤以外の閑散時の利用が増えたことも要因である。

最混雑区間は、平成25年度まで神泉→渋谷間だった。25年度の集中率は20％と低い。昭和57年度は23％だった。年々、ピーク時の通勤客が減っている。サービス業の渋谷進出によって9時出勤のサラリーマンが減り始め通勤時間帯が延びたことである。

そして平成26年度からは通学時間が変えられない駒場東大への通学生が集中する池ノ上→駒場東大前間が最混雑区間になった。このため渋谷駅から約5分のところにあるにもかかわらず、最混雑時間帯は7時45分から8時45分になっている。

輸送人員は2万9172人である。平成25年度の最混雑区間である神泉→渋谷間の輸送人員は2万8452人だから、25年時点ですでに最混雑区間は池ノ上→駒場東大前間になっていたかもしれない。

20m車5両編成28本が走り、輸送力は1万9600人、平均定員140人、混雑率149％としている。だが、5両編成では平均定員は138人になる。輸送力は1万9320人になり、混雑率は151％に修正しなくてはならない。といっても誤差の範囲ではある。

朝ラッシュ時は各停ばかりの並行ダイヤであり、平均運転間隔は2分10秒である。

昼間時の午前中は8分サイクル、午後からは7分30秒サイクルに、急行と各停が各1本運転される。各停は永福町駅で急行を待避する緩急結合をしている。

急行の停車駅は下北沢、明大前、永福町、久我山《くがやま》で所要時間は17分、表定速度は44・8キロである。

夕ラッシュ時は6分サイクルに急行と各停が各1本走る。下り急行は東松原《ひがしまつばら》あたりと井《い》の頭公園《かしらこうえん》あたりで各停に追い付くためにノロノロ運転をする。このため所要時間は21分に延びている。下北沢駅と久我山駅に待避線がほしいところである。

JR中央本線電車区間（東京―高尾間）

中央線快速電車にはグリーン車が連結される

東京都の中央を東西に貫通しているから中央線と思われる向きもあるが、日本の中央を東西に貫通していることから中央線である。明治末期に鉄道路線の区分けをするとき中央線の部を設けた。その本線が東京―名古屋間である。

分割民営化後、長野県の塩尻駅を境に東側がJR東日本、西側がJR東海の路線となった。分割民営化以前から、東側を中央東線、西側を中央西線と分けられていた。

所属線（正確には従属線）は青梅《おうめ》線、五日市《いつかいち》線、八《はち》高《こう》線、小海《こうみ》線、篠ノ井《しののい》線、大糸《おおいと》線、太多《たいた》線がある。

中央東線のうち東京―高尾間53・1キロが電車区間になっている。JR時刻表などでは電車区間を中央線、高尾以西を中央本線としているような記載になっている。一見わかりやすい分け方だが正確ではないし、時刻表でも中央本線は東京を起点にしている。国土交通省では東京―神田《かんだ》間は東北本線、代々木―新宿間は山手線とし、中央線には入れていない。ともあれ御茶ノ《おちゃの》水《みず》―三鷹間が線路別複々線になっている。

本篇では電車区間について述べ、列車区間の高尾以西は姉妹本の「観光篇」で述べる。

列車区間に乗り入れる特別快速や通勤快速、快速は高尾駅を境に列車番号が変わる。東京―高尾間は番号の末尾にTを付けるが、高尾以西はTに代わってMを付ける。立川駅もしくは八王子駅始発の普通列車はMのままで高尾駅を境に変えることはしない。

列車区間の電車の多くはMを付ける習わしなので、列車区間のことをM電区間ともいわれている。

東京駅は京浜東北線北行の上に中央線の島式ホームがある。神田駅まで山手線や京浜東北線、東北本線、東北新幹線と並行する。神田駅でこれら路線と分かれる。

右手から総武緩行線が接近してきて、中央線の上り線が同線の下をくぐっていく。そこに御茶ノ水駅があ

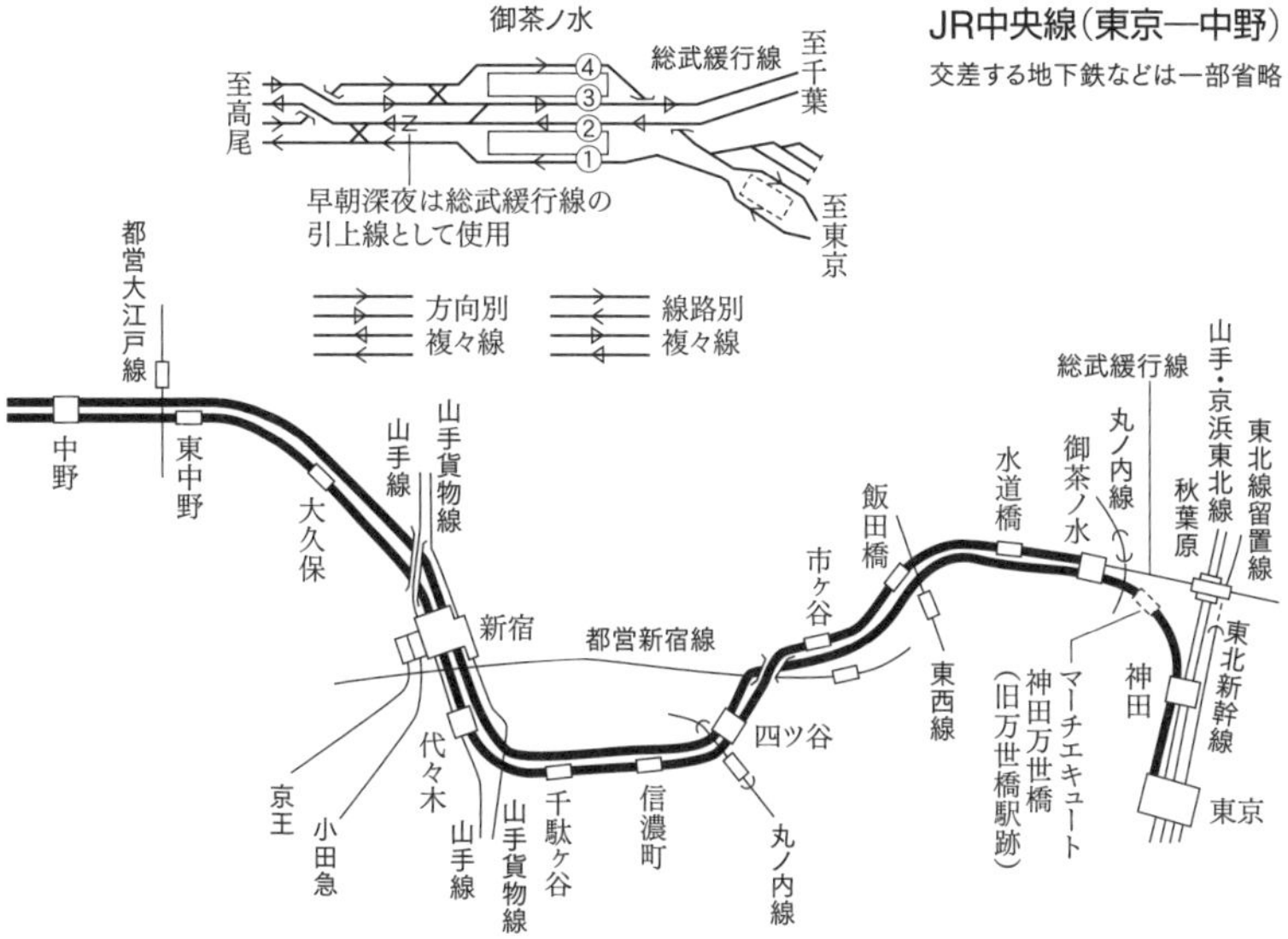

る。方向別運転の島式ホーム2面4線になっているが、総武緩行線ホームの秋葉原寄りは中央線上り線を乗り越すために中央線のホームと段差が付いている。

早朝深夜では中央線に快速の運転はなく、各停が東京—高尾間を走る。このとき総武線各停は御茶ノ水駅折返しになる。御茶ノ水駅を出ると複々線になるが、早朝深夜の中央緩行線の下り線は引上線となり、総武緩行線の電車がここで折り返している。中央緩行線の下り電車は引上線の先にあるシーサスポイントで快速線から緩行線に移る。

飯田橋駅は高尾駅に向かって半径300mで左にカーブしている。これだけの急カーブでは車掌から前方ホームの見通しが悪く、ホームと車体の間に大きな隙間ができる。そこで新宿駅寄りの直線部分に飯田橋駅を移設する。ここにはもともと牛込駅があって上下線が広がっているのでホームの設置はできる。すでにホームの大部分ができている。しかし、東口から遠くなる。

それまで高尾方向で見て緩行線が右側、快速線が左側だったのを、市ヶ谷—四ツ谷間で立体交差して緩行線が左側に移るようになる。その先に線路別ホームの四ツ谷駅がある。この先の千駄ヶ谷駅の下り線には片面ホームの臨時ホームがある。これは昭和39年の東京オリンピックのときに設置されたもので、オリンピック終了後は使用されていない。

令和2年に行われる東京オリンピックの前にこのホームを拡幅し、下りホームにする上下ホームの分離が行われすでにほぼ完成している。

山手貨物線をオーバークロスすると代々木駅がある。上り緩行線と山手線外回りはそれぞれ片面ホーム、下り緩行線は山手線内回りとで島式ホームになっている。下り緩行線から山手線の渋谷・品川方面に行くには同じホームで乗り換えられて便利である。

新宿駅の中央緩行線のホームは山手線ホームとで方向別になっている。快速線は島式ホーム3面6線になっている。上りホームの7、8番線は朝ラッシュ時に交互発着をしている。中央の島式ホームの9、10番線は特急「あずさ」「かいじ」の発着線である。下りホームの11、12番線のうち外側の12番線で快速は発着する。11番線はかつて普通列車が発着していたが、普通列車は新宿―立川間を走らなくなってしまっている。

「成田エクスプレス」が発着する5、6番線にも高尾寄りで出入りできる。これによって高尾発の「成田エクスプレス」を走らせることができる。また、中央線快速などがりんかい線や将来の羽田アクセス線に乗り入れることができる。

新宿駅を出た高尾寄りで山手線が斜めに乗り越していく。中野駅の快速線側はJR形配線になっている。JR形配線の片面ホームとみなせる下り快速線側の線路の反対側には上り緩行線用の5番線がある。

緩行線側には東京メトロの東西線と接続している。このため島式ホーム2面4線と快速線と共用している島式ホーム1面がある。5、2、1番線が緩行線、4、3番線が東西線である。5～3番線は東西線と直通できる。新宿寄りに緩行電車の車庫がある。

乗換通路などには緩行線と東西線の発車番線が表示されている。これを見て表示されているホームに行こうとするが、朝ラッシュ時には通路が混んでいてホームに到着する前に扉が閉まったりする。そうすると次の電車に乗ろうとして別のホームに向かうが、やはり

JR中央線（中野—高尾）

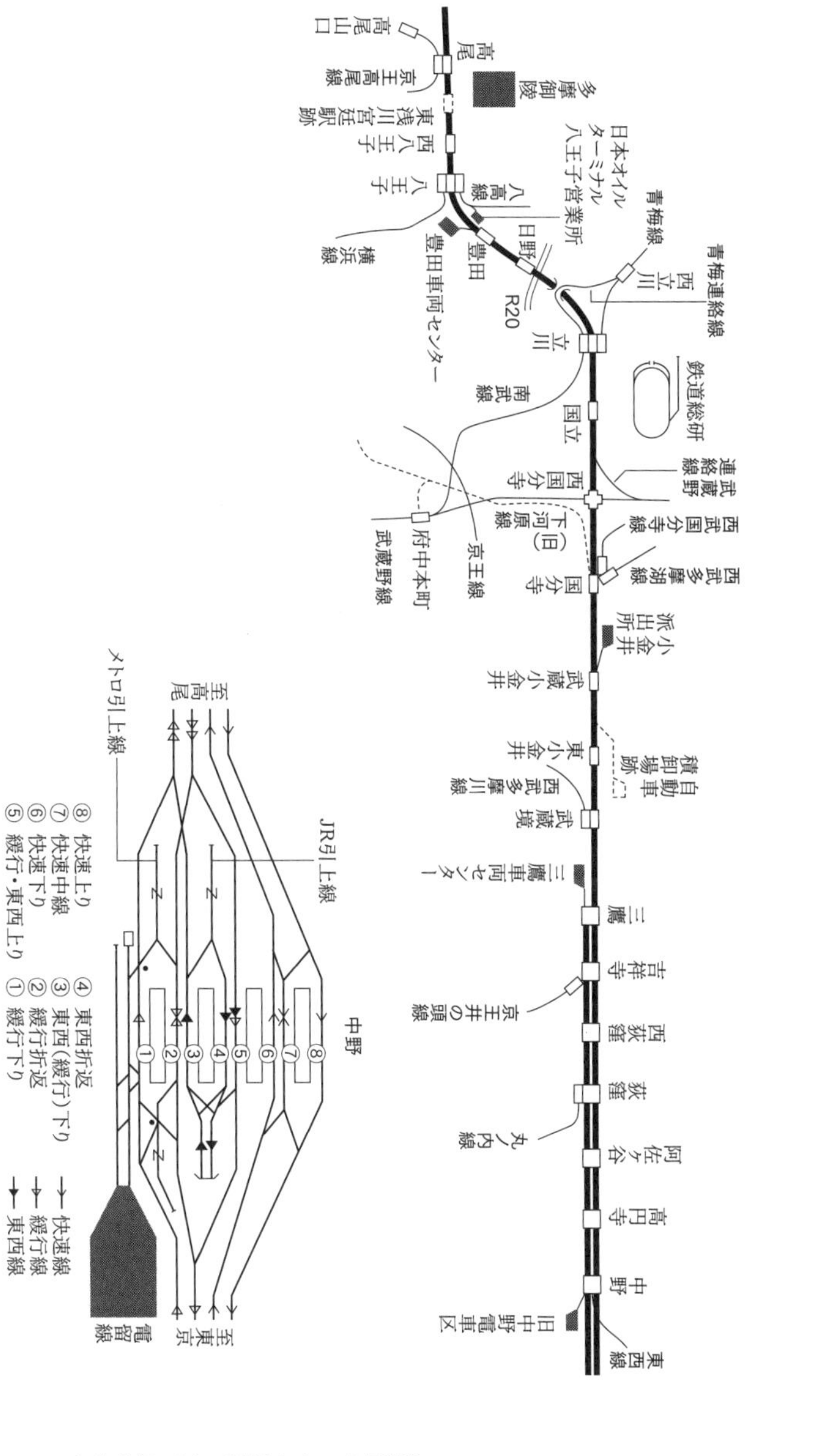

高尾山口
高尾
京王高尾線
多摩御陵
東浅川宮廷駅跡
西八王子
八王子
八高線
横浜線
日本オイルターミナル八王子営業所
日野
豊田
豊田車両センター
R20
立川
西立川
青梅線
青梅連絡線
鉄道総研
南武線
国立
武蔵野連絡線
西国分寺
西武国分寺線
下河原線(旧)
京王線
府中本町
武蔵野線
国分寺
西武多摩湖線
小金井派出所
武蔵小金井
東小金井
自動車積卸場跡
西武多摩川線
武蔵境
三鷹車両センター
三鷹
吉祥寺
京王井の頭線
西荻窪
荻窪
丸ノ内線
阿佐ケ谷
高円寺
中野
旧中野電車区
東西線
至高尾
メトロ引上線
JR引上線
中野
至東京
電留線
⑧ 快速上り
⑦ 快速中線
⑥ 快速下り
⑤ 緩行・東西上り
④ 東西折返
③ 東西(緩行)下り
② 緩行折返
① 緩行下り
快速線
緩行線
東西線

乗る前に発車されてしまい、うろうろする人も多い。あまりいいホーム配置ではない。

三鷹駅まで方向別複々線になる。朝ラッシュ時には通勤快速が走るが、2分毎の過密ダイヤになっており、慢性遅延しているので、通勤快速が新宿駅までノンストップであってもノロノロと走る。緩行線を走る各停は4分間隔なのでほとんど前を走る電車に影響されずに走る。このため各停が通勤快速を追い抜いていく。しかし各停が駅に停車すると通勤快速が抜き返し、また駅間で各停が追い抜く。これの繰り返しだが、通勤快速が中野駅を通過する手前でスピードを上げ追い抜かれなくなる。中野と新宿の両駅では交互発着するからである。

三鷹駅で複々線は終了する。快速線と緩行線それぞれがJR形配線をした配線になっているが、現在は緩行線は島式ホーム1面2線、快速線は島式ホーム2面4線の追越駅として使っている。

高尾寄りに緩行電車用の三鷹車両センターがある。緩行線と快速線は平面交差で分岐合流をしている。緩行線から高尾方面の直通は早朝深夜だけなので立体交差をする必要はないためである。

武蔵境《むさしさかい》駅は西武多摩川線と接続している。接続とはレールがつながっている駅のことで、連絡とは乗り換えができる駅のことである。多摩川線が接続しているのは、西武多摩川線の電車が中央線、武蔵野線を経て新秋津《しんあきつ》で西武池袋線に移り、同線の武蔵丘車両検修場と行き来するからである。JR線内を自力走行できない規則になっているので、甲種回送といって機関車が牽引する貨物列車扱いで走る。

東小金井《ひがしこがねい》駅はJR形配線、武蔵小金井駅は島式ホーム2面4線で高尾寄りに車庫がある。国分寺駅も島式ホーム2面4線である。次の西国分寺駅は相対式ホームだが、複々線化を前提に造られており、将来は島式ホームになる。この先で武蔵野線国立《くにたち》支線が合流する。次の国立駅もJR形配線になっている。西武の甲種回送列車はここで折り返して国立支線に入るのではなく、JR貨物の機関士などが詰めている八王子駅で機関車を付け替えて方向転換をする。

立川駅の中央線は島式ホーム2面4線で新宿寄りに引上線がある。この引上線を使って普通列車が折り返して甲府方面に向かう。中野―立川間は地図で見ると直線になっているが、構内で曲がりくねっている駅が多い。限られた用地で10両編成用のホームを造るには駅構内をS字カーブにして長さを確保するしかないからである。なお、立川、八王子の両駅のホームは12両編成ぶんになっている。

　日野《ひの》駅は島式ホーム1面2線だが、幅が狭い。ホームがなくなった高尾寄りに貨物待避線が置かれ、その向こうには鉄道総合技術研究所の日野土木実験所があって、各種試験設備が置かれている。

西武多摩川線からみた中央線。同線と連絡線でつながっている。走っているのは209系快速東京行。中央線快速用E231系のトイレ設置改造に伴って車両不足になるために代替として地下鉄直通用209系を転用している

八王子駅に進入する高尾行

　豊田駅は豊田車両センターがあるために島式ホーム2面4線になっている。豊田車両センターを過ぎたあたりに「西豊田駅の新設を」という看板があるが、いまのところ新設の動きはない。

　浅川を渡ると右側に日本オイルターミナルの八王子営業所の石油タンクが林立している。中央線に沿って石油積載線が置かれている。横浜根岸のオイルターミナルから八王子まで、さらには山梨の竜王駅と長野の南松本駅に隣接するオイルターミナルまで石油をタンク貨物列車が運んでいる。

　中央線八王子以遠で1週間ほど不通になってしまうと、山梨と長野の両県はガソリン不足で大パニックになってしまう。中央線は石油輸送の幹線でもあるのである。令和元年10月の台風19号で長期運休したとき危

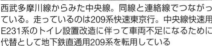

機寸前だったと聞く。

八王子駅は中央線だけ見ればＪＲ形配線だが、北側の片面ホームの背面新宿寄りに八高線の発着線がある。また、横浜線と中央線とを結ぶ短絡線がある。かつては特急「はまかいじ」が横浜―松本間で走っていた。同駅南口にあった貨物ヤードなどが整理されて跡地にタワーマンションが2棟立っている。

高尾駅はＪＲ形配線に加えて北側の片面ホームの新宿寄り背面に快速電車折返用の１番線（電着線）がある。2～4番線は新宿、甲府の両方面へ出発が可能である。

高尾折返の普通と高尾始発の快速、特快とが同じホームで乗り換えができるようにしているが、すべてではない。特快の高尾以遠直通があったり、普通の発着駅が八王子や立川だったりし、さらに特急と貨物列車も走り抜けるのでどうしても発着線不足になりがちなのである。

以前に筆者は『全国鉄道事情大研究シリーズ』の「神奈川・東京西部篇①」（草思社）の中央線の項で南側の側線を特急と貨物列車の通過線にすればいいと提言した。こうすれば発着線不足はかなり解消されるし、通過電車への触車事故も防ぐことができる。

これを提言したあと、すぐに下り通過線を設置する工事がなされた。完成後、発着線不足に起因する遅れは減った。

京王高尾線との乗り換えは同線が開通してしばらくは中間改札がなかったが、現在は設置されている。窓口業務は北口がＪＲ、南口が京王が担当している。

高尾以西からの流入客は定期外が１万７００３人、定期が１万１７０４人、定期比率は41％である。昭和59年度の定期外は１万３３１５人、定期が１万３８３人、定期比率は44％だった。

定期外客は特急利用や行楽客も含まれるが、いずれにしても少ししか乗客は増えていないように見える。

しかし、平成10年度の定期外客は2万５７０１人、定期客が１万３７６２人と多い。高尾以遠でも相模湖《さがみこ》や藤野《ふじの》、上野《うえの》原《はら》、四方津《しおつ》の各駅近くに住宅開発がなされたため定期客がピークに達し、トレッキングブームでも行楽客が増えた。

しかし、定期客は徐々に減少していった。その間、四方津駅を最寄りとするコモアしおつと猿橋《さるはし》駅を最寄駅とする桂台《かつらだい》の両ニュータウンの入居者が増えて平成21年度には定期客が1万3327人に戻したが、その後は再び減少してしまっている。

少子高齢化が要因だが、初期に入居した人々の第2世代、ようするに子供たちが独立すると、遠くて運転本数が少ない高尾以遠に引き継いで住むのを嫌って、もっと都心に近いところに住むようになったことが大きい。

猿橋駅の桂台ニュータウンはJRも開発に加わっていたために特急「かいじ」の一部を停車させるとしていたが、ついに実行されなかった。それればかりか上野原駅に停車していた「かいじ」は同駅を通過するようになり、さらに普通列車の本数減を実行している。

東京直通は増えたものの、スピードアップは車両がE233系になって加速性能がよくなり新宿―高尾間で少しなされただけである。こんな状態なので、今後も人口減少は続くことになる。

八王子駅で横浜線から新宿方面の乗換客は定期外が7502人、定期が2万2045人となっている。八高線からは定期外が838人、定期が2072人と少ないが、東京方面から八高線への定期客は1937人いる。八高線の北八王子駅に工業団地があるからである。

立川駅で青梅線から新宿方面の流入は定期外客が1万6262人、定期客が4万3435人である。平成7年度の定期外客は1万2908人、定期客は4万6600人と定期客が減って定期外客が増えている。少子高齢化による定期客の減少である。

吉祥寺駅で定期客の井の頭線への高尾方面からの乗換客は1万4080人、荻窪《おぎくぼ》駅で丸ノ内線とは8976人だが、あまり混雑緩和に役立っていない。

終日の大久保《おおくぼ》→新宿間の定期外客は18万3455人、定期客が36万396人、定期比率は66％である。

新宿駅での高尾方面からの同駅通過と降車、乗換路線の人数と比率は定期客だけで見ると、通過が21万4851人（60％）降車が3万6696人（10％）、山手線へは8万5632人（24％）小田急へは9087人（3％）、京王へは6791人（2％）、丸ノ内線へは2036人（0・6％）、都営新宿線へは4398人

（1％）、大江戸線へは898人、西武新宿線へは70人となっている。

新宿駅からの東京方面へは、乗車が3万6211人（10％）、山手線からは5万2487人（14％）、小田急からは3万1177人（8％）、京王からは3万3647人（9％）、丸ノ内線からは2723人（0・8％）、都営新宿線からは639人、大江戸線からは197人、西武新宿線からは732人になっている。なお、通過は21万4851人なので比率は58％になる。

新宿―代々木《よよぎ》間の定期客の乗車人数は37万2601人で一番多いが、これは両方向を含めた終日の片道あたりの数値なので最混雑区間にはならない。

代々木駅からは漸減していき、水道橋《すいどうばし》―御茶ノ水間の定期客は31万4858人だが、御茶ノ水駅で総武緩行線への乗換客が20万6308人もあり、これに丸ノ内線への乗換客3708人が加わる。定期客の場合、終日の片道の人数で公表されているから、朝ラッシュ時の流れで見ると、総武緩行線から新宿方面への定期客数ともいえる。

御茶ノ水―神田間は9万7736人、神田―東京間では8万1911人に減ってしまう。

神田―東京間の定期客のうち、東京駅降車人数は2万1173人（26％）、丸ノ内線への乗換客は445人（0・5％）、東海道新幹線へは805人（1％）、東北新幹線へは2人、上越新幹線へも2人、京浜東北・山手線の東京以南を含む東海道線へは4万4936人（55％）、総武快速線へは5839人（7％）、京葉線へは8710人（11％）である。

定期客は高尾方面の下り片方向での乗車だけを公表している。定期客は当然、出社と帰宅のために往復する。本稿では上り方向で記述しているので東京駅降車、各線への乗り換えとしたが、下り方向で見ると東京駅乗車、各線からの乗り換えともいえる。

定期外客は下り方向と上り方向に分けている。下り方向での東京駅乗車は3万8709人（36％）、丸ノ内線からはカウントされていない。東海道新幹線からは8676人（8％）、東北新幹線からは2696人（2％）、上越新幹線からは1352人（1％）、定期では0人だった北陸新幹線からは793人（0・7％）、東海道線からは4万7611人（44％）、東北線からは4人、総武快速線からは524人（0・5％）、京葉線からは7913人（7％）である。

定期ではカウントされなかった東北線は中距離電車、つまり上野・東京ラインの電車からの中央線乗換客と思われるが、それにしては少なすぎる。神田駅でも定期外は14人と少ない。しかし、定期客は1万5872人にもなっている。定期では把握できても定期外では把握できていないと思われる。

定期外の上りで見ると降車は3万6092人（36％）、東海道新幹線へは1万197人（9％）、東北新幹線へは3970人（4％）、上越新幹線へは1907人（1・7％）、北陸新幹線へは959人（0・89％）、東海道線へは4万6623人（43％）、東北線へは4人、総武快速線へは540人（0・5％）、京葉線へは7267人（7％）である。

各新幹線への乗換客は各新幹線からの乗換客よりも多い。ようするに行きは始発駅で座れる東京駅から乗り、帰りは大宮駅から武蔵野線経由で中央線に戻る人、あるいは新横浜から横浜線経由で中央線に戻る人が多いのである。西国分寺駅や八王子駅の前後の中央線の駅だと東京駅経由よりも15分くらい所要時間が短くなるからである。

快速線の最混雑区間は中野→新宿間である。昭和60年度までは新宿→四ツ谷間だったが、小田急は代々木上原駅で千代田線と、京王は新宿駅で都営新宿線と相互直通運転を開始したために中央線快速電車に乗り換える人が減って中野→新宿間になった。最混雑1時間の輸送人員は8万1000人である。

新宿駅は副都心地区の最寄駅であり、また、繁華街への通勤客もあるために最混雑時間は7時55分から8時55分の1時間になっている。

快速はすべてE233系の10両編成だが、6両＋4両の10両編成も走る。拝島駅で分割して6両が五日市線、4両が青梅線や八高線に、また大月駅で4両が富士急行線に直通するために6＋4両の10両編成が必要なのである。分割編成は中間に乗務員室があるため、より正確に輸送力を出すためには平均定員を一律に148人にするわけにはいかない。

定員は先頭車がクラッシャブルゾーンがあるために134人、中間車が151人である。10両固定編成の定員は１４７６人、分割編成の10両編成の定員は１４４２人（平均定員は１４４・２人）である。

10両通しの編成は42本、６＋４の10両編成は17本がある。最混雑時間に６＋４両の編成が８本、通し編成が22本走っている。輸送力は４万４００８人である。

輸送力がほんのちょっぴりだが減るので、混雑率は１ポイント上がって１８３％になる。

緩行線の最混雑区間は代々木→千駄《せんだ》ヶ谷《がや》間である。山手線の渋谷方面から代々木駅で乗り換えて千駄ヶ谷方面に行く乗客が加わるためである。

中央緩行線のＥ２３１系はクラッシャブルゾーンがないので先頭車の定員は１３７人、10両編成で１４８２人である。輸送力は少し多くなるが、誤差の範囲といえ、混雑率は95％と変わらない。

最混雑１時間の快速の運転本数は平成29年では30本だったが現在は29本である。内訳は大月発通勤特快と河口湖発快速が１本、高尾発が９本、八王子発が４本、豊田発が２本、青梅線方面の奥多摩発が１本、青梅発が３本、河辺《かべ》発が３本、武蔵五日市・高麗川《こまがわ》発が２本、立川発が１本、武蔵小金井発が２本である。

始発駅が多数あるのは途中駅からでも座れるようにするためである。また、ほぼ２分間隔にできるのは、立川、国立、国分寺、武蔵小金井、東小金井、三鷹、中野、新宿の各駅で交互発着しているためである。これによって駅の手前で信号待ちをあまりしなくてすんでいる。新宿駅では先行電車と後続電車の両方が停車して扉を開けるときもある。

なお、通勤特快の停車駅は八王子、立川、国分寺、新宿、四ツ谷、御茶ノ水、神田である。立川、国分寺、三鷹、中野の４駅で快速を追い抜き、武蔵小金井駅では通勤特快が通過してすぐに同駅始発が発車する。高尾―新宿間の所要時間は50分、快速が60分かかっているので10分速い。

特急はピーク１時間を避けて運転されている。ピーク前は「はちおうじ」が２本、「おうめ」が１本走る。

平成31年３月のダイヤ改正以前は、特急車両を使ってはいるが、中央ライナーと青梅ライナーという通勤ライナーで走っていた。ライナー料金は普通車が５１０円、グリーン車が７２０円だった。特急になって普通車は７６０円（東京―河辺・青梅間は１０２０

円）、グリーン車はグリーン料金１０５０円がプラスされる。

しかも、八王子→新宿間の所要時間は「はちおうじ」２号が36分、４号39分である。２号のあとに走る特快は37分だから、ちょっぴり速いだけである。

実質値上げである。非常に疲れたときは利用するかもしれないが、そうでない場合は利用しない。ライナー時代の乗車率は１００％に近かった。グリーン車は先に満席になる。当然１００％である。特急になってからは敬遠する人が多く満席になることは少ない。

ＪＲはライナーをやめて特急に格上げする傾向にある。格上げはいいが、料金も値上げしている。ＪＲ東日本だけではない。ＪＲ西日本ではすでにライナーはなくなっている。ＪＲ東海も中央西線で走っていたセントラルライナーがなくなって久しい。

唯一残っているのは東海道本線系統である。オール2階建て電車の２１５系を湘南ライナーとおはようライナー新宿に使っている。普通車は４人掛けボックスシートなので特急にするわけにはいかないからである。しかし、いずれ特急車に置き換わり、特急に格上げすることになろう。

昼間時は特急「あずさ」と「かいじ」が交互に30分毎に運転されている。両特急とも新宿―高尾間の停車駅は立川、八王子で高尾駅は通過する。ただし新宿発11時0分の「あずさ」11号と新宿着12時33分の12号は立川駅も通過する。

中央特快は1時間に4本、青梅特快は1本の運転である。中央特快は特急と特急の間の30分間に2本走り、下りでは青梅特快が「かいじ」と「あずさ」の間に1本走る。

上りでは「あずさ」と「かいじ」の間では中央特快と青梅特快が各1本、「かいじ」と「あずさ」のあいだは中央特快が3本走る。新宿―立川間で両特快の運転間隔は8～16分と一定していない。

停車駅は神田、御茶ノ水、四ツ谷、新宿、中野、三鷹、国分寺、立川以遠各駅である。三鷹、国分寺駅で快速と緩急接続をする。新宿―八王子間の所要時間は最短で34分である。

夕ラッシュ時下りには特快に代わって通勤快速が走る。停車駅は神田、御茶ノ水、新宿、中野、荻窪、吉祥寺、三鷹、国分寺、立川以遠各駅である。

快速の運転本数が多くなっているなかで通勤快速を走らせるので、中野—三鷹間はノロノロと走る。同区間の途中駅には追越駅がないために荻窪駅手前あたりで先行する快速に追い付いてしまうからである。

荻窪駅に追越設備があれば速くなるし、閑散時の特急や特快、それに朝上りの通勤特快もスピードアップができるが、追越設備を設置するほどの用地はない。ただし快速線を高架にして緩行線と重層化することで、2面4線化をするスペースは生み出せる。

三鷹—国分寺間にある通過駅は3駅、国分寺—立川間は2駅なので快速の後追いをしてノロノロ走ることはない。

武蔵野線と連絡している西国分寺駅に特快が停車すれば便利だが、そうすると特快の速達性が失われてしまうのでできない。

快速用E233系にグリーン車2両を連結して12両編成にする。6+4両の10両編成に対しては6両側にグリーン車を連結する。

この計画に沿って御茶ノ水駅などの12両編成対応にホームを延伸する工事が行われている。しかし、ホームを延伸するスペースを確保するのが難しい駅が結構ある。日野駅などである。

東京駅は高速で中央線ホームに進入できるように、終端側はホームがなくなっても30mほど線路を設置して電車が冒進《ぼうしん》しても車止めに激突しにくいようにしている。ホームを2両分延ばすということは、さらに線路を延ばさなくてはならない。ゆっくり進入すると折返時間がとれなくなって2分毎の運転ができない。

12両編成化はいろいろな障壁があるために、現状では延期している。しかし、なにもすべての駅のホームを延伸しなくてもいい。現在の計画では全編成を12両にすることになっているが、特快と通勤特快、通勤快速だけを限定運用すれば、これら停車駅だけのホームを延伸するだけですむ。

限定運用はダイヤが乱れたときに、回復に手間と時間がかかるから全駅、全編成を12両にするのだが、特急はもともと限定運用をしている。それと同じことをすればいいだけなのである。今でも6+4両の10両編成は限定運用している。

しかし、なぜかすべての中央線のE233系にグリーン車を連結することに固執している。今までの経験から、遅延時のダイヤ回復を円滑にするためにはどうしても限定運用は避けたいというところのようである。

中央線各駅のホームドアの設置は皆無である。1、2扉の特急、立川以遠で走る普通は3扉、そして通勤形は4扉なので通常のホームドアは設置できない。

JR西日本が実用化したロープ昇降式ホームドアは、今や混雑している大阪駅にも設置された。それで混乱は起こっていない。さらにJR東日本の駅である成田線の空港第2ビル駅にロープ昇降式のホームドアが設置された。中央線全駅にこの方式のホームドアを設置する時期に来ているといえる。

中央線の改良は手詰まり状態である。姉妹本の「将来篇」で述べた京葉線東京駅から新宿駅を経て三鷹までの新線と三鷹―立川間の複々線化が望ましいが、大変である。

荻窪駅の重層化の費用は莫大だが、前述した新線建設と複々線化にくらべれば安いものである。

三鷹―立川間の複々線化は三鷹駅からは別線で地下に潜り、国分寺駅の手前で顔を出して国分寺駅に乗り入れる。国分寺駅は現状のままの方向別複々線になる。

方向別複々線は西国分寺駅の先までとし、西国分寺駅も島式ホーム2面4線にする。用地はありそうにもないが、斜めになっている法面を垂直にすれば2面4線のスペースはとれると国鉄はしていた。

西国分寺駅の八王子寄りで武蔵野線の国立支線が地下から顔を出して中央線と合流している。現在は単線で中央線の上下線間に割り込んで接続しているが、国立支線が通っている国立トンネルの八王子坑口寄りは複線になっている。将来下り線になる国立支線が地上に出ているだけである。

複々線化すると現下り線は内側を通る下り快速線と接続、上り線も上り快速線と緩行線の間に顔を出して接続する。接続予定地点は法面を垂直にすれば6線分のスペースがとれるようになっている。

京葉線の三鷹延伸と切り離して三鷹―立川間の複々線化を地元は望んでいるが、今のところ具体的に計画が進んでいない。

西武多摩川線

単線ながら終日12分毎に走っている

西武多摩川線は武蔵境―是政《これまさ》間8・0キロの単線路線で、武蔵境駅で中央線と接続している。中央線と直通運転をしているのではなく、西武鉄道各線と接続していない離れ小島路線のために、車両の大規模検査や置き換えのときに、中央線と武蔵野線を経由して西武東飯能駅の先まで甲種回送列車を走らせている。

所沢駅から武蔵野線新秋津《しんあきつ》駅までは単線の西武連絡線がある。もともと秩父で産出していた石灰やセメントを輸送するための貨物線だったが、現在は中止している。新秋津駅には貨物ヤードもあったが、JRの訓練線に流用されている。それでも西武多摩川線電車の甲種回送用に1線の着発線が残されている。

武蔵野線に入ると新小平《しんこだいら》―国分寺間にある小平トンネルに入る。同トンネルの西国分寺寄りに武蔵野線の国立支線が分岐している。国立駅で接続しているので武蔵境駅に行くには方向転換をする必要がある。国立駅でしょうと思えばできるが、甲種回送はJR貨物の

西武多摩川線

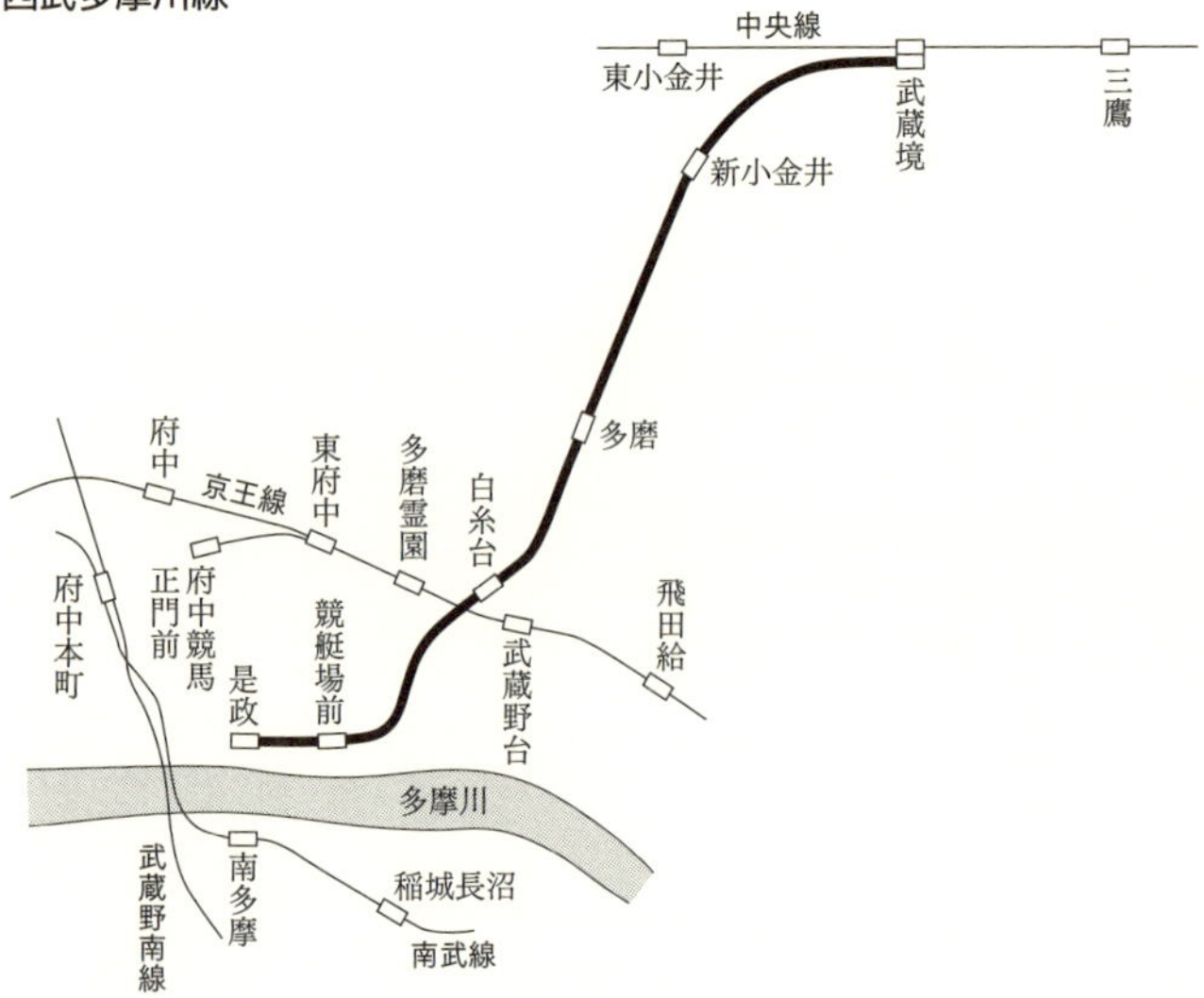

担当であり、国立駅に要員がいないからできない。

要員は八王子駅に配置されている。このため八王子駅で方向転換をして武蔵境駅に向かう。

西武多摩川線も多摩ニュータウンのアクセス線として多摩ニュータウンに乗り入れようとしていた。しかし、単線なので輸送力がないこと、武蔵境駅で中央線に乗り換えが必要であることが欠点だった。

武蔵境—吉祥寺間に中央線と並行して延長、吉祥寺駅で井の頭線に乗り入れる案や西武新宿線上石神井駅まで延伸して直通する案もあったが、現実的でないとされ多摩ニュータウンへの乗り入れはあきらめた。

白糸台駅に進入する武蔵境行。上を京王線が乗り越していく

武蔵境駅は頭端島式ホーム１面２線、終点是政駅は片面ホームである。西武多摩川線の中間駅は４か所あり、競艇場前《きょうていじょうまえ》駅を除いて行き違いができる。白糸台《しらいとだい》には車庫がある。

武蔵境駅を除いて武蔵境駅に向かって乗車が一番多いのは多磨《たま》駅である。定期外が２６０２人、定期が３７０４人である。東京外国語大学があるためである。

次に多いのが是政駅である。定期外は９８７人に過ぎず、京王線からの乗換客がある白糸台駅の１０９１人よりも少ないが、定期客は２８９３人と白糸台駅の倍近く多い。是政橋で多摩川を渡って川崎市の南多摩駅付近から新宿に向かうには西武多摩川線経由が便利だからである。

新小金井—武蔵境間の定期客は９１０５人、うち武蔵境駅で中央線に乗り換えるのは６７４９人と74％を占めている。

ほぼ終日12分毎に４両編成の電車が走っている。

西武新宿線区

レッドアロー号は6＋4両の10両編成化を

新宿線区は本線といえる新宿線、これに支線といえる拝島線、国分寺線、西武《せいぶ》園《えん》線、多摩湖線の5線で構成されている。

●**新宿線**　西武新宿線は西武新宿―本川越《ほんかわごえ》間47・5キロの路線で、高田馬場駅でJR山手線と東京メトロ東西線、中井《なかい》駅で都営大江戸線と連絡、小平駅で拝島線と接続する。その拝島線は萩山《はぎやま》駅で多摩湖線と接続しており、拝島線と多摩湖線は新宿線と直通電車が走る。

東村山駅で国分寺線と西武園線と接続、直通電車が走っていたが高架化工事中で中止している。所沢駅では池袋線と接続する。所沢駅で池袋線とは直通運転は定期ではしていないが、臨時電車が走ることもある。

西武新宿線の高田馬場―所沢間26・9キロの平均駅間距離は1・3キロ、池袋線の池袋―所沢間24・8キロでは1・7キロなので、西武新宿線は短い。

池袋線は蒸気鉄道、つまり汽車から郊外電車に転換した路線なのに対して、新宿線は当初から郊外電車として建設されたからである。

西武新宿駅は他の路線の新宿駅から離れた位置にある。当初は他と同じ新宿駅に乗り入れることになっていた。しかし、地下鉄丸ノ内線の新宿乗り入れ工事があるために仮駅として今の西武新宿駅を設置した。計画では今のルミネのビルの2階に乗り入れることにしていたが、6両編成分の長さの1面2線でしかなく、その後の急速な新宿線の住宅開発に対応できない。そこで西武新宿駅を本駅化してターミナルにすることにした。

現在、櫛形ホーム2面3線で発着時の競合をできるだけ避ける配線になっている。

高田馬場駅は片面ホームと島式ホーム各1面の2線で、上り線は4番ホームと5番ホームに挟まれ、朝ラッシュ時だけ電車の両側の扉を開けている。4番ホームが降車専用である。4番ホームは4扉車対応のホームドアになっているために、3扉車や特急は締め切り

西武新宿線

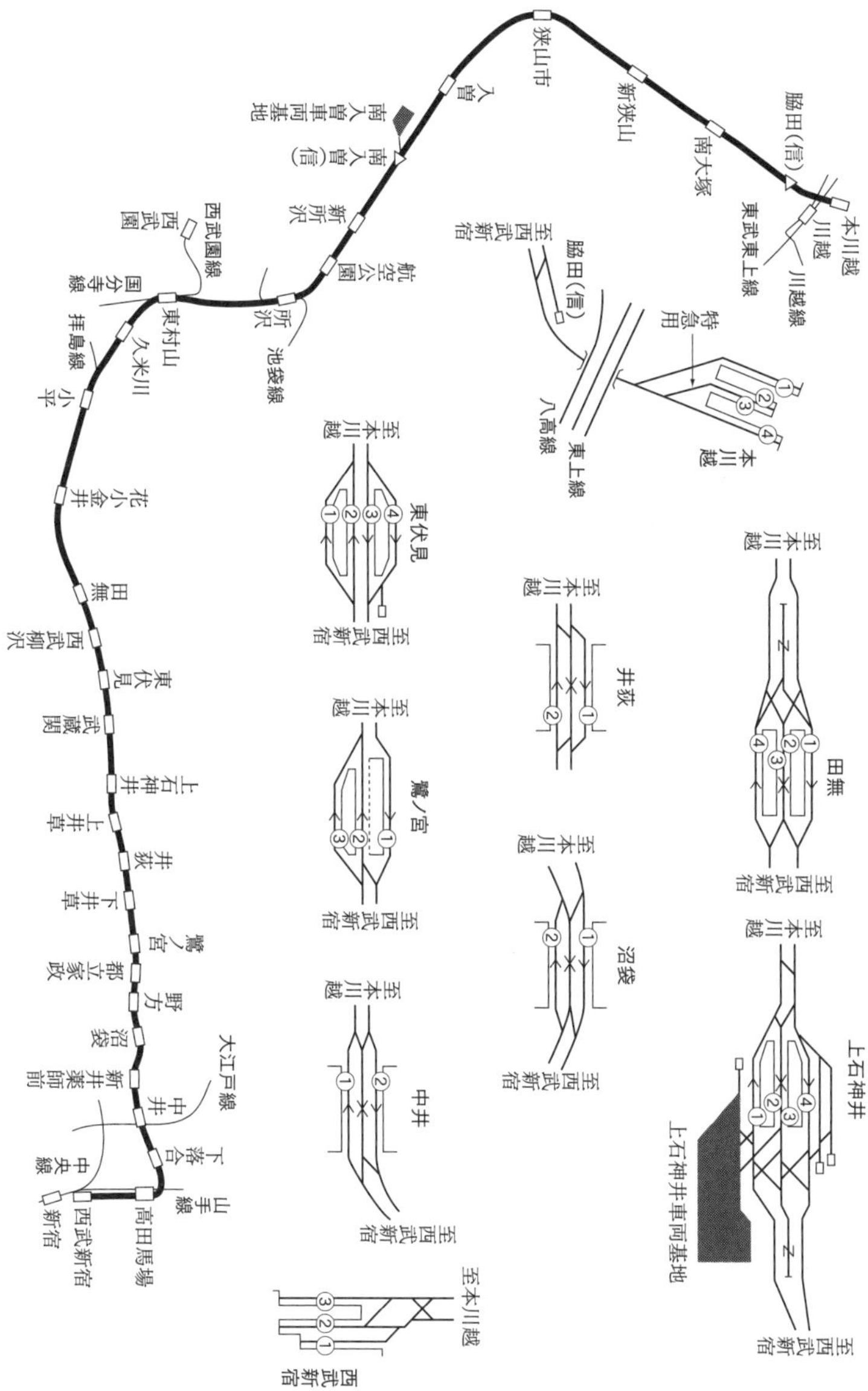

本川越
川越
脇田(信)
南大塚
新狭山
狭山市
入曽
南入曽車両基地
南入曽(信)
新所沢
航空公園
所沢
東村山
久米川
小平
花小金井
田無
西武柳沢
東伏見
武蔵関
上石神井
上井草
井荻
下井草
鷺ノ宮
都立家政
野方
沼袋
新井薬師前
中井
下落合
高田馬場
西武新宿
新宿
川越線
東武東上線
池袋線
西武園線
西武園
国分寺線
拝島線
大江戸線
中央線
山手線
至西武新宿
脇田(信)
特急用
本川越
八高線
東上線
至本川越
東伏見
田無
井荻
鷺ノ宮
沼袋
中井
上石神井
上石神井車両基地
西武新宿

になっている。

このとき、上り電車は西武新宿寄りに1両分ずらして停車する。高田馬場駅は本川越寄りに出入口階段があることから、降車客と本川越方面の電車を待つ乗客が重ならないようにするためである。

中井駅は相対式ホーム2面と上下停車線各1線とその間に上下線兼用の通過線がある。本川越寄りで停車線はY字状で上下停車線につながっているが、新宿寄りは全体的にカーブしており、それを利用して上下停車線とのポイントは通過線のほうが滑らかに走ることができるようにしている。

新井薬師《あらいやくし》駅の新宿寄りから沼袋《ぬまぶくろ》駅の本川越寄りまで連続立体交差化事業で地下化される。

沼袋駅は新幹線の駅と同じ停車線と通過線がある相対式ホーム2面4線になっていたが、地下化工事のために中井駅と同じ通過線を上下線一つにまとめた相対式ホーム2面3線になっている。地下化後は島式ホーム2面4線になる。

ずっと以前は島式ホームの両外側に通過線がある2面4線だった。その通過線は本線から分岐するとき、かなりきついカーブになっていて、30キロ程度の速度制限を受けていた。

鷺ノ宮《さぎのみや》駅は島式ホーム2面3線になっているが、中線の2番線は下り通過線、1番線は待避線にしている。このため上り線の島式ホームの下り線側は柵があって乗車できない。ただし、中線の2番線で新宿方面に折り返しはできる。

井荻《いおぎ》駅は相対式ホーム2面3線で上下線兼用の通過線がある。ただし通過線がまっすぐになっていて速度制限なしで走り抜けることができるのは上り線であり、下り線は渡り線で通過線に進入する。このためポイント通過時にかなり揺れる。

かつては下り線側に片面ホームがあるJR形配線をしていた。このときもまっすぐ通過できるのは上り線側だったので、下り電車が通過線を通り抜けるときはかなりのショックがあった。

上石神井《かみしゃくじい》駅は車庫が隣接しており、駅自体は島式ホーム2面3線である。中線は待避と折り返しができる。新宿寄りに引上線がある。

東伏見《ひがしふしみ》駅は島式ホーム2面4線のまともな追越駅に

なっている。以前は上石神井駅と同じ島式ホーム2面3線で中線は折り返しと待避に使われていた。これを2面4線化した。

田無《たなし》駅は島式ホーム2面4線で中線は両方向への折返用と待避用に使われる。本川越寄りに引上線がある。上りホームが混雑するので、側線を撤去してホーム幅員を広くした。

花小金井《はなこがねい》駅はもともと島式ホーム2面3線の追越駅だったが、中線の本川越寄りを埋めて櫛形ホームにしたのち、中線を廃止した。このためホームは広い。

小平駅は島式ホーム2面4線で、1番線が拝島線下り線、2番線が新宿線下り線、3番線が拝島線上り線、4番線新宿線上り線が発着する。2番線と3番線は本川越・拝島寄りで平面交差している。また、新宿寄りには1～4番線のすべてと行き来できる引上線がある。

東村山駅は新宿線用の島式ホーム2面4線と国分寺線用の島式ホーム1面2線で構成されていたが、現在は連続立体交差事業による高架工事中である。このため仮設の島式ホーム2面4線になっている。上り線は島式ホーム1面2線の5番線と6番線があり、普通が特急を待避したりする。下り線は島式ホームの内側に面した4番線のみ、3番線は国分寺線と西武園線が縦列で停車する配置になっている。1番線は閉鎖されている。国分寺—西武園間の電車も発着する。

高架化後は島式ホーム2面4線の比較的単純な駅になるが、ホームの幅は結構広くなる。内側2線は新宿線の電車のほかに国分寺線と西武線電車が発着する。

所沢駅は島式ホーム2面、片面ホーム1面の6線になっている。新宿線は飯能寄りの池袋線をくぐって南側から所沢駅に入っていく。池袋線は北側から入っていくので、両線の下り線同士、あるいは上り線同士は反行することになる。

片面ホームの1番線が新宿線下り線、2番線が新宿線上り線、3番線は池袋線上り線、4、5番線が池袋線下り線、6番線は西武連絡線でホームに面していない。新宿線の上り線と池袋線の上り線が同じホームに面しているので、本川越方面から池袋方面へ、飯能方面から新宿方面への乗り換えは簡単にできる。

新所沢駅は島式ホーム2面4線である。新所沢止まりと始発が多数あるが、新所沢駅に引上線がないので、この先の南入曽《みなみいりそ》車両基地への南入曽信号場の発着待機線で折り返している。

入曽駅の上り線には待避線の副本線があったが、撤去されている。狭山《さやま》市駅は相対式ホームで新宿寄りに順方向の渡り線があり、南入曽車両基地から回送でやってきてこの渡り線で上り線に転線して同駅始発になる。

南大塚駅から安比奈《あひな》貨物線が分岐していた。安比奈貨物駅跡を車両基地にする計画があって長らく休止していたが、この計画を中止し、安比奈貨物線も廃止になった。

川越線と東上線と交差する手前に脇田《わきた》信号場があり、ここから単線になる。しかし、すぐに本川越駅の構内になる。本川越駅は頭端櫛形ホーム2面3線で、中央の線路は2、3番ホームに面した両側ホームになっているが、両外側は片側にしかホームがない。2、3番ホームに面した線路は8両分しかない。特急はこの線路から発着するのが基本である。

●**拝島線**　拝島線は小平—拝島間14・3キロの路線で小平駅で新宿線、萩山駅で多摩湖線、小川《おがわ》駅で国分寺線と接続、玉川上水《たまがわじょうすい》駅で多摩モノレール、拝島駅でＪＲ青梅《おうめ》・五日市《いつかいち》線、八高線と連絡する。
萩山駅は島式ホームに面した1、2番線と片面ホームに面した3番線がある。1番線は多摩湖線用で西武遊園地寄りに4両分のホームがあり国分寺駅発着の電車が停車する。主に国分寺—萩山間の電車の折返線である。

2番線は小平・西武新宿方面から拝島・西武遊園地方面の電車が停車する。3番線はその逆だが、西武遊園地発国分寺行も発着する。国分寺行は短い4両編成なので西武遊園地寄りに停車して、その先のホーム内にあるポイントで多摩湖線に向けて分かれる。

小川駅は島式ホーム2面4線で内側の2番線が国分寺線東村山行、3番線が同国分寺行である。外側の1番線が小平・西武新宿方面、4番線が拝島方面である。

玉川上水駅は島式ホーム2面3線で車庫が隣接している。中線の2、3番ホームは折返用である。拝島線と多摩モノレールの両コンコースは同じ階にあるため

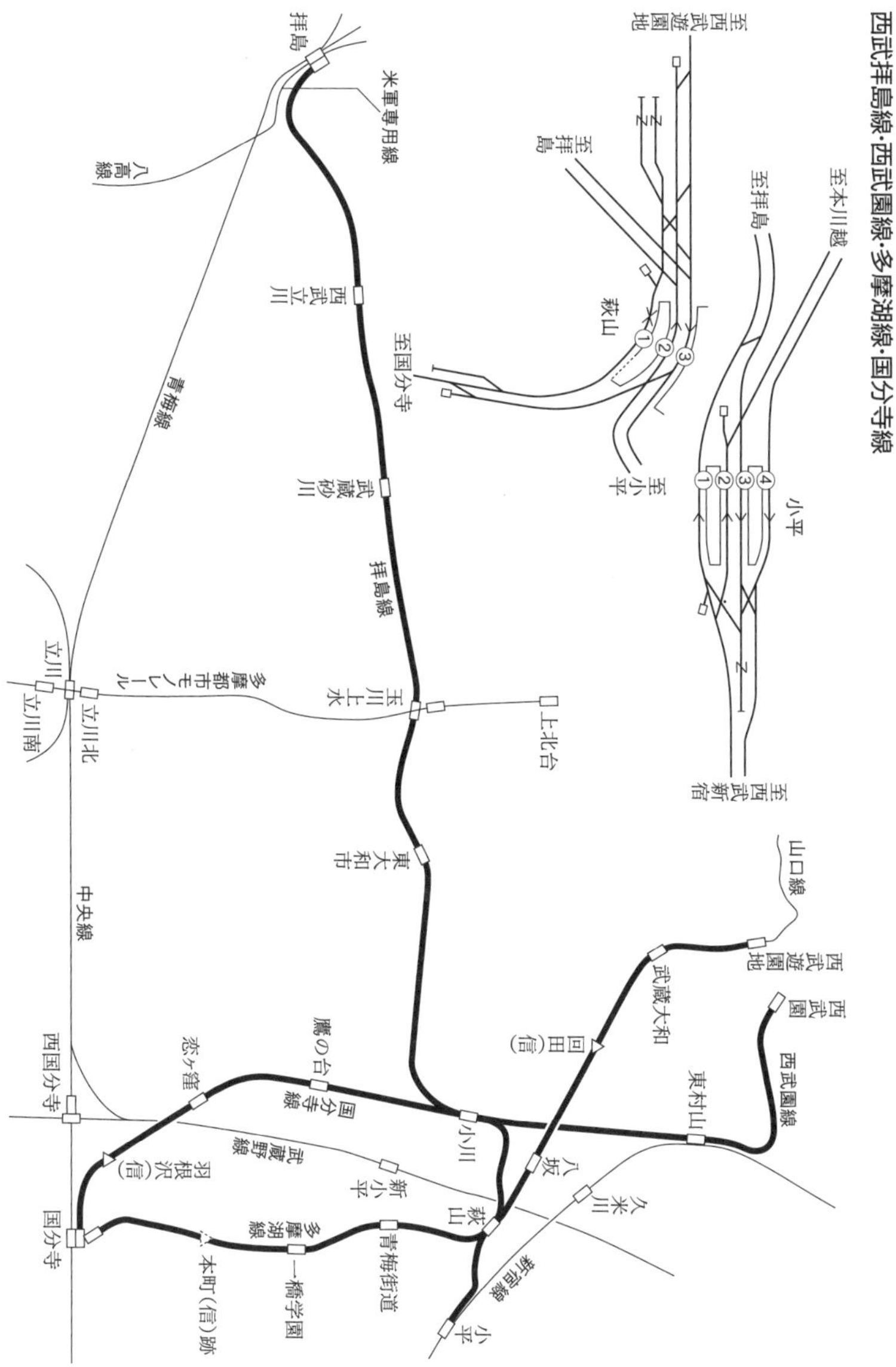
西武拝島線・西武園線・多摩湖線・国分寺線
至西武遊園地
至拝島
萩山
至国分寺
至小平
至本川越
至拝島
小平
至西武新宿
拝島
米軍専用線
八高線
西武立川
青梅線
武蔵砂川
拝島線
玉川上水
上北台
多摩都市モノレール
立川
立川北
立川南
東大和市
中央線
山口線
西武遊園地
武蔵大和
西武園
回田(信)
西武園線
東村山
鷹の台
国分寺線
恋ヶ窪
西国分寺
小川
八坂
武蔵野線
新小平
久米川
羽根沢(信)
萩山
新宿線
国分寺
多摩湖線
青梅街道
一橋学園
本町(信)跡
小平

小平駅に進入する急行拝島発西武新宿行（中）と普通本川越発西武新宿行（右）、左は普通玉川上水行

乗り換えはしやすい。

拝島駅は頭端島式ホーム1面2線で、発着番線はJRと通しの6、7番線になっている。ホームの手前で米軍専用線が横切っている。このため交差する手前に安全側線が設置されている。米軍専用線は鶴見線安善《あんぜん》駅から立川駅を経由してジェット燃料を輸送するタンク貨物列車が走る。拝島駅までは電気機関車が牽引、同駅からはディーゼル機関車がバトンタッチして横田基地に入る。

●**国分寺線**　国分寺線は国分寺—東村山間7・9キロの路線で、国分寺駅で多摩湖線とJR中央線と連絡、小川駅で拝島線、東村山駅で新宿線と接続する。

国分寺駅では中央線のホームと並行して片面ホームがある。JRと右カーブして分かれた先に羽根沢《はねさわ》信号場があって、ここから複線になる。相対式ホームの恋《こい》ヶ窪《がくぼ》駅の先で単線になる。鷹の台《たかのだい》駅も相対式ホームである。

小川駅の先で多摩湖線と交差する。双方に駅はなく交差するだけである。駅を設置して連絡しても多摩湖線は拝島線と近くの萩山駅で接続している。乗客の流れは都心に向かっているから、交差地点に駅を置いても双方間の乗換客はさほどいない。あっても便利になるというほどのものではない。

ただし東村山方面から青梅街道《おうめかいどう》駅と一橋学園《ひとつばしがくえん》駅に行く場合はあると便利である。

●多摩湖線　多摩湖線は国分寺—西武遊園地間９・２キロの路線で、萩山駅で拝島線と接続、西武遊園地駅で山口線と連絡する。

多摩湖線の国分寺駅は地上にあり、掘割にあって中央線と並行する国分寺線のホームとは離れた約60度の角度で斜めにホームが延びている。国分寺線とは同じ改札内にある。

単線で進み、行き違い用だった本町信号場跡を過ぎて島式ホームの一橋学園駅、片面ホームの青梅街道駅があり、萩山駅で拝島線と接続する。

片面ホームの八坂《やさか》駅の先で地上を走る国分寺線をオーバークロスする。その先に行き違い用の回田《めぐりた》信号場がある。長さは１・７キロあるために実質複線区間である。そのため速度を落とさずに上下電車は行き違う。

片面ホームの武蔵大和《むさしやまと》駅を過ぎて頭端島式ホームの西武遊園地駅となる。終端の先に山口線のホームがある。

●西武園線　西武園線は東村山—西武園間２・４キロの行き止り単線路線である。

途中に駅はなく、西武園駅は頭端島式ホームと片面ホーム各１面の３線になっている。終端側の先にある道路の向こうに西武園競輪場があるために３線の発着線がある。西武園競輪場の隣には西武遊園地があるが、周囲は閑静な住宅地になっている。

本川越駅ではＪＲ川越線の川越駅、東武東上線の川越駅と川越市駅との間で定期のみ連絡運輸をしている。本川越駅から川越駅まで道のりで１キロ、徒歩で12分、川越市駅まで道のりで４５０ｍ、徒歩で５分である。

定期客の本川越駅乗車は８９４５人（全乗降客のうちの61％）、乗り換えは、ＪＲ川越線へは１１６０人（同８％）、東上線へは１８４５人（同12％）、川越市駅で東上線へは２７６９人（同19％）である。

本川越→南大塚間の乗車客は定期外が９８５９人、定期が１万４７１９人、定期比率は60％である。

所沢駅で新宿方面の乗車は定期外客が６１６９人、降車は４９１８人、定期の乗車が５２０９人、降車が３５１３人、池袋線から新宿方面の乗換客は定期外が９０９１人、定期が１万８１４０人、池袋線への乗換客が定期外で１万８４５人、定期で２万１１１９人である。

航空公園《こうくうこうえん》→所沢間の乗車客は定期外が２万７６２２人、定期が５万２１８人、定期比率65％なのに対して、所沢→東村山間は定期外が２万７１１９人、定期が４万８９３６人と減り、定期比率が64％と１ポイントダウンしている。

東村山駅で新宿方面への乗車客は定期外が３５１７人、定期が７８０４人、国分寺線から新宿方面への乗換客は定期外が86人、定期が３５１３人、西武園線からは定期外が４１２人、定期が４４２人である。

新宿方面から東村山駅降車は定期外が２６８５人、定期が２７９８人で、国分寺線への乗換客は定期外が５３２３人、定期が１万４９９２人、西武園線へは定期外が２８０人、定期が２０３人である。

東村山→久米川《くめがわ》間の乗車客は定期外が２万２８４６人、定期が４万２０１人と所沢→東村山間にくらべて減っている。国分寺方面への流れも結構あるのである。定期比率は64％と変わらない。

小平駅で新宿方面への乗車客は定期外が４０１４人、定期が６７１７人、拝島線からの流入客は定期外が１万５１０３人、定期が２万７２９５人である。降車や拝島線への乗換客は少ない。このため小平→花小金井間の乗車客は定期外が３万９０２８人、定期が７万４２１０人と手前の駅間にくらべて大きく増える。定期比率は66％になる。

中井駅で都営大江戸線への乗換客のうち定期外客はパスモなどの普及で正確に把握できていない。定期の大江戸線への乗換客は２４１１人、大江戸線からの乗換客は２３３人に過ぎない。同駅の新宿方面乗車客は４２４３人、本川越方面からの降車客は１５６８人だから増加している。

下落合《しもおちあい》→高田馬場間の乗車客は定期外で７万３９０４人、定期で15万１１４８人、定期比率は67％である。

うち高田馬場駅での降車客は定期外で４万５８２

2人（62%・定期外に対する比率）、定期は1万7436人（12%・定期に対する比率）、山手線乗換客は定期外で4703人（6%）、定期で5万1849人（34%）、東西線乗換客は定期外で808人（1%）、定期で2万5235人（17%）である。定期外客は連絡切符利用者だけに限られており、パスモ等の利用ではカウントされない。

　西武新宿駅で定期外客の降車は2万6198人だが、乗車は3万4629人と8000人以上差がある。新宿線沿線から新宿方面に行くには高田馬場駅で山手線に乗り換えたほうが便利である。渋谷や中央線方面もそうである。しかし、帰りは高田馬場駅だと座れない可能性がある。とくに夕ラッシュ時以降はほぼ確実に座れない。そこで他線から西武新宿線に座って乗るためには新宿駅から西武新宿駅まで歩いて利用する人が多いのである。

　定期客のほうは降車が3万8202人（67%）、JRへは1265人（2%）、東京メトロへは5083人（9%）、小田急へは1701人（3%）、京王へは1664人（3%）、都営地下鉄の新宿駅への乗換客は164人（0・3%）、新宿西口駅への乗換客は1389人（2%）、高田馬場特殊連絡定期券利用は7503人（13%）である。

　高田馬場特殊連絡定期券というのは「Oneだぶる」と呼ばれるもので、指定された各駅と西武新宿間の定期券とJRの山手線の反時計回り各駅や中央線各駅との間の定期券を組み合わせたものである。

　高田馬場駅で山手線に乗り換えることや西武新宿駅と新宿駅とを徒歩連絡で乗り換えができる定期券である。定期外で述べたように行きは高田馬場駅で乗り換え、帰りは西武新宿駅から乗るということができるものである。統計では西武新宿降車（乗車）として扱われ、高田馬場でのJR線乗り換えのほうにはカウントされていない。

　最混雑区間は下落合→高田馬場間で、ピーク時輸送人員は5万3283人である。練馬《ねりま》駅で有楽町線等による都心第2ルートがある池袋線よりも多い。混雑率は159%である。

　8両編成10本、10両編成16本が走り、平均定員は139・2人にしている。ほぼ妥当な平均定員のために、混雑率は修正する必要がない。

最混雑時間帯は7時30分から8時30分である。

ともあれ7時30分から8時30分の間に通勤急行が2本、急行が8本、準急が6本、普通が10本である。

通勤急行は本川越発で停車駅は狭山市、新所沢、所沢、東村山、田無、上石神井、鷺ノ宮、高田馬場である。急行は本川越発が3本、拝島発が5本、準急は本川越発が2本、新所沢発が1本、拝島発が2本、田無発が1本、普通は本川越発が1本、狭山市発が2本、新所沢発が2本、西武遊園地発が3本、田無発が1本、上石神井発が1本である。

普通は東伏見駅と上石神井駅で一部、井荻駅ですべて、沼袋駅と中井駅のいずれかで優等列車を待避する。準急の一部が東伏見駅で急行を待避する。

急行の停車駅は鷺ノ宮、上石神井、田無以遠各駅、準急は鷺ノ宮、上石神井以遠各駅である。

特急「小江戸」号がピーク時間の前に3本、約10分毎、後に3本、10分、20分間隔に走ってから1時間毎に運転になる。下りは西武新宿発7時5分、7時31分、9時0分、9時30分、10時0分、11時0分、以後11時40分から15時40分まで1時間毎に運転される。16時台以降は毎時0分、30分発の30分毎になり、最終は23時55分である。「小江戸」の停車駅は高田馬場、東村山、所沢、狭山市である。

昼間時は1時間に特急1本、急行6本、普通6本の運転で、西武新宿―拝島間と西武新宿―本川越間が交互に運転される。西武新宿―本川越間と普通は田無折返が約20分交互に運転される。

昼間時の下り普通は鷺ノ宮駅で急行と特急に追い抜かれ、本川越行は小平駅で後続の拝島行急行と連絡してから発車する。

本川越発の上り普通は小平駅で拝島発急行と同時進入して連絡する。田無発とともに上石神井駅で急行を待避して緩急接続をし、中井駅で急行を通過待避する。特急は東村山駅で普通を追い抜く。

国分寺線は朝ラッシュ時7分30秒、昼間時以降10分の間隔である。かつては昼間時には国分寺―本川越間の直通電車が1時間毎に走っていたが、東村山駅の高架化工事で中止になっている。

西武園線は朝ラッシュ時15分毎で一部は国分寺線に

直通する。昼間時は20分毎、夕ラッシュ時は15分前後の間隔になる。

多摩湖線は朝ラッシュ時に西武遊園地発西武新宿行がある。西武遊園地—国分寺間は10分毎の運転だが、前述の西武新宿行があるときは、これに接続する萩山—国分寺間の普通が走る。

昼間時の午前中は国分寺—西武遊園地間と国分寺—萩山間が交互に20分毎に走る。午後の13時台、14時台は15分毎に国分寺—萩山間と萩山—西武遊園地間の運転になる。以降は国分寺—西武遊園地間と国分寺—萩山間が交互に20分毎に走る。

夕ラッシュ時は特急が30分毎になり、西武新宿発17時15分から22時15分までの1時間毎に拝島ライナーが走る。拝島ライナーの停車駅は高田馬場、小平以遠各駅で、小平駅までは座席指定券がないと乗車できない。

指定券は300円、指定券なしの飛び乗りは500円である。小平駅で本川越行の普通か急行に連絡をし、小平駅からは指定券なしでも乗車できる。

夕ラッシュ時の急行は5〜12分毎で1時間に6本、これに準急が1時間に3本運転される。普通は8本の運転である。

拝島ライナーは30分毎にして小平以遠で萩山、小川、玉川上水停車にして西武新宿—拝島間の所要時間を短縮するとともに、増発の1本は本川越行で停車駅を東村山、所沢、新所沢、狭山市にしてもいい。

今後、池袋線のレッドアローがラビューに置き換わるので、レッドアローを新宿線に集め7両編成から6+4の10両編成に編成替えをして、特急は西武新宿—本川越・拝島間として終日運転をする。小平駅にも停車して分割併合をする。拝島ライナー用は4扉のL／Cカーでは座席定員が少ない車両だからである。

6+4ならば4両を拝島行、6両を本川越行にできるし、座席定員が多くなるから朝ラッシュ時でも走らせることができる。

特急料金は新宿—高田馬場間が300円、新宿—所沢間が400円、新宿—狭山市・本川越間が500円、新宿—高田馬場間が設定されているのは30キロまで300円となっているためだが、まず乗る人はいない。

東武東上線

小川町以南で各駅に停まるときはすべて自動停止している

東武東上線は池袋—寄居《よりい》間75・0キロの路線で、支線として越生《おごせ》線坂戸《さかど》—越生間10・9キロがある。

東上線の「東」は東京のことだが、「上」は上州である。群馬県の渋川まで結ぶつもりで東上鉄道が計画されたものの、寄居までしかできなかった。そして東武鉄道に吸収合併されたが、路線名は東上線のままにした。ただし正式には東上本線である。

和光市《わこうし》駅で東京メトロ有楽町線と接続して相互直通運転をしている。和光市—志木間は複々線である。その途中の朝霞台《あさかだい》駅で武蔵野線と連絡している。JR武蔵野線の駅名は北朝霞駅である。川越駅でJR川越線と連絡、坂戸駅で越生線と接続しているが直通運転はない。

武蔵嵐山《むさしらんざん》—小川町《おがわまち》間にある嵐山信号場から単線になる。小川町駅で八高線と連絡、寄居駅では秩父鉄道と接続し八高線と連絡する。小川町—寄居間はワンマン運転をしており、小川町以南への直通運転はしていない。寄居駅では秩父鉄道と八高線と接続している。

池袋駅は頭端櫛形ホーム3面3線でホームの頭端側は奥に向かって下りスロープになっている。その向こうに地上の南改札口がある。ホームの地下に直角に伸びる中央と北の2か所の改札内コンコースがある。

1番線が東側にあってホームは西側しかない。2、3番線は両側にホームがあって乗車ホームと降車ホームに分けられている。ホーム番号で案内されている。片面ホームの1番ホームは川越特急と準急、2番ホームは快速急行と快速、急行、3番ホームは降車用、4番ホームは普通とTJライナー、5番ホームは降車用だが、TJライナーが運転される夕方以降はTJライナーの乗り場になる。

東上線の池袋—小川町間はT—DATC（東武デジタルATC）とともにタスク（TASC＝Train Automatic Stop-position Control＝列車自動定位置停止装置）があり、各駅には自動停止して運転士のブレ

東武東上線（池袋—川越市）

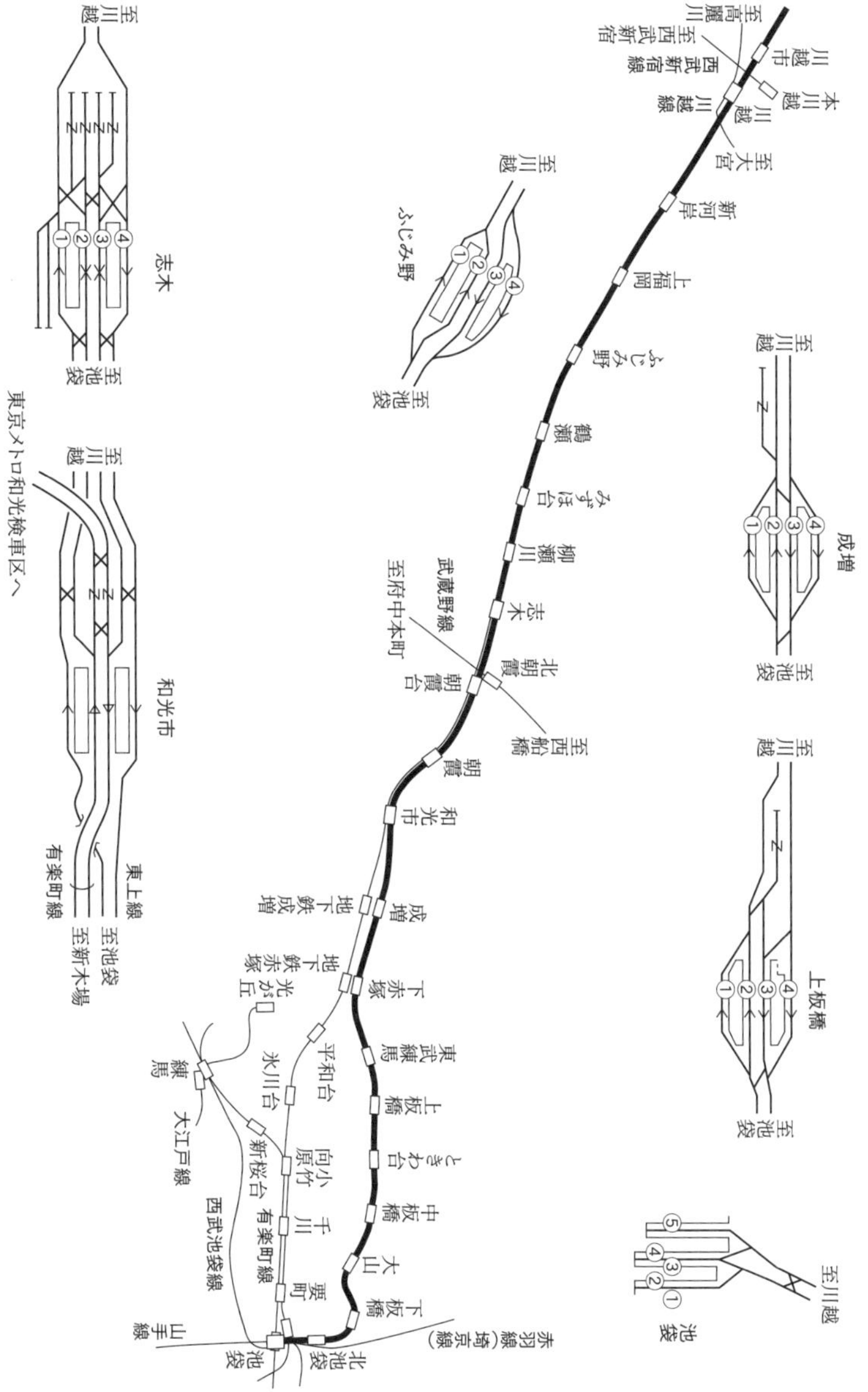
川越市
本川越
川越
至高麗川
至西武新宿
西武新宿線
川越線
至大宮
新河岸
上福岡
ふじみ野
鶴瀬
みずほ台
柳瀬川
志木
武蔵野線
至府中本町
北朝霞
朝霞台
至西船橋
朝霞
和光市
成増
地下鉄成増
下赤塚
地下鉄赤塚
光が丘
東武練馬
平和台
氷川台
練馬
大江戸線
上板橋
ときわ台
新桜台
小竹向原
中板橋
千川
有楽町線
西武池袋線
大山
要町
下板橋
北池袋
池袋
山手線
赤羽線（埼京線）
至川越
池袋
成増
至池袋
上板橋
ふじみ野
志木
和光市
東上線
有楽町線
至新木場
東京メトロ和光検車区へ

ーキ操作は行っていない。

北池袋駅までJR埼京線（赤羽線）と並行する。左カーブしている下板橋《しもいたばし》駅の小川町寄りに電留線が7線、それに保守基地がある。もとは下板橋貨物駅だった。

中板橋駅は島式ホーム2面4線の待避追越駅で内側が本線、外側が副本線の待避線である。

上板橋駅も島式ホーム2面4線だが、小川町寄りの上下線間に引上線がある。下り2番線と上り4番線が本線、下り1番線と上り3番線が待避線の副本線で、3番線は下り電車が入線できる。引上線は1、2番線から入線でき、引上線からは3番線にしか入線できないものの、4番線に進入する電車と同時に進入できる。

成増《なります》駅も島式ホーム2面4線で小川町寄りの下り線の外側に引上線がある。中板橋駅と同様に2、4番線が本線、1、3番線が待避線の副本線であり、3番線は下り電車が進入できるとともに小川町寄りに出発信号機があって下り線に転線して引上線に進入できる。引上線は3番線に進入するとき4番線を通る電車と競合はしないが、下り電車とは競合する。引上線からの折返電車が3番線に入るとき1、2番線から出発できない。

和光市駅の手前で東京メトロ有楽町線が頭上で下り線を斜めに乗り越して、東上線の上下線間に割り込む。和光市駅は島式ホーム2面4線で内側が有楽町線、外側が東上線である。小川町寄りに引上線を兼ねた東京メトロの和光検車区への入出庫線がある。

和光市駅から複々線になり、外側が急行線、内側が緩行線だが、有楽町線直通の優等列車は内側線を走る。

朝霞台駅は島式ホーム2面4線で、頭上を武蔵野線が直交している。

志木駅で複々線は終了する。志木駅も島式ホーム2面4線で上下線間に引上線が4線設置されている。また、下り線の外側に2線の電留線がある。

ふじみ野駅は島式ホーム2面4線の追越駅、次の上《かみ》福岡《ふくおか》駅は島式ホーム1面2線だが、小川町寄りに引上線がある。

川越駅の手前でJR川越線が東上線の下を斜めにく

複々線区間の朝霞—朝霞台間を走る快速急行池袋行（左）と準急川越市行（右）

ぐって並行して川越駅となる。東上線は相対式ホーム2面2線、川越線は2面3線である。この先で西武新宿線が下で交差、川越線が左にカーブして分かれる。川越市駅は島式ホーム2面4線で外側が本線、内側が副本線である。小川町方面に引上線が2線あり、下り線側に川越（車両）工場がある。

越生線が接続する坂戸駅は島式ホーム2面2線で、1、2番線が越生線用で4両編成が発着するのでホームは短い。3、4番線が東上線用である。越生線の電車の出入用に池袋寄りに逆渡り線、小川町寄りに順渡り線、1、2番線につながる引上線が池袋寄りにある。

越生線の信号保安装置はATSである。大半が単線で、行き違い駅は一本松《いっぽんまつ》、川角《かわかど》の2駅、武州長瀬《ぶしゅうながせ》—東《ひがし》毛呂《もろ》間は複線になっている。終点越生駅は八高線と連絡しており、頭端島式ホーム1面2線と留置線1線がある。昼間時は2列車が段落として発着するため2分ほど2列車がホームに並ぶ。八高線は島式ホーム1面2線だったが、下り線は撤去されて片面ホームになっている。越生線は自動改札機があり、八高線はスイカ

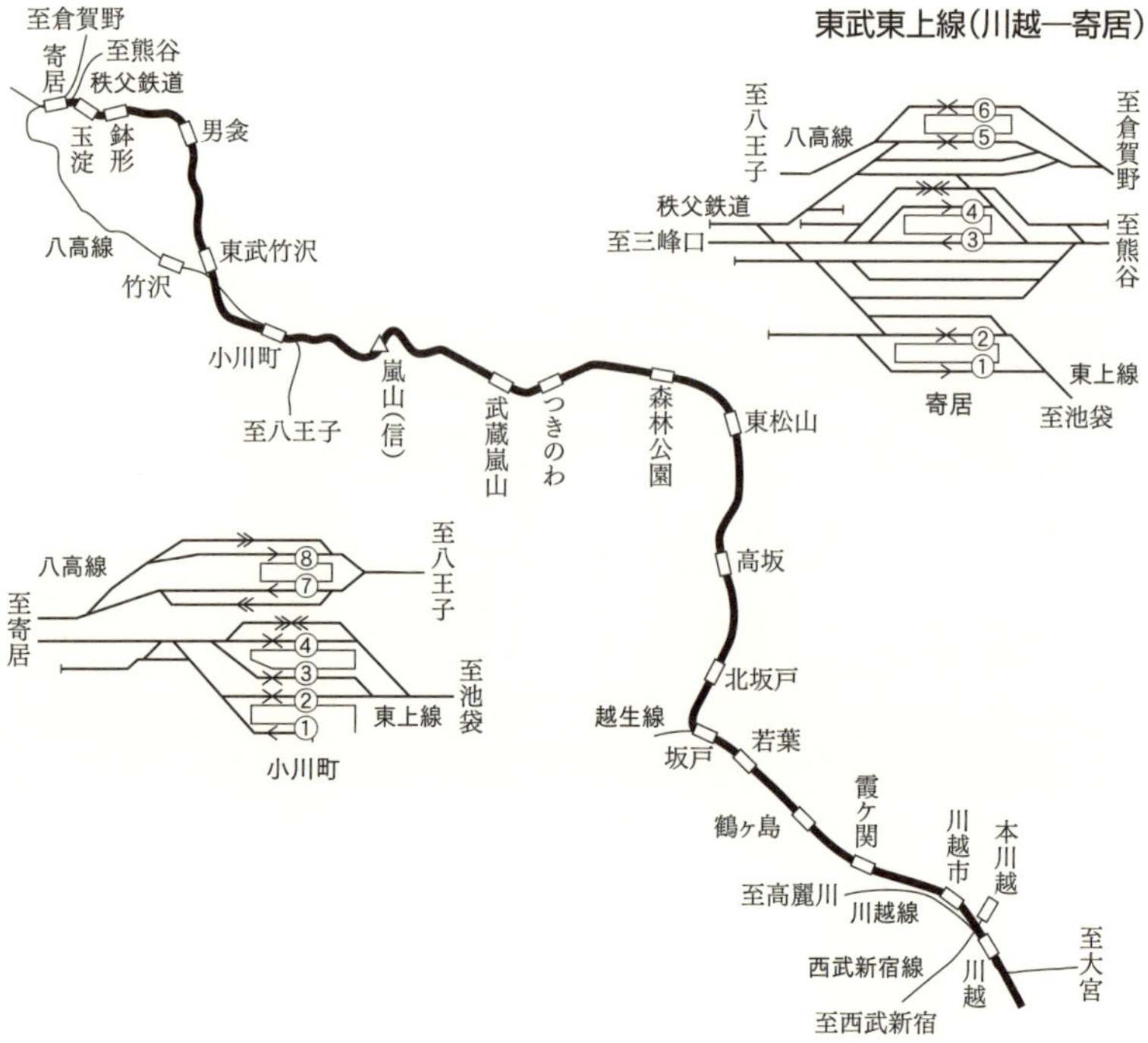

簡易改札機が設置されている。越生線から西口に出るには自由通路になっている跨線橋を通る。跨線橋は二つある。平成31年3月に東口が開設されて二つの跨線橋への階段が新設、東口駅前広場にロータリーが設置されてバスの発着場もある。

高坂《たかさか》駅は島式ホーム1面2線に加えて両外側に副本線が各1線設置されている。川越工場を出場した試運転列車が川越市―高坂間で行われ、下り試運転列車は上り副本線に転線して折り返している。元は貨物列車の着発線だった。

森林公園《しんりんこうえん》駅は島式ホーム2面4線で小川町寄りに森林公園検車区がある。1、2番線が下り小川町方面、3、4番線が上り池袋方面だが、1番線は池袋方向に出発信号機があり池袋行の一部が発車する。

島式ホームの武州嵐山駅の先に嵐山信

号場があって、ここから単線になる。小川町駅の手前で八高線が斜めに乗り越していく。

小川町駅は島式ホーム2面4線だが、1番線は行止式になっていて小川町—寄居間の区間電車の発着用である。3、4番線は完全な島式ホームである。池袋方面の電車は2〜4番線で折り返す。大半の電車は2番線に停車して1番線から発着する区間電車に同じホームで乗り換えができるようにしている。

4番線の向こうに副本線があり、さらに向こうにはJR八高線の下り1番副本線、そして上下本線が島式ホームに面している。副本線も1番線からの連番が付けられているために八高線の下り本線は7番線、上り本線は8番線になっている。さらに上り1番副本線もある。

東上線側に自動改札機があり、跨線橋の東上線と八高線の間にスイカ簡易改札機が置かれており、東上線と八高線間の乗換客はこれにタッチしなければならない。八高線の小川町駅乗降客も東上線の自動改札機を通るだけでなく、スイカ簡易改札機でもタッチが必要である。

小川町—寄居間では玉淀《たまよど》駅を除く各駅で行き違いができる。

寄居駅は秩父鉄道と八高線と接続しており、3線とも島式ホームである。管理は秩父鉄道が行っており、改札口にスイカ簡易改札機、跨線橋の東上線との間にスイカ簡易改札機があり、東上線に乗るにはこの二つのスイカ簡易改札機に接しなくてはならない。

東上線が1、2番線で、2番線から秩父鉄道本線に線路がつながっている。その間に秩父鉄道の貨物ヤードも接続している。

越生線越生駅の乗車は定期外が597人、定期が1044人、八高線からの乗換客は定期外が3人、定期が311人である。坂戸に向かって漸増し、一本松→坂戸間は定期外が4017人、定期が1万4299人、定期比率は78%にもなっている。定期客の大半が学生である。越生線沿線には坂戸西高校、埼玉医大、城西短大、日本医療科学大、それに坂戸高校がある。

坂戸駅で越生線から池袋方面への乗換は定期外が3291人、定期が1万2997人である。定期は逆方向の東上線池袋方面から越生線への乗換客が含まれている。坂戸駅乗車は定期外が７２７人、定期が１３０２人と少ない。

坂戸→若葉《わかば》間の乗車客は定期外が１万８８３６人、定期が５万８５３人、定期比率は73％と高い。平成７年度の定期外客は１万７４７８人、定期客が６万３４８４人だった。定期比率は78％もあった。定期客が３０００人ほど減っている。少子高齢化で通勤通学客が減ったためである。

川越市駅での池袋方面の乗車は定期外が２９２１人、定期が８１３３人と少ない。手前の霞ケ関《かすみがせき》、鶴ヶ島、若葉の各駅のほうが多い。しかし、坂戸方面からの降車は定期外が２５４５人、定期が１６４０人で、手前３駅よりも多い。つまり、手前３駅は池袋方面に向かって乗車が多い郊外駅、川越市駅は周辺事業所や学校へ向かう街中駅といえる。西武新宿線との乗換客は定期のみがあって池袋方面とは８１３３人、坂戸方面とは１６１５人となっている。

川越駅での池袋方面乗車は定期外が１万６９９１人、定期が１万６９５０人である。坂戸方面からの降車は定期外が８０６８人、定期が７０９９人と多い。川越駅前がオフィスやショッピングタウンになっているからである。定期での川越線と池袋方面との乗換客は４３８４人、坂戸方面と川越線との乗換客は８２４７人になっており、坂戸方面から川越線、つまり埼京線電車に乗り換える客が多いことを示している。定期の西武線との乗換客は池袋方面とは６８０人、坂戸方面とは１２１０人となっている。

朝霞→和光市間の乗車客は定期外が６万８１４０人、定期が16万３５６０人、定期比率は71％にもなっている。このうち有楽町線乗換客は定期外が１万５６６３人（23％）、定期が４万３３７９人（27％）である。

平成９年度の有楽町乗換客は定期外が６８７０人、定期が１万９３１８人だったので大幅に増えている。当時は副都心線はなかった。

平成25年度では有楽町線乗換客が多いため、和光市→成増間は定期外が５万２９２７人、定期が11万６１７３人に減る。

北池袋→池袋間は定期外が７万７２６６人、定期が16万５３０人、定期比率は68％である。平成７年度の定期外客は７万８１８８人、定期客は21万７０２３

人、定期比率は74％と定期客の減少が大きい。有楽町線に移っただけでなく、少子高齢化も影響している。

平成25年度の定期外のうち降車は6万3197人（82％）、乗り換えはＪＲへ5814人（8％）、西武へ504人（0・7％）、東京メトロへ2271人（3％）である。定期外客はパスモ・スイカ利用が多いので乗換客のすべてを把握できていない。把握しているのは連絡切符購入者の数である。

定期ではほぼ把握できている。降車客は3万8832人（24％）、乗り換えはＪＲが8万3255人（52％）、西武が4774人（3％）、東京メトロが3万3668人（21％）である。

池袋駅で東京メトロ乗り換えが多いのは丸ノ内線への乗換客があるからだが、有楽町線への乗り換えを池袋経由にしている人も多い。

最混雑区間は北池袋→池袋間である。和光市駅で25％ほど減るものの、成増駅からまた漸増していき、朝霞→志木間よりも北池袋→池袋間のほうが多くなるからである。ピーク1時間の輸送人員は4万5023人、公表混雑率は136％である。しかし、平均定員は138人にしている。10両編成の場合は実際には140人だから、混雑率は2ポイント下がって134％になる。

混雑時間帯は7時30分から8時30分、この間に10両編成24本が走る。内訳は急行が4本で、すべて小川町発、準急が8本で、森林公園発が4本、小川町発が1本、川越市発が3本、普通が12本で、志木発が8本、成増発が4本である。

ようは15分サイクルに急行1本、準急2本、志木発普通2本、成増発普通1本が走る。これに有楽町線直通が2、3本加わる。

急行の停車駅は池袋発でみて成増、和光市、朝霞台、志木、川越以遠各駅、準急の停車駅は成増以遠各駅である。

ふじみ野駅で準急が急行を待避する。複々線区間では一部が急行に追い抜かれる。成増→池袋間では以前は中板橋駅か下板橋駅のいずれかの駅で待避するだけだったが、現在は両方の駅で待避するので急行、準急の所要時間が短くなった。

ピーク時間帯の前後に座席指定のＴＪライナーが各

坂戸駅に停車中の川越特急50090系L/Cカー

１往復走る。森林公園発で東松山《ひがしまつやま》、坂戸、川越、ふじみ野に停車する。座席指定料金はふじみ野乗車以外は４７０円、ふじみ野乗車は３７０円で小児は２４０円（ふじみ野乗車は１９０円）である。

　昼間時の下り池袋発10時０分と11時０分の２本は川越特急が運転される。停車駅は朝霞台、川越、坂戸、東松山以遠各駅で、池袋―東松山間の所要時間は46分、表定速度は65・０キロである。使用車両はＴＪライナー用Ｌ／Ｃカー５００９０系でクロスシートモードにしている。これがＬ／Ｃカーの本来の使い方である。ＴＪライナーは定員が少なく料金を取る座席ではないし、料金も高い。クロスシートモード時は座席が回転できてボックス席にもできる。グループで乗る乗客が多い川越特急では最適である。

　以後、17時０分まで池袋発毎時０分と30分には快速が運転される。停車駅は成増、和光市、朝霞台、志木、ふじみ野、川越、若葉、坂戸、東松山以遠各駅である。快速は急行よりも停車駅が少ない。

　その間30分サイクルに急行１本、準急２本と有楽町線直通のＦライナー１本が走る。Ｆライナーはみなとみらい線の元町・中華街─森林公園間の運転で、みなとみらい線と東急東横線内は特急、有楽町線と東上線内は急行である。渋谷─森林公園間の停車駅は明治神宮前、新宿三丁目、池袋、小竹向原《こたけむかいはら》、和光市、朝霞台、志木、ふじみ野、川越以遠各駅である。和光市で池袋発の準急と接続し、朝霞駅あたりでその準急を追い抜いている。

有楽町線の池袋─和光市間の所要時間は15分、同区間の東上線の急行、準急は10分だから5分遅い。

新宿三丁目─川越間で有楽町線を和光市で乗り換えた場合の運賃は570円、池袋駅で乗り換えた場合は650円だから、運賃は和光市乗り換えがいいし、所要時間も池袋駅の乗り換えで手間取ってやはり和光市乗り換えに分がある。

東横線の特急は15分毎の運転で、そのうちの半分は、30分毎に東上線に直通するFライナーである。残りの30分毎のFライナーは西武池袋線に乗り入れる。西武池袋線内は快速急行になる。

普通は中板橋駅か下板橋駅で待避し、複々線区間では抜かれず志木駅とふじみ野駅で待避する。

越生線は朝ラッシュ時11〜14分毎、昼間時15分毎、夕ラッシュ時11〜15分毎である。

東上線の夕ラッシュ時下りには17時30分から30分毎にTJライナーが走る。料金は一律370円でふじみ野駅からは指定券なしで乗車できる。

60分サイクルにTJライナー2本、急行5本、準急4本が走る。急行のうち1本は成増駅でTJライナーに追い抜かれる。有楽町線直通は志木行が2本、川越市または森林公園行が4本の運転である。

TJライナーもいいけれども、座席数が多い新しい特急車の投入が望ましい。TJライナーの1編成の座席定員は462人だが、各車2扉回転リクライニングシートにすれば10両編成の定員は624人と1・35倍になる。2階車両にすれば800人くらいになる。

そして料金を安くして100%の乗車率にする。その分、一般電車の乗客は減ることになり、混雑率を下げることにもなる。今のような少ない座席定員では輸送力の一端を担う列車にはならないのである。座席指定列車であっても輸送力の一端を担う列車が欲しいところである。

京成スカイアクセス線

羽田・成田の両空港を結ぶスカイライナーを

京成スカイアクセス線は京成高砂《たかさご》―成田空港間51・4キロだが、正式路線名は成田空港線であり、京成は第2種鉄道事業線である。京成高砂―小室《こむろ》間19・8キロは北総鉄道が第1種鉄道事業者、小室―印旛日本医大《いんばにほんいだい》間12・5キロは千葉ニュータウン鉄道が第3種鉄道事業者であり、北総鉄道も第2種鉄道事業者である。

印旛日本医大―成田空港高速鉄道・成田高速鉄道アクセス線接続点間10・7キロは成田高速鉄道アクセスが第3種鉄道事業者、同接続点―成田空港間8・4キロは成田空港高速鉄道が第3種鉄道事業者である。また、空港第2ビル―成田空港間は京成本線と重複した京成の第2種鉄道事業区間である。1種、2種が運営主体である。

もともと北総開発鉄道が京成高砂―小室間、千葉県が本八幡―印旛松虫《いんばまつむし》(現印旛日本医大)間の免許を持っていた。その後、千葉県が持っていた小室―印旛松虫間の免許は住宅・都市整備公団が譲受した。

当初の計画では京成高砂―千葉ニュータウン中央間に京成と相互直通する北総開発鉄道と本八幡―印旛松虫間に都営新宿線と相互直通する千葉県営鉄道が開通させることにしていた。このとき新鎌ヶ谷《しんかまがや》―千葉ニュータウン中央間は千葉県営鉄道と北総開発鉄道による複々線にするつもりだった、ちょうど多摩ニュータウンの永山―多摩センター間のようにである。

千葉ニュータウンの開発が芳しくないために、2本の路線は時期尚早ということで、京成高砂―印旛松虫間を北総開発鉄道だけの1本にすることになった。

しかし、北総開発鉄道は小室―千葉ニュータウン中央間の免許は取得していなかったので、県営鉄道の小室―印旛松虫間の免許を住宅・都市整備公団が譲受して、1372mmで建設する予定だったのを軌間1435mmの標準軌に変更して建設することになった。

ただし、本八幡駅からの千葉県営鉄道が開通すると1372mmに改軌して都営新宿線と相互直通すること

京成押上線・スカイアクセス線

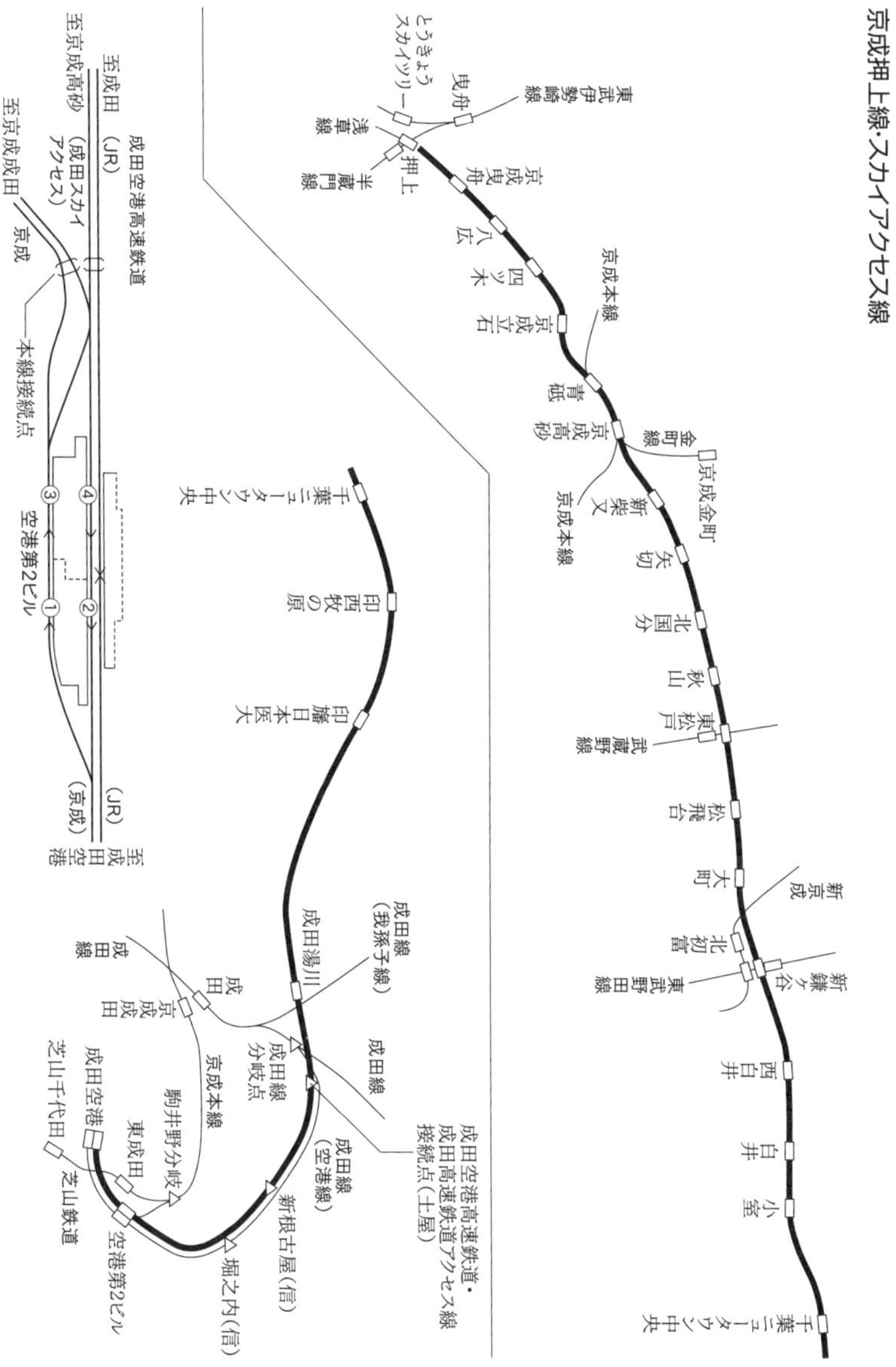

にしていた。

その後、北総開発鉄道は北総鉄道に社名を変更、住宅・都市整備公団線は千葉ニュータウン鉄道に譲渡し、千葉県営鉄道の免許は破棄された。

成田新幹線として路盤が完成していた成田線分岐点—成田空港間を成田空港高速鉄道が京成用の標準軌とJR用の狭軌のそれぞれ単線で開通させた。京成は本線の駒井野分岐点から空港第2ビル駅で合流する。

その後、印旛日本医大—空港第2ビル間に標準軌線を敷設することになり、印旛日本医大—接続点間の建設は成田高速鉄道アクセスが行った。

京成高砂駅で京成本線と接続、東松戸《ひがしまつど》駅で武蔵野線、新鎌ヶ谷駅で新京成電鉄と東武野田線と連絡、空港第2ビル—成田空港間は京成本線と共用である。

京成高砂駅は京成電鉄と共同使用駅で管理そのものは京成電鉄が行っている。京成高砂と京成が付くのは、関西の山陽電鉄に高砂駅があり、北海道函館本線にも高砂駅がある。また、廃止された国鉄高砂線にも高砂駅(山陽電鉄の高砂駅近く)があったためである。

地上に島式ホーム2面4線があるほか金町線用の高架ホーム1面1線がある。青砥—京成高砂間は方向別複々線である。京成高砂駅では1、2番線が上り線、3、4番線が下り線である。2番線は下り方向への出発ができる。成田空港寄りに高砂検車区がある。

成田空港に向いて右側からスカイアクセス線上り線、京成本線上り線、スカイアクセス線下り線、京成本線下り線の順に並んでいる。上下スカイアクセス線が高架になって京成本線を乗り越して分かれる。

相対式ホームの新柴又駅を時速105キロ通過し、江戸川橋梁を渡ると台地があるために栗山トンネルで通り抜ける。途中に島式ホーム2面4線の矢切《やぎり》駅がある。成田空港寄りに非常用の逆渡り線がある。

栗山トンネルを抜けると掘割のなかに相対式ホームの北国分《きたこくぶん》駅がある。駅の先に大橋トンネルがある。直線なのでスカイライナーは130キロ、特急は120キロに加速する。

その先高架になって最高速度で進む。東松戸駅は島式ホーム2面4線でスカイライナーは速度制限がないが特急の下り線は110キロ、上り線は115キロ制限になっている。ただし特急は東松戸駅に停車するから、この速度制限は一般通勤電車による通過速度である。下で武蔵野線が交差している。

大町《おおまち》駅は成田空港に向かって右カーブしているのでスカイライナーは125㌔、特急は115㌔に落として通過する。秋山《あきやま》駅は直線なので速度制限はない。

新鎌ヶ谷駅は島式ホーム2面4線で速度制限はない。右隣に高架になった新京成電鉄の島式ホームが並んでいる。成田空港寄りで東武野田線がほぼ直交している。京成高砂寄りに保守用横取線がある。これは北総開発鉄道が開通したときに新京成電鉄に乗り入れていた路盤を流用したものである。

西白井《にししろい》駅、白井駅、小室駅も速度制限はない。小室駅は下り線が片面ホームに面しているJR形配線になっている。中線は成田空港方面しか通れない。駅の途中から右カーブし駅を出た先で振れ戻して直線になる。それまでは旧北総開発鉄道の線路だったのが旧千葉県営鉄道の線路に移ったためにずれているのである。

成田方向で見て左側から成田新幹線、北総開発線、千葉県営鉄道を並べるつもりだったためである。左に本来の北総開発線を通すということで島式ホームの千葉ニュータウン中央駅は下り線が直線、上り線が右に膨らむので前後でカーブがある。ただし制限速度はない。

印西牧《いんざいまき》の原《はら》駅は印旛車両基地があるため島式ホーム2面4線になっている。外側が本線、内側が副本線である。やはり速度制限はない。印旛車両基地への入出庫線が右に曲がってスカイアクセス線の上り線を乗り越していく。

印旛日本医大駅は島式ホームで成田空港寄りに2線の引上線がある。スカイライナーは同駅から160㌔で走るようになる。

成田湯川《なりたゆかわ》駅は通過線と停車線がある相対式ホーム2面4線である。京成高砂寄りに逆渡り線があり、成田空港寄りは単線になっている。上下停車線は異常時にいずれの方向にも出発できるようになっている。下を我孫子—成田間の成田線が交差している。成田線に駅を設置する構想があるが、実現する気配はない。

駅を出ると上り線側が片開きの38番ノーズ可動式ポイントがあって、その先は単線になる。片開き側でも38番ポイントだと160㌔で通過できる。

このあたりから成田新幹線用の用地が確保されていたが、成田新幹線の建設が中止になったので国鉄清算事業団は用地を売却した。その途中には13階建てのマンションが建てられたためにそこだけ再買収することができなくなってしまった。そこで北側にある大谷津《おおやつ》運動公園の敷地内を通るルートに変更した。ルートを変更してもさほど線形は悪くなっていない。

緩く左カーブで進んで成田線を乗り越すと成田空港高速鉄道接続点につながる。下をJR成田空港線が斜めに交差してから上ってきてスカイアクセス線と並行するようになる。

ここから完成していた成田新幹線の路盤を流用することになる。接続点は通称土屋《つちや》と呼ばれている。成田新幹線建設時に途中の駅は千葉ニュータウン中央だけと公表されていたが、実際には空港第2ビル駅とここ土屋地区にも駅を設置する前提で建設された。駅名は新成田駅にする予定だったらしい。

現在、接続点の南側にイオンモールがあるが、ここに成田新幹線の車両基地を設置する予定だった。この土屋の高架路盤の成田空港寄りから車庫に入る入出庫線が考えられていた。そのために高架路盤の南側には頑丈な入出庫線の橋脚が3脚以上残っている。さらに地上には車返しのロータリーがある。イオンモールの駐車場から高架路盤を覗くと2階コンコースが造られているのもわかる。

土屋の高架路盤の先はJR成田空港線が左側、スカイアクセス線が右側で並行する。途中にスカイアクセス線の行き違い用の新根古屋《ねこや》信号場がある。直線側は160キロ、片開き側は80キロ制限になっている。

成田高速鉄道が開通したときはスカイアクセス線がなかったので、JRの行き違い用の根古屋信号場があった。このときは片開き側は成田新幹線の上り路盤を流用していた。スカイアクセス線として上り路盤を流用するので、新たに副本線用の路盤を設置している。なお、JRの行き違い信号場は成田空港寄りに堀之内信号場を新たに設置している。

空港第2ビル駅の手前で京成本線と合流する。その手前で空港トンネルに入るが、本線と合流する手前で土被りを撤去して少しだけ明かり区間（トンネル以外の区間）になっている。新たに線路を追加するときに開削工法で造りなおしたが、上部空間に施設がなく土を被せる必要がないところはそのままにしたのである。

空港第2ビル駅は成田空港寄りがスカイアクセス線を通る電車、京成高砂寄りが京成本線を通る電車が発着する。スカイアクセス線経由の京成上野—成田空港間の運賃は１２７０円、京成本線経由は１０５０円と異なるので、改札口を分けて対応するためである。

成田空港高速線を走るスカイライナー、左の線路はJR線、奥に行き違い用の新根古屋信号場が見える

成田新幹線計画時は25ｍの新幹線電車16両編成が停車できる４２０ｍまでホームが伸ばせるようにしていた。

京成成田空港線が開通したときは成田新幹線で用意していた相対式ホームの上り線を京成のホームにした。このとき、ホームの長さは１５０ｍほどだった。その後、空港第2ビル駅で上下電車が行き違いができるように島式ホーム化した。このとき新設の上り線の長さは18ｍ車10両編成が停まれる１８０ｍにした。

そしてスカイアクセスが開通するときに、従来からある下りホームは４００ｍに延伸したものの、上りホームは延ばせるだけ延ばしても２６６ｍにしかできなかった。成田空港寄りのスカイアクセス線は8両編成で停車できるようにし、京成本線の電車は6両分しか確保できないので、後ろの2両はスカイアクセス線乗り場にはみ出す形で停車する。

スカイアクセス線のほうが運賃が高く、その切符で京成線に乗るような人はいない。しかし、逆に成田空港駅から京成線経由の切符を買って後ろ2両に乗ってスカイアクセス線側のホームに降りる人は出てこないとは限らない。そこで両線の境目に職員を配置して監視している。なお、ＪＲ線のホームは15両編成対応の３１０ｍである。

　成田新幹線の成田空港駅は頭端島式ホーム２面４線で計画された。京成とＪＲとで1面ずつ使用している。ここでも京成側は京成高砂寄りが京成本線経由、頭端側がスカイアクセス線経由の電車が発着するので、ホームの長さは４００ｍになっている。

　さらにスカイアクセス線開通時に片面ホームの新１番線を設置した。新1番線はスカイアクセス線の電車しか発着しないので１６０ｍほどの長さしかない。

　成田空港駅からの乗車客のうち定期外は３７１３人、定期は３０３人、定期比率は８％である。空港第２ビル→成田湯川間の乗車客は定期外が７３７４人、定期が４９６人、定期比率は６％である。

　人数のカウントはスカイライナーとアクセス特急の乗客である。成田湯川駅は成田ニュータウンの北端にある。東京方面への通勤のほかに成田空港への通勤もある。

　東京方面への乗車は定期外が３６７３人、定期が２９３人、成田空港方面へは定期外が56人、定期が16人となっている。

　印旛日本医大駅からは乗降客と駅間乗車客は北総鉄道と京成電鉄で分けられている。

　アクセス特急は成田湯川、空港第２ビル、成田空港の３駅と印旛日本医大、千葉ニュータウン中央、新鎌ヶ谷、東松戸の４駅との間、あるいは、京成本線、押上線の各駅と印旛日本医大、千葉ニュータウン中央、新鎌ヶ谷、東松戸の４駅との間でアクセス特急に乗っている乗客のみをカウントしている。

　印旛日本医大駅で京成高砂方面のアクセス特急乗車は定期外が１４２人、定期が３５７人で、成田空港方面は定期外が１６４人、定期が１６５人となっている。北総線乗車は定期外が５２３人、定期が１０３６人である。さらにアクセス特急から北総線のアクセス特急停車駅以外への乗換客も掲示されている。定期外が１４８人、定期が２５２人である。

　以下、まずは北総線の乗降客数等をみてみる。

　印旛日本医大→印西牧の原間の通過客数は定期外が６７２人、定期が１２８８人である。印西牧の原駅の乗車で通過客数は約倍に増える。

千葉ニュータウン中央駅からの京成高砂方面への乗車客は多い。北総線の千葉ニュータウン中央↓小室間の乗車客は定期外が５６９９人、定期が１万４１３５人、定期比率は71％にもなる。

新鎌ヶ谷駅まで漸増していき、西白井↓新鎌ヶ谷間の通過客数は定期外が８５４４人、定期が２万２０４６人になる。定期比率は72％である。

新鎌ヶ谷駅では新京成電鉄と東武野田線に連絡している。京成高砂方面の乗車客は定期外が２３４４人、定期が１１２０人、新京成電鉄からの乗換客は定期外が29人、定期が４００人である。東武鉄道とは定期だけ連絡運輸をしている。東武鉄道からは３４４人が乗り換えてくる。

一方、印旛日本医大方面からの降車客は定期外が１５０６人、定期が４９２人、新京成線へは定期外が69人、定期が２９３５人、東武野田線へは前述したように定期のみであり、１６３４人である。北総線の千葉ニュータウン中央方面から新京成線の松戸方面への流れが多く、東武野田線は船橋、柏の両方面にほぼ同等に流れている。

新鎌ヶ谷駅では乗り換えも含めて降車が多い。新鎌ヶ谷↓大町間は定期外が７７７５人、定期が１万８８４８人に減る。定期比率は71％と高い。

東松戸駅では定期のみＪＲと連絡運輸をしている。やはりＪＲへの乗り換えが多いために、大町駅、松飛《まつひ》台《だい》駅で漸増していくのに東松戸駅を過ぎると減ってしまう。東京駅に行くには武蔵野線に乗り換えたほうが便利だからであろう。また、浦和方面も多い。

それでも再び漸増していき新柴又↓京成高砂間の通過客は定期外が９００４人、定期が２万１８９５人、定期比率は71％である。

定期比率が大きいのは運賃が高くて、自分の懐が痛まない会社負担の通勤定期客が多いからである。

京成高砂駅降車は定期外が１７３７人(19％)、京成本線へ７２６５人(81％)、同駅降車の定期が７４９人(３％)、京成本線へ２万１１４６人（97％）である。

一方、スカイライナーとアクセス特急に乗る京成線の印旛日本医大↓千葉ニュータウン中央間の乗車客は定期外が７６４９人、定期が９８８人、千葉ニュータウン中央↓新鎌ヶ谷間は定期外が８５７４人、定期が

3861人になる。定期比率は31％と低い。

新鎌ヶ谷駅では降車と新京成線、東武野田線への乗換客が多く、新鎌ヶ谷→東松戸間は定期外が8143人、定期が3452人に減る。

さらに東松戸駅で武蔵野線への乗り換えで東松戸→京成高砂間は定期外が7383人、定期が3056人に減ってしまう。定期比率は26％である。

京成高砂駅降車、すなわち成田湯川以遠の各駅から京成高砂駅降車は定期外が1236人（17％）、京成線へ6147人（83％）、降車の定期が195人（6％）、京成線へ2861人（94％）である。

最混雑区間は新柴又→京成高砂間で、ピーク1時間の輸送人員は1万1150人である。18m中形車8両編成11本が運転され、輸送力は1万2320人とし、混雑率は91％としている。

しかし、平均定員は140人にしている。共通使用している京成や京急、都営浅草線の18m中形車8両編成の平均定員は123・3人となる。輸送力は1万846人になり、混雑率は103％と12ポイント上がる。

最混雑時間帯は7時24分から8時23分と59分である。

成田空港—上野間のスカイライナーの停車駅は空港第2ビル、日暮里のみ、アクセス特急の成田空港—押上間の停車駅は印旛日本医大まで各駅、千葉ニュータウン中央、新鎌ヶ谷、東松戸、京成高砂、青砥である。

スカイライナーは朝ラッシュ時上りと夕ラッシュ時以降を除いて20分毎に運転している。朝ラッシュ時上りは成田空港発7時26分の次は8時22分と1時間近く開いている。その代わりにモーニングライナー206号が成田空港を7時50分に発車している。

モーニングライナーは本線経由で遅いが日暮里駅には9時4分に到着する。8時22分発のスカイライナー4号は日暮里駅に9時10分に到着するから追い付かれないが6分差でしかない。しかし、モーニングライナーは青砥駅に停車するから都心方面に行くには便利である。

上りのスカイライナーの4号の次は成田空港発9時6分、9時36分の2本があって、9時59分から17時39分まで20分毎になる。次は18時0分から20時0分まで20分毎、以降は30分毎で22時30分まで走る。最終は23時20分である。

成田湯川付近を走るスカイライナー成田空港行（右）とアクセス特急羽田空港行（左）

下りのスカイライナーは上野発5時40分から17時40分までずっと20分毎、以降は40分毎で20時20分まで走る。21時0分からは本線経由のイブニングライナーが1時間毎に成田空港まで走る。

最速スカイライナーの日暮里―空港第2ビル間の所要時間は36分、表定速度は101・7キロで在来線では最速サンダーバードの新大阪―敦賀《つるが》間の表定速度106・5キロに迫る速さである。現在、表定速度で一番速いのは常磐線の最速「ひたち」の108・4キロである。

朝ラッシュ時上りの新柴又発7時23分から8時22分の間に成田空港発のスカイライナーとアクセス特急が各1本、印旛日本医大発の特急が3本、普通が2本、印西牧の原発の普通が5本の計12本が走る。スカイライナーとアクセス特急は新鎌ヶ谷駅で普通を追い抜いている。

朝上りのアクセス特急はすべて西馬込行である。

特急は新鎌ヶ谷まで各駅で以遠はアクセス特急と同じ停車駅で、やはり西馬込行である。

普通は羽田空港国内線ターミナル行で京急線内はエアポート急行になる。

昼間時はスカイライナーが20分毎、アクセス特急が40分毎の40分サイクルになっている。普通は40分サイクルに2本の運転である。

アクセス特急は羽田空港国内線ターミナル—成田空港間の運転で、京急線と都営線内は快特とエアポート快特が交互に走る。

停車駅は羽田空港国際線ターミナル、蒲田（快特のみ）、品川、泉岳寺、三田、大門、新橋、日本橋、東日本橋、浅草、押上、青砥、京成高砂、東松戸、新鎌ヶ谷、千葉ニュータウン中央、印旛日本医大以遠各駅である。下りは京成高砂駅、上りは青砥駅でスカイライナーを待避する。下りは成田湯川駅で対向のスカイライナーをやり過ごしてから成田空港に向かう。

昼間時はスカイライナーを含めて新根古屋信号所での行き違いは行わない。

羽田空港国内線ターミナル—成田空港間の所要時間は下りが1時間35分、上りが1時間34分である。

普通は羽田空港国内線ターミナル—印旛日本医大（一部印西牧の原）間の運転で京急線内は快特である。下りは新鎌ヶ谷駅でスカイライナーとアクセス特急、上りは新鎌ヶ谷駅アクセス特急、東松戸駅スカイライナーを待避する。

タラッシュ時下りは上野発18時20分からスカイライナーは40分毎になる。アクセス特急は18時12分から京成上野発になり、東松戸駅でスカイライナーを待避し新鎌ヶ谷駅で普通を追い抜いている。

18時台後半から30分毎に急行が走る。スカイアクセス線内の停車駅は新柴又、矢切、東松戸、新鎌ヶ谷以遠各駅である。

スカイライナーは正面貫通扉がある流線形になっている。地下鉄線直通車の正面には脱出のために貫通扉を付けなくてはならない。そのためスカイライナーは都営浅草線に乗り入れることができる。

成田空港—羽田空港間を結ぶスカイライナーも欲しいところである。上野発着と羽田空港発着を交互に40分毎に運転してもいい。羽田発着は青砥、押上、浅草、東日本橋、泉岳寺、品川、羽田空港国際線ターミナルとすれば空港第2ビル—羽田空港国内線ターミナル間は70分で結ばれ、青砥駅で羽田行は上野行、上野行は羽田行の連絡列車に接続すればいい。

京成本線・東成田線・芝山鉄道

快速特急、特急は東中山に停車して緩急接続を

京成本線は京成上野―成田空港間69・3キロの路線である。東成田線は京成成田―東成田間7・1キロだが、京成成田―駒井野《こまいの》分岐点6・0キロは京成本線と重複しているので、実質1・1キロの路線である。芝山《しばやま》鉄道は東成田―芝山千代田《ちよだ》間2・2キロの路線である。

京成上野駅で東京メトロ銀座線・日比谷線、日暮里駅でJR線、町屋《まちや》駅で東京メトロ千代田線と東京都交通局荒川線、京成関屋《せきや》駅で東武伊勢崎線（駅は牛田《うしだ》）と連絡、青砥駅で押上線、京成高砂駅で金町線と成田空港線・北総鉄道（スカイアクセス線）と接続する。

京成八幡《やわた》駅で都営新宿線（駅は本八幡）、京成船橋駅でJR総武線（駅は船橋）と東武野田線（同）と連絡、京成津田沼駅で千葉線と新京成電鉄と接続する。

ユーカリが丘駅で山万《やままん》ユーカリが丘線、勝田台《かつただい》駅で東葉高速鉄道（駅は東葉勝田台）と連絡、京成成田駅で東成田線と接続しJR成田線（駅は成田）と連絡する。ただし東成田線との分岐接続点は京成成田駅から成田空港寄りに6・0キロ進んだ駒井野分岐点である。

空港第2ビル駅の成田寄り0・5キロ地点から成田空港駅までの1・5キロは成田空港線（スカイアクセス線）と重複している。

また駒井野分岐点―成田空港間2・1キロは京成電鉄が第2種鉄道事業者で第3種鉄道事業者は成田高速鉄道である。

東成田線はもともとの京成空港線である。成田空港の建設計画が公表されたとき、京成も京成成田駅から成田空港まで乗り入れを希望した。しかし、成田新幹線だけで輸送は足りるということで拒否された。それでも空港敷地外であれば乗り入れてもいいということになった。

結局は成田新幹線はできず、開港から平成3年まで、成田空港への唯一の鉄道の足は京成本線だけになってしまった。空港から離れているのでターミナルへはバス連絡だが、初代スカイライナーも乗り入れていた。

京成本線（京成上野—京成津田沼）

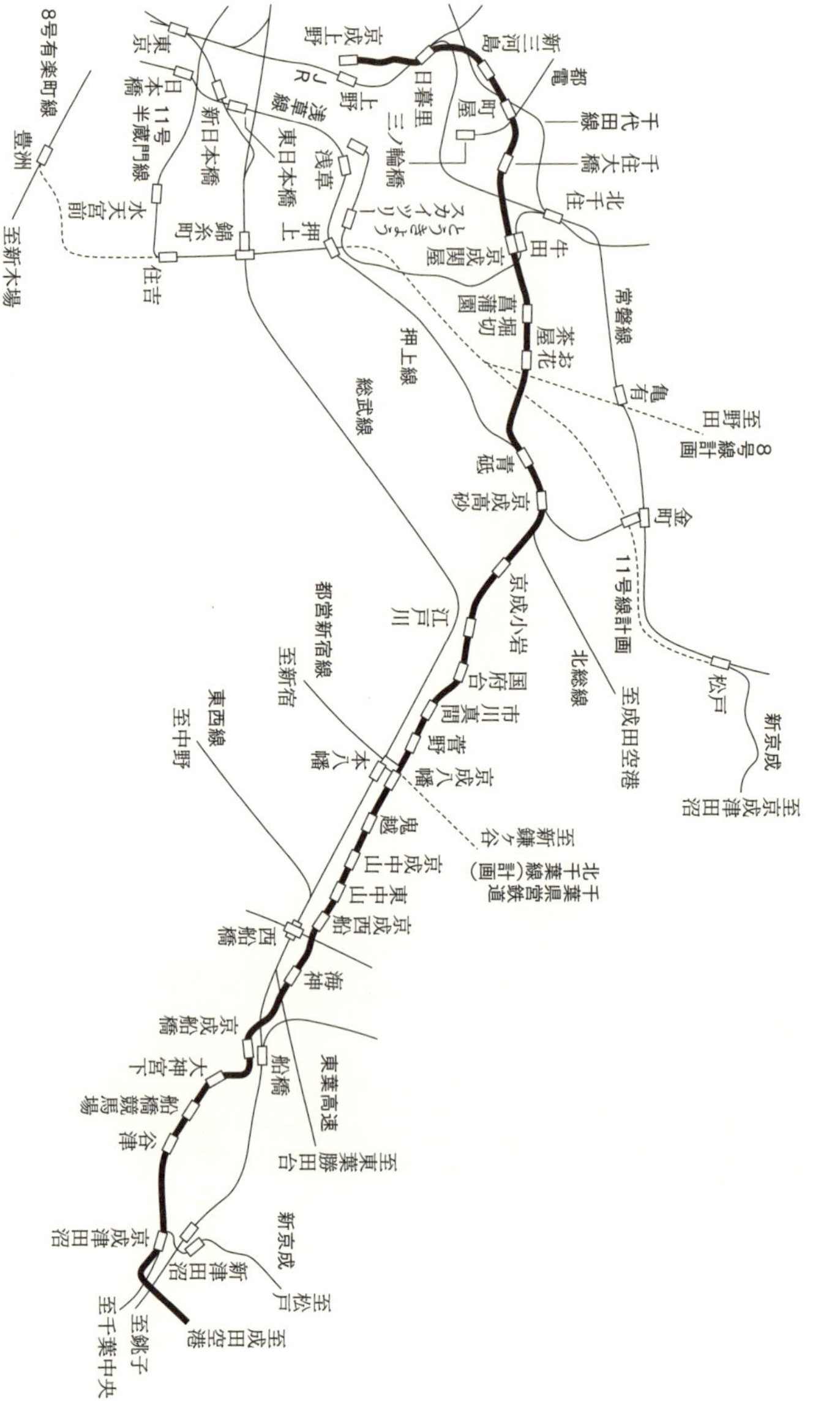

平成3年3月にJRとともに成田新幹線用に完成していた成田空港駅への乗り入れを開始した。このとき成田空港駅を東成田駅に改称して東成田線とした。開業時は島式ホーム2面4線だったが、その1、2番線だけを使用し、3、4番線は放置した。開業時の2番線を新1番線、1番線を新2番線とした。4番線の壁面にある駅案内標は今でも「成田空港」のままになっている。

東成田駅から芝山千代田駅までの芝山鉄道が平成14年に開通した。全線単線で芝山千代田駅も片面ホームである。ただしこの先少しだけ高架路盤が建設されている。将来、南にある航空科学博物館、さらに芝山役場、そして九十九里浜までの延伸を願ってのものであり、高架路盤は扇状に広がっており、この先は複線にできるようにしている。

京成上野駅は頭端島式ホーム2面4線で成田方面に向いて右側が1番線になっている。1、2番線はスカイライナー、3、4番線は一般電車が発着するのが基本である。ホームの長さは18m車10両編成に対応している。頭端側で1、2番ホームと3、4番ホームとの間は行けるが柵をして通れないようにしている。

廃止になった相対式ホームの博物館動物園駅はそのまま残っている。10線になっているJR線を斜めに横切る手前で地下から地上に出る。

日暮里駅は下り線が3階、上り線が1階にある。下り線は両側ホームでJR線側が一般電車のホーム、反対側がスカイライナーのホームである。千住大橋《せんじゅおおはし》駅は島式ホーム2面4線で、普通がスカイライナーなどを待避する。

京成関屋駅で東武伊勢崎線と連絡運輸をしている。伊勢崎線の駅は牛田であり、地上にある。京成関谷駅は道を隔てて少し離れているので、乗り換えができることは一般には知られていない。しかし、定期外客はすべての方向からの合計で1575人、定期客も合わせて4568人も乗換客がいる。

青砥駅は下り線が上の上下2段式の島式ホーム2面4線である。下り線の4番線が京成上野からの京成本線、3番線が押上線、下り線の2番線が京成上野行、1番線が押上方面行である。3番線の京成高砂寄りから引上線が延びているとともに、成田方面でみて左か

お花茶屋―青砥間を走る特急成田空港行

ら本線下り線、押上線下り線、本線上り線、押上線上り線の方向別複々線になる。両上り線は京成高砂《たかさご》寄りにシーサスポイントがあるが、下り線側にはない。引上線は押上線上り線との間に渡り線があって、押上線の青砥駅での折り返しを可能にしている。

京成高砂駅は島式ホーム2面4線で青砥寄りの下り線は押上線から本線への渡り線、上り線は内側の本線から押上線への渡り線がある。京成高砂駅の各発着線は限定されていない。高架の金町線の発着線がある。金町線は4両編成の電車が行き来するだけになっているが、本線・押上線からの連絡線もある。

金町線は地上に降りて連絡線とで複線になるものの、すぐに柴又《しばまた》駅となる。柴又駅の先で単線になり、京成金町駅も片面ホームの棒線駅である。常磐線とは道路を隔ててL字接続をしている。

京成高砂駅の次の京成小岩駅、そして江戸川を渡った先の市川真間《いちかわまま》駅は島式ホーム2面4線になっている。

京成八幡駅は島式ホーム1面2線で、上野寄り南側の地下に都営新宿線の本八幡駅があり、京成本線とは

L字接続をしている。

東中山《ひがしなかやま》駅は島式ホーム2面4線で、成田寄り下り線の外側に引上線がある。内側の下り3番線は上野《うえの》方《かた》への出発ができる。かつて佐倉発東中山止まりの特急が運転されていた。京成船橋駅で総武線に乗り換える客が多数いたが京成船橋駅には折返設備がなく、東中山駅まで運転されていたのである。

京成西船駅はJRの西船橋駅に近いが乗換駅ではない。海神《かいじん》駅の先で総武線を斜めに横切って京成船橋駅となる。京成船橋駅は高架になって朝上り電車から総武線への乗り換えに踏切を通らなくてすむようになったが、余計に総武線への乗換客を増やす方向にはある。

京成船橋駅構内は成田に向かって左カーブしているが、駅を出ると大きく右カーブして南向きになる。そして大神宮下《だいじんぐうした》駅の手前から左カーブして東向きになって船橋競馬場駅がある。島式ホーム2面4線である。

京成津田沼駅はJRの津田沼駅と結構離れている。JR津田沼駅の近くに新京成の新津田沼駅があり、同駅から京成津田沼駅まで単線で進む。京成津田沼駅は京成線が島式ホーム2面4線で、これに新京成の島式ホーム1面2線が加わる。京成電鉄が1〜4番線、新京成電鉄が5、6番線である。5番線は千葉線の折返電車も発着する。

いったん右に分岐する。千葉線は路線図などでは右側で分岐しているように描かれているが、実際は左側を直線で本線と分岐している。その千葉線の下り線に新京成電鉄の5番線が接続し、その先に上下順渡り線があって直通運転をしている。本線のほうは右カーブして小規模な車庫と並行してから左に大きくカーブして千葉線、続いて総武線をくぐる。

八千代台《やちよだい》駅は島式ホーム2面4線で内側の下り3番線は上野方向、上り2番線は成田方向にも出発ができる。

次の京成大和田《おおわだ》駅は成田寄りにY形引上線があって折り返しができる。

勝田台駅で東葉高速鉄道と連絡している。京成は地上、東葉高速は地下2階にホームがあって十字接続をしている。

ユーカリが丘駅で山万ユーカリが丘線と連絡する。上り線には待避線がある。下り線は路盤のみ用意され

京成本線(京成津田沼―成田空港)・東成田線

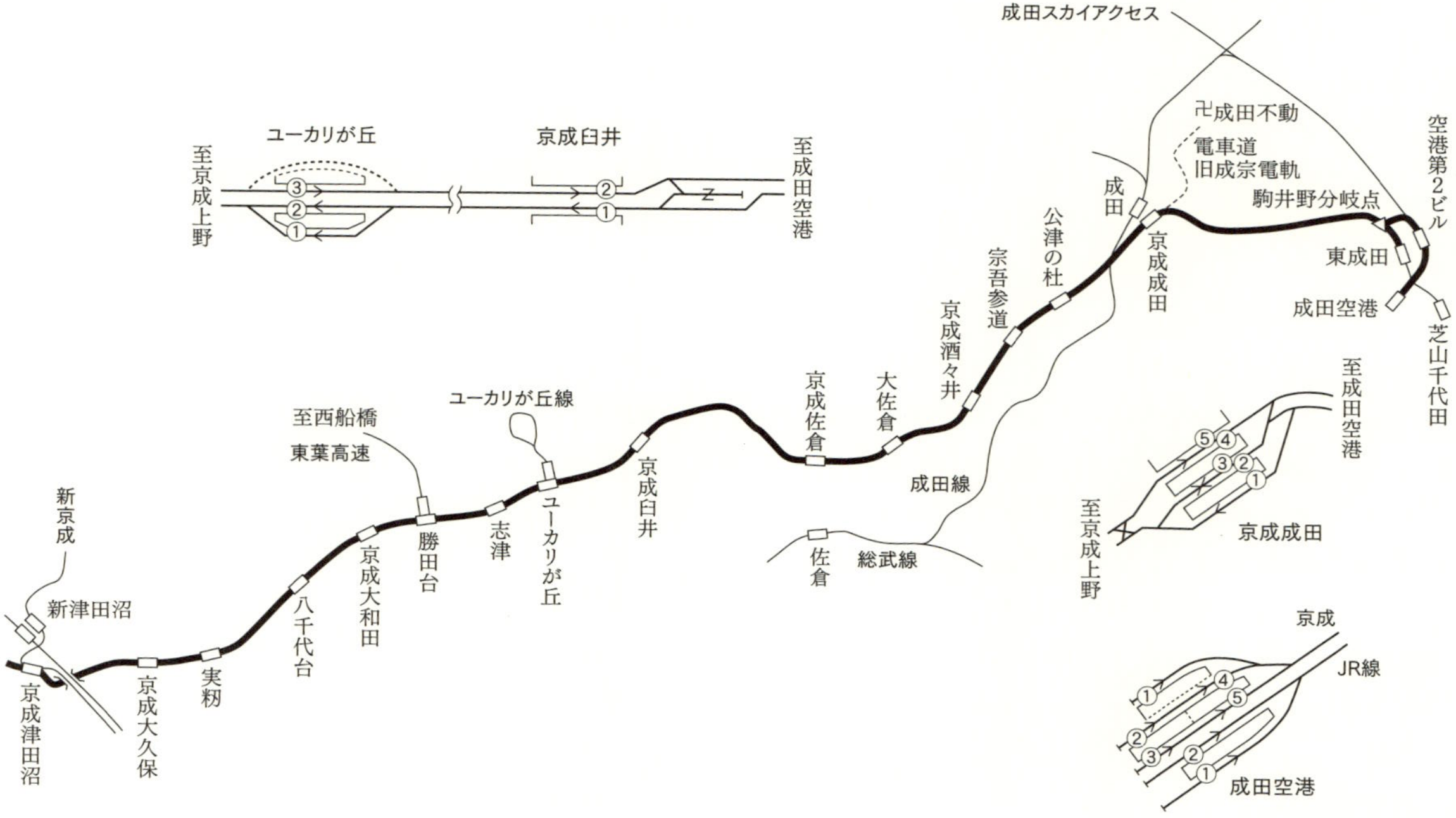

ているが、まだ線路は敷かれていない。

京成臼井《うすい》駅の成田寄りには上り線への接続が少し上野寄りにある変形Y形引上線がある。

京成佐倉駅は島式ホーム2面4線である。JR佐倉駅とは道のりで2・3キロ離れており、とても徒歩乗り換えはできない。京成酒々井《しすい》駅とJR酒々井駅も道のりで1・3キロ離れている。

宗吾《そうご》参道《さんどう》駅は隣接して宗吾車両基地があり、上り線側が島式ホーム、下り線側が片面ホームで、下り3番線は上野方向、上り1、2番線は成田方向にも出発できる。

京成成田駅の手前で成田線がオーバークロスする。京成成田駅とJR成田駅は200mほどしか離れていない。京成成田駅は島式ホーム2面と片面ホーム1面の3面3線で、1番線は片側にホームがあって上野方向にしか発車できない。2、3番線は両側にホームがあり両方向に出発できる。

2番線は2番ホームと3番ホームに、3番線は4番ホームと5番ホームに挟まれている。モーニングライナーは3番ホームで乗車する。


駒井野分岐点で本線のほうが左に路面電車のように平面で分岐する。そして台ノ田《だいのた》トンネルに入って空港第2ビル駅でスカイアクセス線と合流する。空港第2ビルと東成田駅との間は地下通路でつながっている。空港第2ビル―成田空港間はスカイアクセス線を参照していただきたい。

成田空港駅からの乗車は定期外が4099人、定期が2810人、定期比率は41%とスカイアクセス線にくらべて多い。もとから賑わっている京成成田駅などから空港の各施設に向かう通勤定期客が多いからである。また、定期外もスカイアクセス線の成田空港乗車よりも多い。

運賃がスカイアクセス線よりも安いということもあるが、やはりずっと昔から人口が集積している京成本線沿線から成田空港に行く人が多いのである。

空港第2ビル駅の京成上野方面乗車は定期外が432人、定期が1719人である。スカイアクセス線からの乗換客が定期外で49人、定期で24人いる。つまり京成成田方面とスカイアクセス線の成田湯川方面との間を行き来するために乗り換える人々である。

また、空港第2ビル—成田空港間だけを乗る客が定期外で下り69人、上り60人、定期で0・5人（年間で210人）いる。スカイアクセス線側も定期外の下りで11人、上りで8人いる。こちらは定期はない。JR線では下りの定期外で55人、上りで66人いる。同区間の運賃は京成もJRも150円である。

本線の定期客は1人が4カ月間定期券利用をしたものであろう。多くは誤乗して成田空港駅から空港第2ビル駅に戻ったり、成田空港駅に行くはずなのに空港第2ビル駅に先に降りてしまった人が買いなおしているものと思われる。

だが純粋に両駅間の利用者や芝山鉄道の東成田駅から空港第2ビル駅まで連絡通路を歩いて同駅から成田空港駅に向かう人やその逆も確かにいる。

成田空港駅は第1ターミナル、空港第2ビル駅は第2ターミナルで、第3ターミナルへの無料バスがある。第1ターミナルと第2ターミナル間にも無料連絡バスがある。なにも慌てて電車で移動する必要はないといえる。ただし、慣れない人にとって連絡バス乗り場へ簡単には行けない。電車だったらわかりやすいということはある。

芝山駅の乗車は定期外が90人、定期が286人である。東成田駅から上野方面の乗車は定期外が304人、定期が210人である。

本線に戻って、京成成田→公津《こうづ》の杜《もり》間の乗車客は定期外が1万2712人、定期が1万3771人、定期比率は52％である。公津の杜駅からは漸増していく。ユーカリが丘駅の乗車はさほど多くなく、多いのは勝田台、八千代台、京成大久保《おおくぼ》の3駅である。勝田台駅で東葉高速鉄道に乗り換える客のために減るように思えるが、やはり増加している。

京成大久保→京成津田沼間では定期外が3万6138人、定期が6万3887人、定期比率は64％になる。

京成津田沼駅では千葉線から定期外で2771人、定期で3422人が上野方面に向かうが、成田方面から千葉線へは定期外で3904人、定期で8240人が乗り換える。新京成線からは定期外で16744人、定期で23777人が乗り換えてくるが、成田方面から定期外で17764人、定期で37761人が新京成線に乗り換える。

その結果、京成津田沼→谷津《やつ》間は定期外が3万5504人、定期で5万8034人と、手前の駅間より減ってしまう。

志津《しづ》駅から再び漸増し、大神宮下→船橋間では定期外が3万6394人、定期が5万8843人になっている。しかし、京成船橋駅でJR総武線に乗り換えるために大幅に減ってしまう。定期外の乗換客の統計はない。定期客は1万3648人が乗り換えている。JRから京成本線への乗換客は1309人しかいない。

このため、京成船橋→海神間では定期外が2万6232人、定期が4万3328人に減ってしまう。減った人数は定期外が1万162人、定期が1万8515人である。

しかし、京成もそれなりに速い快特や通勤特急を朝ラッシュ時に運転して乗換客を減らす努力をしている。

平成7年度の大神宮下→京成船橋間は定期外が4万1661人、定期が9万500人だった。京成船橋→海神間は定期外が2万9161人、定期が5万1727人、減った人数は定期外が1万2500人、定期が3万8773人と今よりも多かった。もっとも少子高齢化で平成25年度の乗客は減っている。それを考慮してもJRへの乗換客は減っている。

海神駅から京成中山駅まで定期外も定期も微減していく。JR総武線が3、400mほどの距離で並行し、西船橋駅と下総《しもうさ》中山駅の両駅の利用が多く、京成で都心方向に行くのを敬遠されているからである。

鬼越《おにごえ》駅で少し増える。鬼越→京成八幡間は定期外が2万4934人、定期が3万9039人である。

京成八幡駅で都営新宿線に乗り換える客があって京成八幡→菅野《すがの》間は定期外が2万3762人、定期が3万6241人に減るが、船橋駅のように大きく減ってはいない。

都営新宿線で都心に行くには昼間時は急行があるけれど20分毎でしか走っていない。ラッシュ時は普通しかないから、さほど乗り換えないのである。

この先も総武線と並行しているので微減する。江戸《えど》川《がわ》駅から増加に転ずる。京成小岩→京成高砂間は定期外が2万5551人、定期が3万8073人、定期比率は60％になっている。

金町線の京成金町→柴又間の定期外客は4571人、定期が7761人、定期比率は63％である。定期のうちJRからの乗換客は2200人である。

柴又→京成高砂間の定期外客は5791人、定期が9382人、定期比率は62％である。

うち京成高砂駅降車客は定期外が906人（16％）、定期が438人（5％）、本線青砥方面への定期外が3669人（63％）、定期が6751人（72％）、本線京成成田方面への定期外が1165人（20％）、定期が2008人（22％）、北総線への定期外が51人（1％）、定期が105人（1％）である。カッコ内は定期外または定期に対する比率である。

京成高砂駅でスカイアクセス線と金町線からの乗客が合流するので、京成高砂→青砥間の定期外は4万5696人、定期は7万2168人、定期比率は61％になる。駅間で一番乗車客が多い区間だが、複々線なので輸送力があるために最混雑区間にはならない。

青砥駅では押上線へ流出する。定期外は2万407人、定期は4万5375人が流出している。このため押上→お花茶屋間は定期外が2万9481人、定期が3万3856人に減る。

再び増えていくが、京成関屋駅で東武伊勢崎線に乗換客があって少し減る。千住大橋駅で微増するも、次の町屋駅で千代田線への乗り換えで、また少し減る。新三河島駅でわずかに増える。

新三河島→日暮里間は定期外が3万1132人、定期が3万6786人、定期比率は54％である。日暮里駅で降りずにそのまま京成上野駅に向かう客は定期外が9102人（29％）、定期が1万147人（28％）、降車は定期外が2万600人（66％）、定期が2143人（6％）JR乗り換えは定期外が1428人（5％）、定期外が2万4496人（67％）である。

定期外はやはりパスモ・スイカ利用が大半なので降車客に計上されてしまっている。定期客と同様に大半がJR線からの乗換客である。

日暮里駅から京成上野駅への乗車客が定期外で368人、定期で5人、JRからの乗換客が定期外で43人、定期で8人あるので日暮里→京成上野間は定期外が9515人、定期が1万160人になる。

うち京成上野降車が定期外で9515人あるものの、東京メトロ乗換客は1年間で1人しか計上されていない。定期は降車が7222人（71％）、東京メトロ乗り換えが2939人（29％）である。

京成上野駅からの乗車は定期外が1万3743人と降車にくらべて1・5倍ほど多い。京成上野駅からだと座っていけることと、同駅からスカイライナーに乗る客が多いためである。

最混雑区間は大神宮下→京成船橋間でピーク時の輸送人員は1万9810人である。輸送力は1万5246人とし、混雑率は130％にしている。

通過両数は6両編成5本、8両編成12本なので126両である。平均定員は121人になるが、中形車の6両編成5本と8両編成12本で厳密に計算すると平均定員は122・9人になり、混雑率は5ポイント下がって125％になる。

最混雑時間帯は7時20分から8時20分、この間に快速特急6本、通勤特急3本、普通8本が走る。快速特急と通勤特急は8両編成、普通のうち2本が8両編成である。

快速特急は芝山千代田発が1本、京成成田発が4本、京成佐倉発が1本ですべて西馬込行である。通勤特急は芝山千代田発が2本、京成成田発が2本ですべて京成上野行である。普通は成田空港発と芝山千代田発、京成成田発が各1本、宗吾参道発が2本、京成臼井発が3本ですべて京成上野行である。

快速特急の停車駅は京成成田まで各駅、京成佐倉、勝田台、八千代台、京成津田沼、京成船橋、京成八幡、京成高砂、青砥、押上以遠各駅、通勤特急は勝田台まで各駅、同駅から青砥駅までは快速特急と同じ停車駅、青砥駅からは日暮里のみに停車する。

京成成田→青砥間では20分サイクルに快速特急2本、通勤特急1本、普通3本が走る。通勤特急は京成佐倉駅で快速特急を待避、普通は京成佐倉、ユーカリが丘（3本に1本）、八千代台、船橋競馬場、東中山、市川真間、京成小岩で快速特急、通勤特急（八千代台から京成高砂寄り）を待避する。

青砥→京成上野間は20分サイクルに通勤特急1本、普通4本が走る。普通のうち1本は京成高砂発である。この普通は千住大橋駅で通勤特急を待避する。普通のうち1本は京成高砂駅で快速特急に接続のうえ快速にして京成上野方面の速達性を向上すればいい。千住大橋駅緩急接続をすれば快速通過駅からの速達性も向上する。

ピーク時間帯の前にスカイライナー用車両による座席指定のモーニングライナー京成成田発京成上野行が2本、ピーク後に成田空港発京成上野行が2本走る。ピーク後のライナーは成田空港客輸送も兼ねている。

スカイライナーよりも遅いが、後発のスカイライナーには抜かれない。成田空港—日暮里間でスカイライナーの料金は1250円、運賃は1270円で計2520円かかるが、モーニングライナーの料金は420円、本線経由の運賃は1050円で計1770円と安い。

停車駅は空港第2ビル、京成成田、京成佐倉、八千代台、京成船橋、青砥、日暮里だが、京成船橋駅までは乗車専用、青砥駅、日暮里駅は降車専用である。成田空港→京成上野間の最速の所要時間は1時間12分である。

昼間時は40分サイクルに京成上野—京成成田間の快速特急と京成上野—成田空港間の特急、西馬込—京成佐倉間と西馬込—成田空港間の快速が各1本、京成上野—京成津田沼間と京成上野—京成臼井間の普通が各2本走る。

特急の停車駅は日暮里、青砥、京成高砂、京成八幡、京成船橋、京成津田沼、八千代台、勝田台、京成佐倉以遠各駅、快速は押上まで各駅、青砥、京成高砂、京成小岩、京成八幡、東中山、京成船橋、船橋競馬場、京成津田沼以遠各駅である。

快速特急は京成佐倉駅で成田空港発着の快速と緩急接続をする。

快速特急が青砥駅に到着する3分前にスカイアクセス線経由のアクセス特急が発車する。京成高砂駅でも同様で接続していない。ただしアクセス特急から本線経由の快速特急には乗り換えができる。

京成小岩駅で普通を追い抜くので普通とも接続をしていない。東中山駅でも普通を追い抜くが特急は通過する。京成津田沼駅では普通と緩急接続をしている。あまり接続を考えていない。

京成上野駅の発車時間を早めて青砥駅でアクセス特

急、京成高砂駅で普通と接続して東中山駅に停車して追い越せばかなり便利になる。

快速は青砥駅で普通に乗り換えができる。東中山駅に停車しているから同駅で緩急接続をしている。京成佐倉駅で特急と接続している。

京成津田沼—京成千葉間に特急を運転して、本線特急と接続すれば、京成で千葉方面へ行くのが便利になって千葉線が活性化する。

京成上野—京成高砂間でスカイライナーが20分毎に走る。普通は千住大橋駅でスカイライナーを待避する。

夕ラッシュ時上りは西馬込発成田以遠間の快速特急が約10分毎に運転される。これにアクセス線経由の京成上野—成田空港間のアクセス特急が31〜35分毎、京成上野発の快速がときおり走る。快速は千住大橋駅で普通と緩急接続をする。

18時台後半までは普通は京成小岩駅で特急を待避するが、以降は市川真間駅で待避する。以遠で特急は東中山、八千代台、京成佐倉駅で普通を追い抜く。東中山駅に停車すれば緩急接続できて便利になる。イブニングライナーは千住大橋、京成小岩、船橋競馬場か京成津田沼、八千代台、京成佐倉駅で普通を追い抜く。

速達性を充実するために京成上野—京成高砂間に10分毎の快速の運転があれば便利である。できれば金町線に乗り入れればいいが、せっかく金町線の京成高砂駅を高架化した意味がなくなる。それなら東中山駅折返にすればいい。同駅で普通に追い付いて接続すれば、特急の東中山駅停車をしなくてすむ。

夕ラッシュ時下りの例外として京成上野発16時34分、16時54分、17時14分は京成成田行快速特急で、その間に都営線直通の成田空港行の快速が運転される。また、京成上野発18時28分は快速成田空港行である。

上野発18時0分からイブニングライナーが走る。停車駅はモーニングライナーと同じだが、京成上野、日暮里、青砥は乗車専用、京成船橋以遠は降車専用である。

18時0分から20時0分までは京成成田行である。18時20分にスカイライナーが発車するが、その後はイブニングライナーだけの運転になる。20時0分以降は1時間毎で23時0分まで成田空港行が走る。

京成押上線　アクセス特急は20分毎に

京成押上線は押上—青砥《あおと》間5・7キロの路線（1977頁）で、押上駅で都営浅草線と接続して相互直通をしている。東京メトロ半蔵門線とは連絡している。青砥駅では京成本線と接続して直通電車が走る。

押上駅は島式ホーム2面4線で内側2線は西馬込方面と青砥方面の両方に発車ができる。そのため外側の線路と合流する前にシーサスポイントがある。

地下線を出ると高架になる。以前は地平だったが、連続立体交差事業で高架化された。途中にある京成曳《ひき》舟《ふね》駅も高架駅になった。

八《や》広《ひろ》駅は上り線が片面ホームに面したJR形配線で、青砥駅に向かって右側の上り線が1番線である。待避追い越しをしないときは1番線に上り電車、2番線に下り電車が通過または停車する。下りで追い越しするときは3番線に待避電車が停車して2番線を通過電車が通る。上りで追い越しをするときは2番線に待避電車が停車して、1番線を通過電車が通る。

京成本線と合流する青砥駅は3階が下り線、2階が上り線の島式ホームである。詳しくは京成本線の項を参照していただきたい。

青砥駅乗車は定期外が3919人、定期が5353人、京成本線からの流入は定期外が2万2874人、定期が4万9141人である。青砥→京成立石《たていし》間の乗車客は定期外が2万6794人、定期が5万4495人、定期比率は67%である。

平成7年度の京成曳舟→押上間は定期外が1万9685人、定期が6万7133人、定期比率は77%で通勤のための路線だった。少子高齢化で京成沿線の通勤・通学客が減ったが、押上線沿線が一戸建てよりもマンションが増えて人口密度が高まり、通勤以外の所用で乗る定期外客が増えたといえる。もっとも少子高齢化によって定期外が増えたということもいえる。

京成曳舟まで漸増していき、京成曳舟→押上間は定期外が3万4300人、定期が6万6200人、定期比率は69％になる。

押上駅で降車は定期外が８５７５人（28％）、都営浅草線直通と東京メトロ乗り換えは合わせて２万１８５５人（72％）、定期では降車が５９８５人（９％）、都営と東京メトロへが６万２１５人（91％）である。

最混雑区間は京成曳舟→押上間で輸送人員は３万４６６０人、中形車８両編成24本が走り、輸送力は２万３２３２人、混雑率は１４９％にしている。

平均定員は１２１人にしているが、中形車８両編成の平均定員は１２３・３人なので輸送力は２万３６６４人になり、実際の混雑率は１４６％になる。

最混雑時間帯は7時40分から8時40分で、この間に24本が走る。平均運転間隔は2分30秒である。

京成本線経由の快速特急が6本、スカイアクセス線経由のアクセス特急が2本、特急が3本、普通が7本、青砥発普通が6本である。優等列車はすべて八広駅で普通を追い越している。

優等列車は青砥―押上間はノンストップである。

昼間時は40分サイクルに、羽田空港―成田空港間のアクセス特急1本（京急線と浅草線内はエアポート快特）、羽田空港―青砥間の快特、西馬込―成田空港間と西馬込―京成佐倉《さくら》間の快速各1本、羽田空港―印旛日本医大間の普通2本（京急線内は快特）、三崎口―京成高砂または青砥間の普通2本の計8本が走る。

基本的には20分サイクルだがアクセス特急と快特などが20分交互に走るために40分サイクルになる。

アクセス特急の押上―青砥間の所要時間は5分、表定速度82・8キロである。しかし、青砥駅と京成高砂駅でそれぞれ1分停車する。これを30秒に短縮すれば合計で1分短くなる。少しでも所要時間が短縮できるようにしてほしいものである。

タラッシュ時下りは10分サイクルに西馬込―成田空港間の快特（本線経由）、羽田空港―印旛日本医大・印西牧《いんざいまき》の原《はら》間の普通（京急線内は快特）、三崎口―青砥間の普通（同）が各1本走る。三崎口―青砥間の普通は八広駅で快特を待避する。

アクセス特急の羽田空港―成田空港間の所要時間は1時間35分、表定速度56・1キロ、40分毎である。両空港間を1時間半以上もかかり、40分毎では直結しているとはいいがたい。せめて20分毎にしてほしい。

京成千葉線・千原線

特急の運転がほしいところである

京成千葉線は京成津田沼―千葉中央間12・9キロの路線、千原《ちはら》線は千葉中央―ちはら台間10・9キロの路線で、両線は一体運用されている。

京成津田沼駅で京成本線と新京成電鉄と接続、一部が直通運転する。京成千葉駅で千葉モノレールと定期券が連絡運輸をしている。

京成津田沼駅を出るとJR総武線と並行する。下を京成本線が横切っていく。並行している総武線の向こうにJRの車庫である幕張《まくはり》車両センターがある。その途中に総武線の緩行線とともに同じ島式ホームの幕張本郷《ほんごう》駅がある。同駅から海浜幕張駅への連接バスが出ている。

右カーブして総武線と分かれたところに島式ホームの京成幕張駅がある。次に相対式ホームの検見川《けみがわ》駅がある。総武緩行線には新検見川駅がある。京成のほうが先にできたために総武線の駅は「新」を冠した。

京成稲毛《いなげ》駅と総武快速・緩行線の稲毛駅は近い。新千葉駅と京成千葉駅は600mしか離れていない。京成千葉駅がJR線と千葉モノレールとの連絡駅だが、連絡運輸をしているのは千葉モノレールである。

京成千葉駅と千葉中央駅との間も600mしかない。もともと中央公園付近に千葉中央駅があったのを外房線に移転して千葉急行電鉄と接続した。中央公園付近にあったときの駅名は京成千葉、今の京成千葉駅はもとは国鉄千葉駅前だった。

千葉急行電鉄は解散して千原線は京成電鉄の所属になった。

現在の千葉中央駅は相対式ホームで前後にシーサスポイントがあり、ちはら台寄りに引上線がある。1、2番線とも両方向に出発ができる。

千葉中央駅からは単線になるが路盤は複線分が確保されている。引上線も将来は上り線になる路盤に設置されている。

右にカーブしてやや総武線と離れてから左カーブし

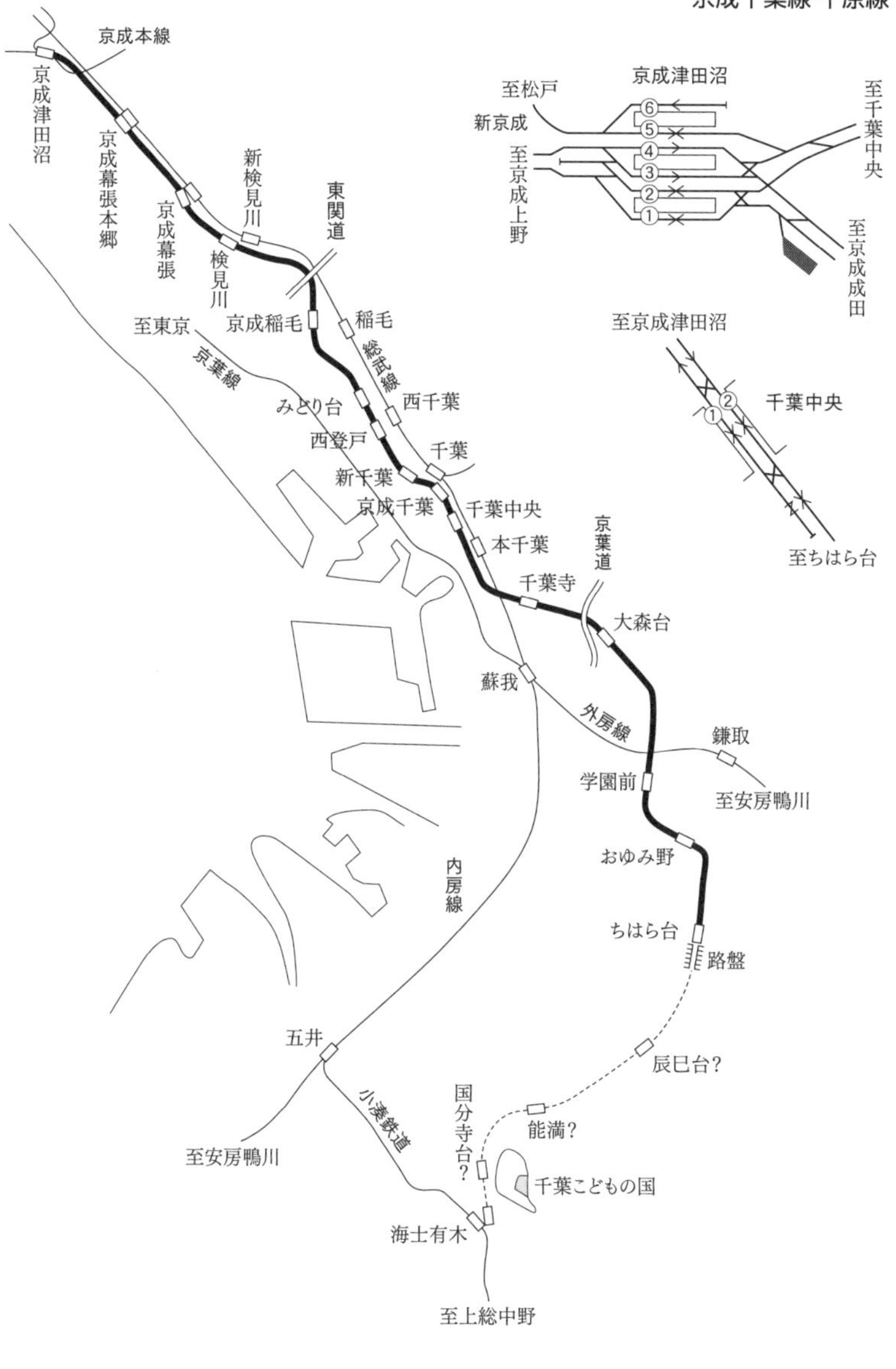
京成本線
京成津田沼
京成幕張本郷
京成幕張
新検見川
検見川
東関道
京成稲毛
稲毛
総武線
至東京
京葉線
みどり台
西千葉
西登戸
千葉
新千葉
京成千葉
千葉中央
本千葉
京葉道
千葉寺
大森台
蘇我
外房線
鎌取
至安房鴨川
学園前
おゆみ野
内房線
ちはら台
路盤
五井
辰巳台？
国分寺台？
能満？
小湊鉄道
至安房鴨川
千葉こどもの国
海士有木
至上総中野
京成津田沼
至松戸
新京成
至京成上野
至千葉中央
至京成成田
至京成津田沼
千葉中央
至ちはら台

て同線を斜めに乗り越す。その先に片面ホームの千葉寺《ちばでら》駅がある。片面ホームは複線化されたときは下りホームになる。すでに上りホームはできあがっている。

次の大森台《おおもりだい》駅は行き違いができる相対式ホームである。右にぐっと曲がって外房線をくぐる。学園前《がくえんまえ》駅も相対式ホームの行き違い駅である。

おゆみ野駅も千葉寺駅と同様に下りホームを使用し、完成している上りホームは使われていない。

ちはら台駅は島式ホーム1面2線だが、2面4線に側線がある大きな駅にできるようになっている。ここから小湊《こみなと》鉄道の海士有木《あまありき》駅まで延伸する予定で免許も保有している。

免許は昭和30年（1955）に小湊鉄道が本千葉―海士有木間を取得した。このときの免許は軌間1067mmの狭軌、動力も蒸気つまり蒸気機関車牽引と内燃つまり気動車によるものだった。

昭和45年にルートを東寄りに変更、軌間を1435mm、動力は直流1500Vとした。起点は本千葉駅から千葉中央駅に変更されたが、当初の免許の起点と同じで位置を変更したわけではない。国鉄本千葉駅のほうが蘇我《そが》寄りに移転したのである。

それでも建設されなかった。その後、京成が4億円、小湊鉄道が1億円出資して千葉急行電鉄を設立、また、住宅公団の千葉・市原ニュータウンの整備が決定して、鉄道建設公団によって千葉中央からちはら台まで建設して平成7年に開業した。しかし、経営不振により千葉急行電鉄は解散、京成電鉄が引き取った。

残りの区間は開発状況によって開通させるとしているが、現状では大規模開発をする予定はない。

千原駅の乗車は定期外が968人、定期が1574人である。平成7年の千葉急行電鉄時代の定期外は526人、定期が545人だから大きく増えている。とはいえ絶対数は少ない。

ちはら台駅から漸増していき千葉寺→千葉中央間の定期外は3940人、定期は5765人、定期比率は59％である。

京成千葉駅で一気に増加し、京成千葉→新千葉間は定期外が7641人、定期が1万275人になる。定期比率は58％である。

この先も漸増し幕張本郷→京成津田沼間は定期外が

9867人、定期が1万5935人になる。

うち京成津田沼駅降車は定期外が1323人（14％）、定期が782人（5％）である。定期外の降車が多いのは、閑散時の降車が多いことを示し、定期客の多くは京成本線などに直通する。

京成本線へは定期外が6522人（66％）、定期が1万1662人（73％）、新京成線へは定期外が2022人（20％）、定期が3491人（22％）である。

朝ラッシュ時上りは、ちはら台→千葉中央間が13〜20分毎、千葉→京成津田沼間が6〜12分毎で、京成本線直通はない。

昼間時は20分サイクルに松戸—千葉中央間と京成津田沼—ちはら台間が各1本運転され、京成津田沼—千葉中央間は10分毎の運転である。

タラッシュ時下りは20〜25分サイクルに京成津田沼発千葉中央行とちはら台行が交互に運転される。

特急の運転が欲しいところである。停車駅は幕張本郷、京成稲毛、京成千葉以遠各駅がいいだろう。京成津田沼駅で本線特急と接続して松戸駅まで直通する。

また、朝上り、夜間下りによる座席指定のライナーの運転があれば総武線に一矢報えるが、そのような車両を新しく造るわけにはいかない。

新しい三代目のスカイライナー車両ができたときに、旧スカイライナー車両を転用すればよかったが、廃車されてもう遅い。現スカイライナーが古くなって、置き換えが行われたときにはライナーに転用すればいい。ただし何年先になるかわからない。

京成津田沼駅。左から6番線に停車中の新京成松戸行、5番線に停車中の同駅止まりの京成千葉線電車、4番線に停車中の普通臼井行

新京成電鉄

京成千葉線直通は特急がいい

新京成電鉄新京成線は松戸《まつど》—京成津田沼間26・5キロの路線で、松戸駅でJR常磐線、八柱《やばしら》駅で武蔵野線（駅は新八柱《しんやはしら》）、新鎌ヶ谷駅で北総鉄道と東武野田線、北習志野《きたならしの》駅で東葉高速鉄道、新津田沼駅で総武線（駅は津田沼）と連絡し、京成津田沼駅で京成本線と千葉線に接続して一部が千葉線に直通している。

放射状路線を結ぶ半環状鉄道で、路線が曲がりくねっているのは、旧陸軍の鉄道連隊の演習線を払い下げられて流用したためである。数字が入る駅名が多い。二和向台《ふたわむこうだい》、三咲《みさき》、五香《ごこう》、八柱である。これは開墾地を番号で地名にした名残だが八柱駅は違う。

13の開墾地集落があった。初富《はっとみ》、二和《ふたわ》、三咲《みさき》、豊四《とよし》季《き》、五香《ごこう》、六実《むつみ》、七栄《ななえ》、八街《やちまた》、九美上《くみあげ》、十倉《とくら》、十余《とよ》一《ひと》、十余二《とよふた》、十余三《とよみ》である。これらの多くが新京成線だけでなく近くの路線の駅名になっている。なお、八柱駅は八つの集落が集まったことが由来である。

松戸駅は島式ホーム1面2線で、JR線から通しの7、8番線が新京成線の線路である。JRと同じコンコースにあり、連絡改札口で乗り換える。

島式ホームの八柱駅は3階にコンコースがある橋上駅舎、連絡する武蔵野線の新八柱駅は地下2階にホームがある。乗り換えには段差があるが、エレベーター・エスカレーターがあり、雨の日は濡れずに乗り換えができる。

くぬぎ山駅は島式ホームで松戸寄りにシーサスポイント、京成津田沼寄りに順渡り線があってくぬぎ山車両基地の入出庫線がつながっている。下り1番線は松戸方向に折り返しができる。2番線から、くぬぎ山車両基地へは入換信号機によって入る。

北総線を斜めにくぐってから高架になる。高架化が完成したのは令和元年である。北初富駅は相対式ホーム、新鎌ヶ谷駅は島式ホームで松戸寄りに逆渡り線があって下り1番線は松戸方面に折り返しができる。

新鎌ヶ谷駅の先で半径600mで右カーブする。次

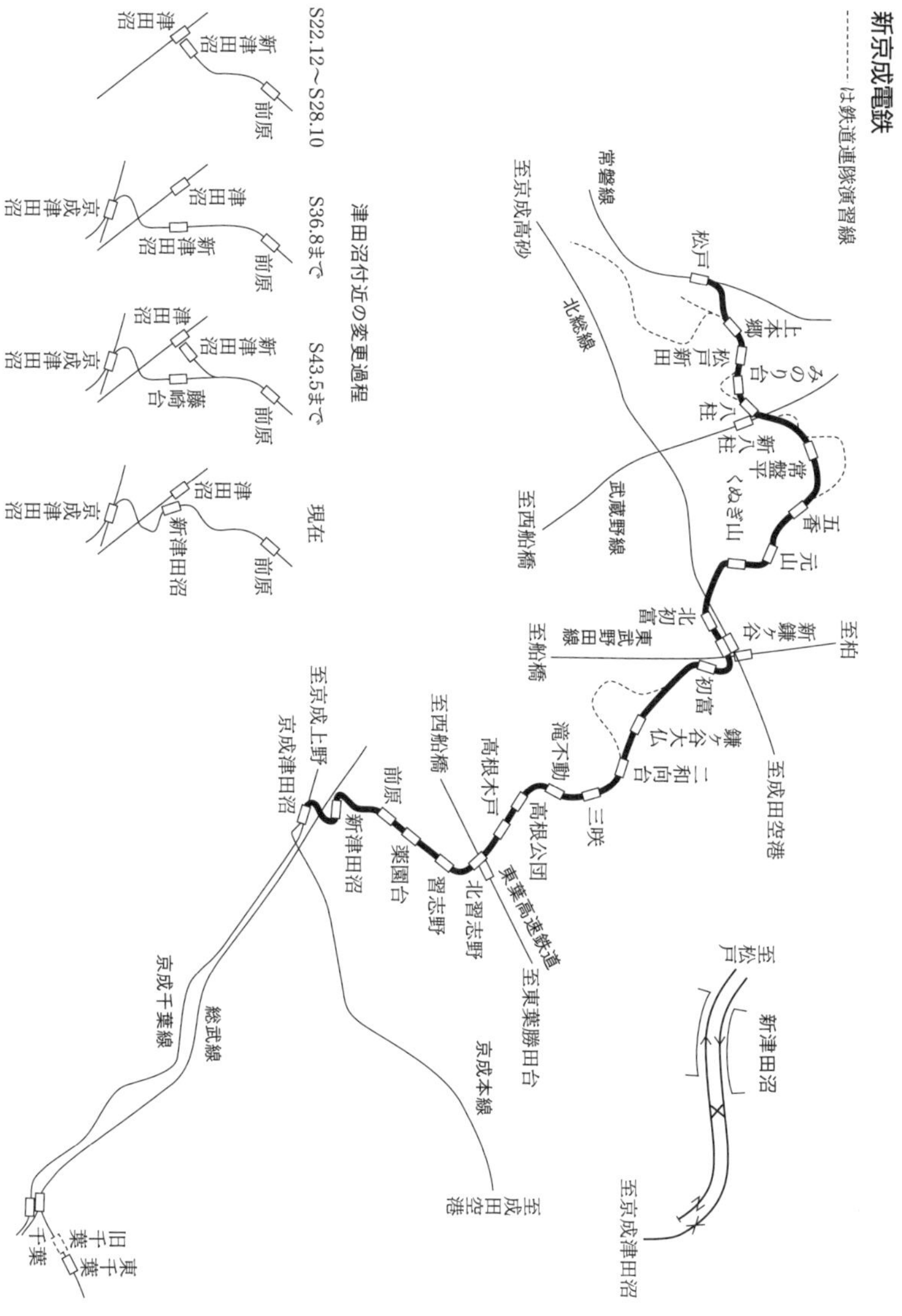
新京成電鉄
-----は鉄道連隊演習線
常磐線
至京成高砂
北総線
松戸
上本郷
松戸新田
みのり台
八柱
新八柱
常盤平
武蔵野線
至西船橋
くぬぎ山
五香
元山
北初富
新鎌ケ谷
東武野田線
至柏
至船橋
初富
鎌ケ谷大仏
至成田空港
二和向台
三咲
滝不動
高根公団
高根木戸
至西船橋
東葉高速鉄道
至東葉勝田台
北習志野
習志野
薬園台
前原
新津田沼
至京成上野
京成津田沼
京成本線
至成田空港
総武線
京成千葉線
旧千葉
東千葉
千葉
至松戸
新津田沼
至京成津田沼
津田沼付近の変更過程
S22.12～S28.10
新津田沼
津田沼
前原
S36.8まで
津田沼
新津田沼
京成津田沼
前原
S43.5まで
新津田沼
津田沼
藤崎台
京成津田沼
前原
現在
津田沼
新津田沼
京成津田沼
前原

の初富駅も島式ホームで、京成津田沼寄りは半径３００mの左カーブがある。地平に戻って島式ホームの鎌ヶ谷大仏駅がある。京成津田沼寄りにシーサスポイントがあって上り2番線は京成津田沼方面に折り返しができる。

島式ホームの高根《たかね》公団《こうだん》駅の松戸寄りにシーサスポイントがあり下り1番線は松戸方面に折り返しができる。

北習志野駅は島式ホームの地上駅で地下にある東葉高速鉄道と連絡している。

新津田沼駅は相対式ホームで京成津田沼寄りにシーサスポイントがあるが、ここから下り線がまっすぐ伸びた形で単線になる。上り線側は引上線である。ＪＲ津田沼駅まで徒歩で3分、３００mほど離れている。

右に急カーブして総武線を乗り越し、さらに右カーブしてから大きく左カーブして、回り込むように京成津田沼駅に入る。

新京成電鉄が開業したときは松戸—新津田沼間だった。このときの新津田沼駅はＪＲ津田沼駅とT字接続をしていた。その後、新津田沼駅を移転して京成津田沼駅まで延長した。しかし、ＪＲから遠くなったので、新津田沼駅をもとの位置に戻し、移転後の新津田沼駅は藤崎台《ふじさきだい》に改称したものの、2系統の電車を走らせることになって面倒だった。そのため新津田沼駅をややずらして急カーブの連続になるのを承知で現在のルートで新津田沼—京成津田沼間を結ぶことになった。

京成津田沼駅の５、６番線が新京成のホームで５番線は京成千葉線とつながっている。

京成津田沼駅からの乗車は定期外が１７４２人、定期が３６３２人、京成電鉄からの流入は定期外が５９２８人、定期が１万２０２人で、京成線からの流入客が圧倒的に多い。

新津田沼駅の松戸方面乗車は定期外が１万１５９０人、定期が６８５６人、ＪＲとの乗換客は定期外は43人しかいない。もう連絡乗車券を買う人は少なく大半がパスモかスイカ利用である。定期の乗換客は１万５１５６人である。

ＪＲから京成津田沼駅への乗換定期客は12人しかいない。定期外の乗車は１８３２人である。

北習志野駅で松戸方面乗車は定期外が２９１９人、定期が２９１７人、東葉高速鉄道から松戸方面は定期外が57人、定期が３０７９人、京成津田沼方面乗車は定期外が４３２６人、定期が７２３３人、東葉高速から京成津田沼方面は定期外が98人、定期が１５４２人である。北習志野駅では京成津田沼方面へ向かうほうが多い。

下りの最混雑区間の前原《まえばら》→新津田沼間の乗車客は定期外が1万８２０２人、定期が3万５１６３人、定期比率は66％である。

二和向台付近を走る松戸行

北習志野駅を出発した松戸行

新鎌ヶ谷駅の松戸方面への乗車は定期外が２２８７人、定期が２５８８人、京成津田沼方面乗車は定期外が２４６７人、定期が１２９６人である。北総線と東武野田線の乗換客のうち定期外はさほどいない。定期で北総線から松戸方面は１０３５人、京成津田沼方面は１７８０人、野田線の松戸方面は１２５９人、京成津田沼方面は２２１６人とやはり京成津田沼方面が多い。

アクセス特急に乗車して乗り換える定期客は京成電鉄スカイアクセス線として計上されているが、松戸方面は42人、京成津田沼方面は8人と少ない。

八柱駅の乗車は松戸方面の定期外が３６８１人、定期が７４４８人、京成津田沼方面は定期外が４０２３人、定期が４０９５人となっている。

武蔵野線からの乗り換えは定期外は０となっている。つまり連絡乗車券の発売はない。定期の松戸方面は891人、京成津田沼方面は4095人と京成津田沼方面が多い。

上本郷《かみほんごう》→松戸間の乗車客は定期外が1万6480人、定期が3万6995人、定期比率は69％である。

松戸駅降車は定期外が1万5804人（96％）、定期が1万1327人（31％）、常磐線乗換客の定期外が676人（4％）、定期が2万5668人（69％）である。定期外が少ないのはパスモ・スイカ利用で計上されないためであり、圧倒的に常磐線乗換客が多いのである。カッコ内は定期外または定期に対する比率である。

最混雑区間は松戸口が上本郷→松戸間でピーク時の輸送人員は1万2482人、8両編成14本が運転され、輸送力は1万444人で混雑率は122％となっている。平均定員は124・3人だが、中形車6両編成の平均定員は122・2人である。これで混雑率を修正すると2ポイント上がって124％になる。

京成津田沼口は前原→新津田沼間で輸送人員は1万1457人と松戸口とさほど変わらない。輸送力は松戸口と同じなので混雑率は118％である。これも定員を修正すると2ポイント上がって120％になる。

最混雑時間帯は松戸口が7時23分から8時18分、京成津田沼口が7時11分から8時10分になっている。

松戸口は松戸着8時18分は入れているが、8時23分着は入れていない。京成津田沼口は新津田沼着8時10分を入れている。松戸口では8時23分着を入れれば輸送力は1万1422人になり、混雑率は112％に下がる。

松戸口で8時23分着を入れると平均運転間隔は4分15秒になる。15本のうち京成津田沼発が8本、新津田沼発が5本、くぬぎ山発が2本である。京成津田沼口は松戸―京成津田沼間が8本、松戸―新津田沼間が3本、くぬぎ山―新津田沼間が3本である。

昼間時は松戸―京成津田沼間の全線で10分毎の運転で、うち半数が京成千葉線千葉中央駅まで直通する。タラッシュ時は7分30秒毎になり、京成千葉線への直通はない。

京成千葉線で特急が走るとすれば新京成線に特急として乗り入れてもいい。停車駅は各連絡駅とくぬぎ山、鎌ヶ谷大仏がいいだろう。

千葉モノレール

最混雑区間は千葉公園→千葉間

千葉モノレールは軌道桁にぶら下がって走行する懸《けん》垂《すい》式モノレールである。走行機器が床下ではなく天井の上にある。

１号線千葉みなと—県庁前《けんちょうまえ》間３・２キロと２号線千葉—千城台《ちしろだい》間12・0キロがある。両線は千葉駅で接続している。

千葉駅に停車中の千葉みなと行

１号線の千葉みなと駅で京葉線、千葉駅でＪＲ線、都賀《つが》駅で総武本線に連絡する。

千葉みなと駅は相対式ホーム２面２線、千葉駅は島式ホーム２面４線である。千葉駅の先で１号線が外側、２号線が内側の方向別複々線で少しの間進む。

１号線の終点県庁前駅は相対式ホーム２面４線だが、駅の手前には逆渡り線しかなく、２番線は使用していない。

動物公園《どうぶつこうえん》駅に隣接して車庫があるので、島式ホーム２面３線になっている。中線が入出庫用発着線である。２号線の終点千城台駅は相対式ホーム２面２線である。

千城台駅の乗車は定期外が１４８２人、定期が２７３６人である。千城台駅から漸増し、桜木《さくらぎ》→都賀間の乗車客は定期外が２９２４４人、定期が４７２０人、定期比率は62％である。

千葉都市モノレール

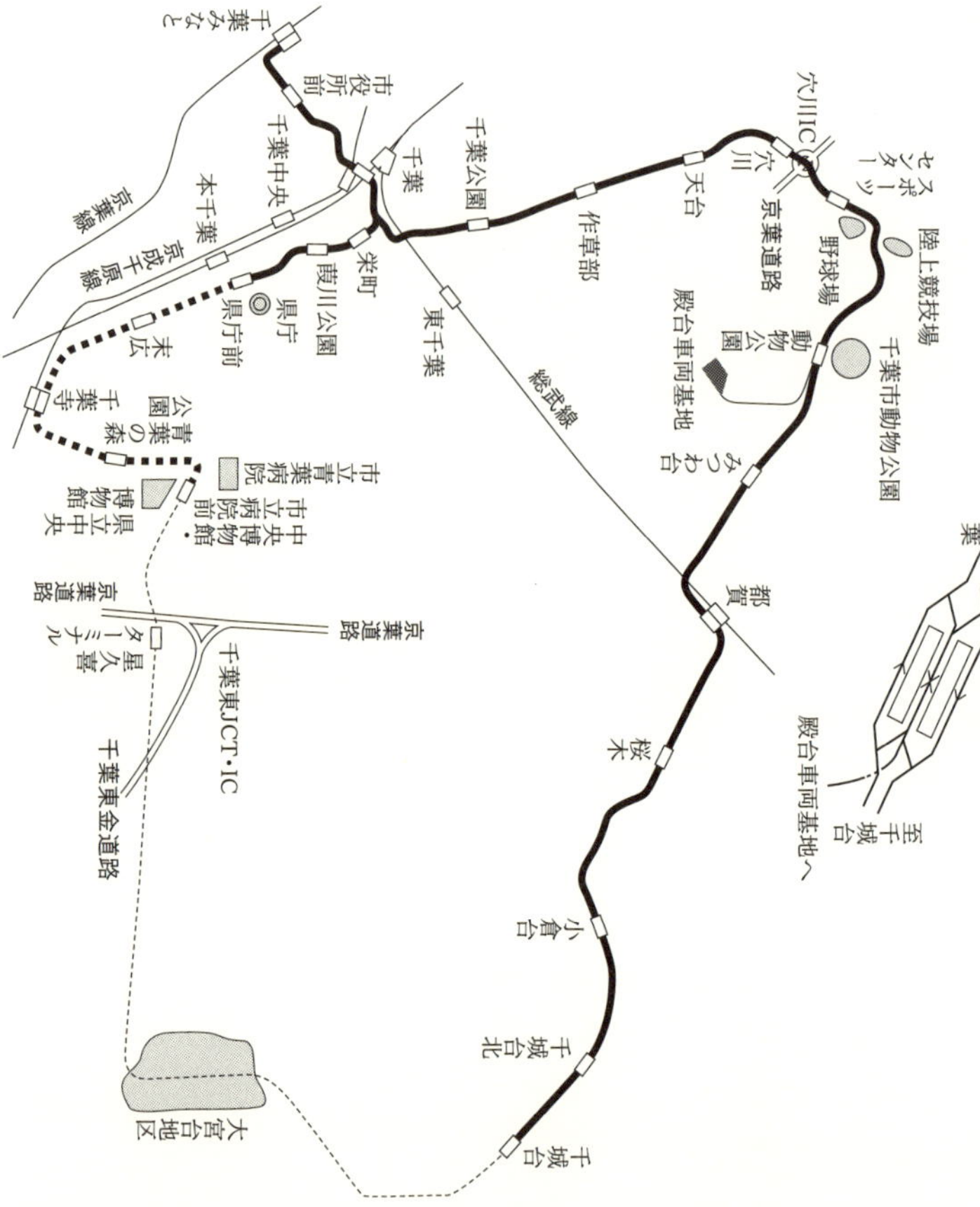

都賀駅で総武本線に乗り換える客があるので、都賀→みつわ台間の定期外客は2259人、定期は2391人に減少するが、再び漸増していって千葉公園→千葉間では定期外が4993人、定期が5376人、定期比率は52％になる。

　千葉駅の降車は定期外が3527人（71％）、定期が2842人（53％）、1号線県庁前方面乗り換えの定期外が221人（4％）、定期が331人（4％）、残りが千葉みなと方面への直通客である。

　千葉みなと駅降車は定

期外が３５３２人、定期が３４４２人である。

　県庁前駅の降車は定期外が４９７７人、定期が３０５人と少ない。

　最混雑区間は千葉公園→千葉間でピーク時の輸送人員は２１３３人、２両編成10本が走り、輸送力は１６３５人で混雑率は１３０％にしている。

　しかし、厳密に有効床面積を出して平均定員を計算すると71人になる。これによって混雑率を算出すると１５０％と20ポイント多くなる。

　最混雑時間帯は７時30分から８時30分で、10本の電車が走る。平均運転間隔は６分である。

　運転系統は千葉みなと―県庁前と千葉みなと―千城台間がある。千葉みなと―県庁前間はほぼ終日15分毎に運転している。朝ラッシュ時はその間に2、３本の千葉みなと―千城台間が運転される。

　昼間時の千葉みなと―千城台間は12分毎になる。千葉みなと―県庁前間は15分毎だから運転サイクルは合わない。夕ラッシュ時は千葉みなと―千城台間は10分毎になる。県庁前から星久喜《ほしぐき》ターミナルまでの延長は中止になった。

千葉みなと駅に進入する千葉モノレール

ユーカリが丘線

唯一残っているVONAシステム

ユーカリが丘線は、不動産会社の山万《やままん》がユーカリが丘ニュータウンと京成ユーカリが丘駅を結ぶループ状の案内軌条式である。ゆりかもめなどの側壁案内式と違って中央案内式となっている。

案内軌条式はＡＧＴの略称がある。Automated Guideway Transitを略したものだが、ユーカリが丘線は手動運転なので当たらない。しいて略すならＧＴである。

ユーカリが丘線

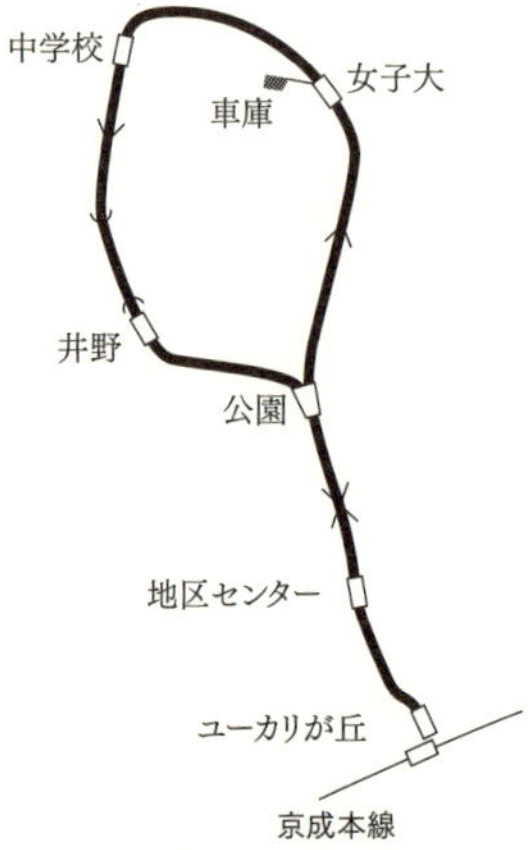

日本車両を中心に開発された中央案内軌条式のＶＯＮＡ（Vehicle Of New Age）という案内軌条式を京成が運営していた谷津《やつ》遊園内の乗り物として走りはじめた。谷津遊園は東京ディズニーランドを運営するオリエンタルランドとなり、谷津遊園は谷津バラ園に変わった。不要になったＶＯＮＡ車両を譲受してユーカリが丘線として開通したものである。

ユーカリが丘線のＶＯＮＡは試作車だが、これを大型化した実用車を名古屋地区の桃花台新交通ピーチライナーが採用した。

桃花台ニュータウンと名鉄犬山線小牧駅を結ぶ路線だったが、小牧線が名古屋都心に乗り入れていなかったために、ピーチライナーは乗客が少なく慢性赤字になり平成18年に廃止されてしまった。

ユーカリが丘線は唯一残っているＶＯＮＡシステムである。

ユーカリが丘駅は京成本線の駅に隣接している。高

ユーカリが丘駅に停車中のユーカリが丘線電車

架の片面ホームである。公園《こうえん》駅の手前で複線になり、公園駅は島式ホームである。ここから反時計回りでユーカリが丘ニュータウンを一周する。女子《じょし》大《だい》駅には車両基地がある。井野《いの》駅を過ぎて公園駅に戻ってユーカリが丘駅に向かう。

ユーカリが丘駅乗車は定期外が676人、定期が403人である。途中駅で一番乗車が多いのは中学校《ちゅうがっこう》駅で定期外が321人、定期が200人である。

最混雑区間は地区センター↓ユーカリが丘間で、輸送人員は368人、輸送力は1120人で混雑率は33%とほぼ全員が座れる。厳密に有効床面積を計算して輸送力を算出すると1064人になるので、混雑率は1ポイント上がって34%になる。

最混雑時間帯は6時55分から7時50分と8分間隔7サイクルにしている。8サイクルだと64分になるからである。この間に8本が走る。

3両編成3本を保有している。このうち2本が運用され、1本が予備である。

昼間時は20分毎の運転で1運用である。夕ラッシュ時は再び8分毎になる。

ＪＲ総武本線（東京―佐倉間）・総武支線（御茶ノ水―錦糸町間）　ＮＥＸが走る

総武本線は東京―銚子間120・5キロだが、ライバル鉄道篇では特急成田エクスプレスが走る東京―佐倉間を取り上げる。総武支線とは聞きなれない言葉だが、総武緩行線の御茶ノ水―錦糸町《きんしちょう》間のことである。

両国―千葉間は緩急分離の線路別複々線である。快速線には両国の駅はないが、ここからが複々線の起点になっている。もともと総武本線は御茶ノ水駅が起点だったが、両国以東を複々線にするとともに快速線は東京を起点にして両国駅まで別線で建設した。そのために東京起点に変更された。

東京駅に集まる各線と連絡するとともに横須賀線と接続して相互直通運転をする。馬喰町《ばくろちょう》駅で都営浅草線（駅は東日本橋）、同新宿線（駅は馬喰横山）と連絡、両国駅で総武支線と合流する。

総武支線は御茶ノ水駅で中央緩行線と接続して相互直通をする。秋葉原駅で京浜東北・山手線と十字交差、浅草橋駅で都営浅草線、両国駅で都営大江戸線、錦糸町駅で東京メトロ半蔵門線と連絡する。

亀戸《かめいど》駅で東武亀戸線、本八幡《もとやわた》駅で都営新宿線と連絡、西船橋駅で東京メトロ東西線と接続して総武緩行線千葉方面とで相互直通運転をし、武蔵野線と東葉高速鉄道と京葉支線と連絡する。京葉支線は武蔵野線と直通し、東京方面と南船橋方面の二股に路線が分岐している。

船橋駅では京成本線（駅は京成船橋）と東武野田線、津田沼駅で新京成（駅は新津田沼）、幕張本郷駅で京成千葉線と連絡する。千葉駅では外房線と接続して直通しており、千葉モノレールと京成千葉線（駅は京成千葉）、都賀《つが》駅で千葉モノレールと連絡する。

佐倉駅で成田線と接続して直通運転をしている。

東京駅の総武地下ホームは島式ホーム2面4線だが、通常のように方向別にはなっていない。一応1番線が千葉方面から逗子方面、4番線が逗子方面から千葉方面とし、2番線は千葉方面からの折り返しとなっ

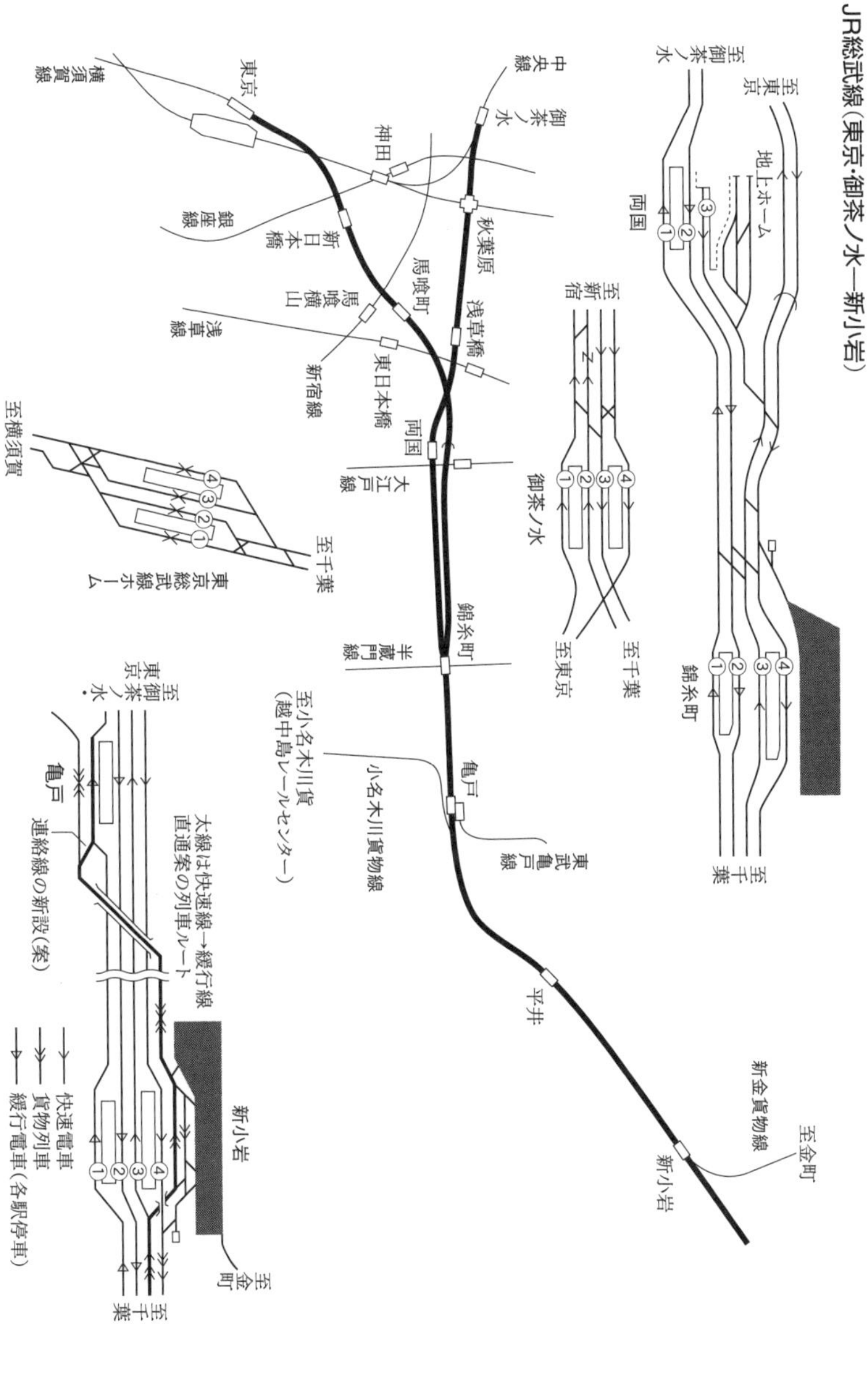
JR総武線(東京・御茶ノ水—新小岩)
至東京
至御茶ノ水
地上ホーム
両国
至新宿
御茶ノ水
至千葉
至東京
錦糸町
中央線
御茶ノ水
神田
東京
横須賀線
銀座線
新日本橋
秋葉原
馬喰町
馬喰横山
浅草橋
浅草線
新宿線
東日本橋
両国
大江戸線
錦糸町
半蔵門線
至小名木川貨(越中島レールセンター)
小名木川貨物線
亀戸
東武亀戸線
平井
新金貨物線
至金町
新小岩
至横須賀
至千葉
東京総武線ホーム
至御茶ノ水・東京
亀戸
連絡線の新設(案)
太線は快速線→緩行線直通案の列車ルート
新小岩
至金町
至千葉
快速電車
貨物列車
緩行電車(各駅停車)

ている。特急成田エクスプレスも1、4番線を通り、2番線は特急「しおさい」が発着する。しかし、例外が多数ある。すべての発着線は両方向に出発でき、進入もできる。進入、進出時の交差支障ができるだけないようにもしている。

御茶ノ水駅では内側が総武緩行線の上下線、外側が中央本線の上下線になった方向別の島式ホーム2面4線で、新宿寄りの中央緩行線の下り線は早朝深夜に総武線緩行線電車の折返用の引上線を兼ねる配線になっている。

秋葉原寄りで総武緩行線は中央快速線よりも高くなっている。これは中央快速線上り線を乗り越すためである。さらに高くなって相対式ホームの秋葉原駅になる。京浜東北・山手線の電車線と東北本線、東北新幹線が下で直交する。

両国駅の緩行線ホームは高架の島式で、その北側の地上に頭端片面ホームの列車線の発着線である3番ホームがある。もともと両国駅は総武鉄道のターミナル駅で駅名は両国橋だった。その後、国有化され、御茶ノ水方面の高架の電車線が開通した。開通後も房総方

東京寄りから見た錦糸町駅

面列車線として地上ホームは使用されていた。

そして総武快速線が開通して、両国駅地上ホームは一部を除いて発着しなくなった。しかし、2線あった発着線の3番線は今でも使用できる形で残されている。なにかのイベントでホームを使用したり、臨時列車が発着することもある。

快速線は両国駅で地下から高架になるが、スペースの関係でホームが設置できないので通過している。

次の錦糸町駅は快速線と緩行線の両方にホームがある。快速と緩行同士の乗り換えで通路、階段は混雑している。とはいえ、方向別ホームにしていたとすると、朝は上り側、夕方は下り側のホームだけが混んでしまう。現在のように、緩急が別々にしていたほうが混雑が分散される。

東京・御茶ノ水寄りに緩行線から快速線への渡り連絡線がある。新宿発着の特急は御茶ノ水駅まで中央快速線、同駅で総武緩行線に転線、そして錦糸町駅で総武快速線に転線する。北側には快速線電車用の電留線が6線ある。

次の亀戸駅は緩行線だけにホームがある。南側から越中島《えっちゅうじま》貨物支線が並行し、千葉寄りで斜めに乗り越して北側で並行するようになる。

新小岩駅は快速線もホームがあるだけでなく、越中島貨物支線側に新小岩操駅がある。下り着発線が3線、上下着発線が2線、上り着発線が2線並んでいる。千葉寄りで快速線と合流するとともに新金《しんきん》貨物線が分かれて北上する。237頁の図のように上り快速線から緩行線へ転線できるようにすれば快速線から新宿方面への電車を走らせることができる。

市川《いちかわ》駅の快速線の島式ホームに停車線が面しており、その両外側に通過線がある待避追越駅になっている。特急が同駅で快速を追い越している。

津田沼駅は緩行線も快速線もJR形配線になっている。このため快速線の上り線である3番線と緩行線の下り線の4番線は島式ホームになっている。また、緩行線の御茶ノ水寄りに車庫の習志野運輸区がある。

西船橋駅には快速線にホームはないが、緩行線はJR形配線になっている。千葉寄りに引上線があり、その向こうで東京メトロの東西線との連絡線が接続している。快速線の上下線間は広がっており、島式ホームが設置できるようになっているが実現していない。

幕張本郷《まくはりほんごう》駅手前から幕張駅までの間の快速線には抱込み式の幕張車両センターがある。幕張駅は緩行線に

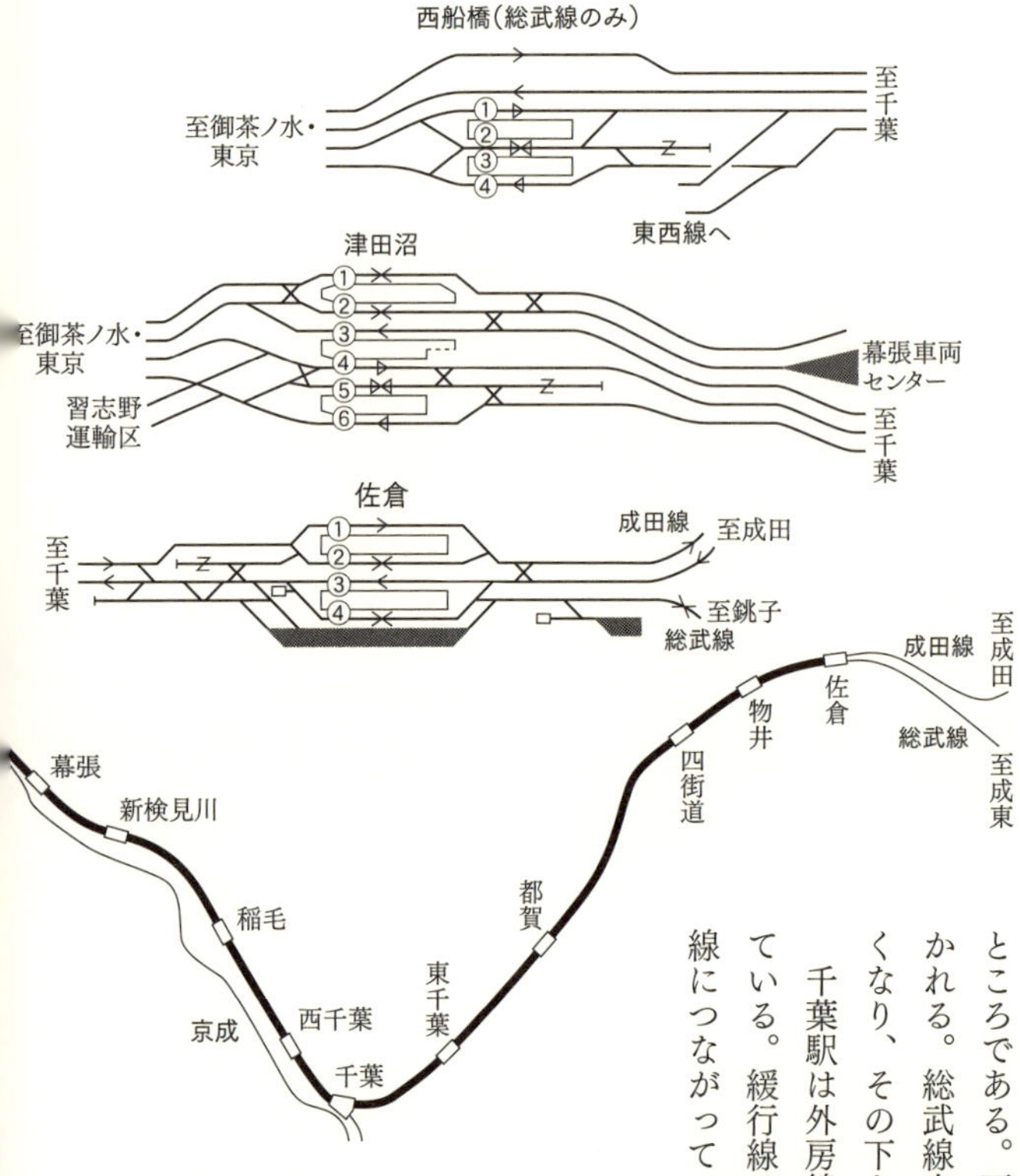

しかホームがないが、折返用の中線がある島式ホーム2面3線になっている。
稲毛《いなげ》—西千葉間に貨物待避用の黒砂《くろすな》信号場がある。着発線は1線だけである。もとは千葉気動車区だったところである。西千葉駅で快速線の下り線は二つに分かれる。総武線方向と外房線方向である。外房線は高くなり、その下を総武線上り線がくぐる。
千葉駅は外房線・緩行線と総武線とで扇状に広がっている。緩行線は島式ホーム1面2線で1番線は外房線につながっている。外房線は島式ホーム2面4線で3番線が上り本線、4、5番線が副本線、6番線が下り本線である。総武線も島式ホーム2面4線で7番線が上り本線、8、9番線が副本線、10番線が下り本線である。千葉—東千葉間に5線の東電留線がある。
四街道《よつかいどう》駅は下り本線が片面ホームに面しているJR形配線だが、もともと相対式ホームだった。上

JR総武線（亀戸—佐倉）

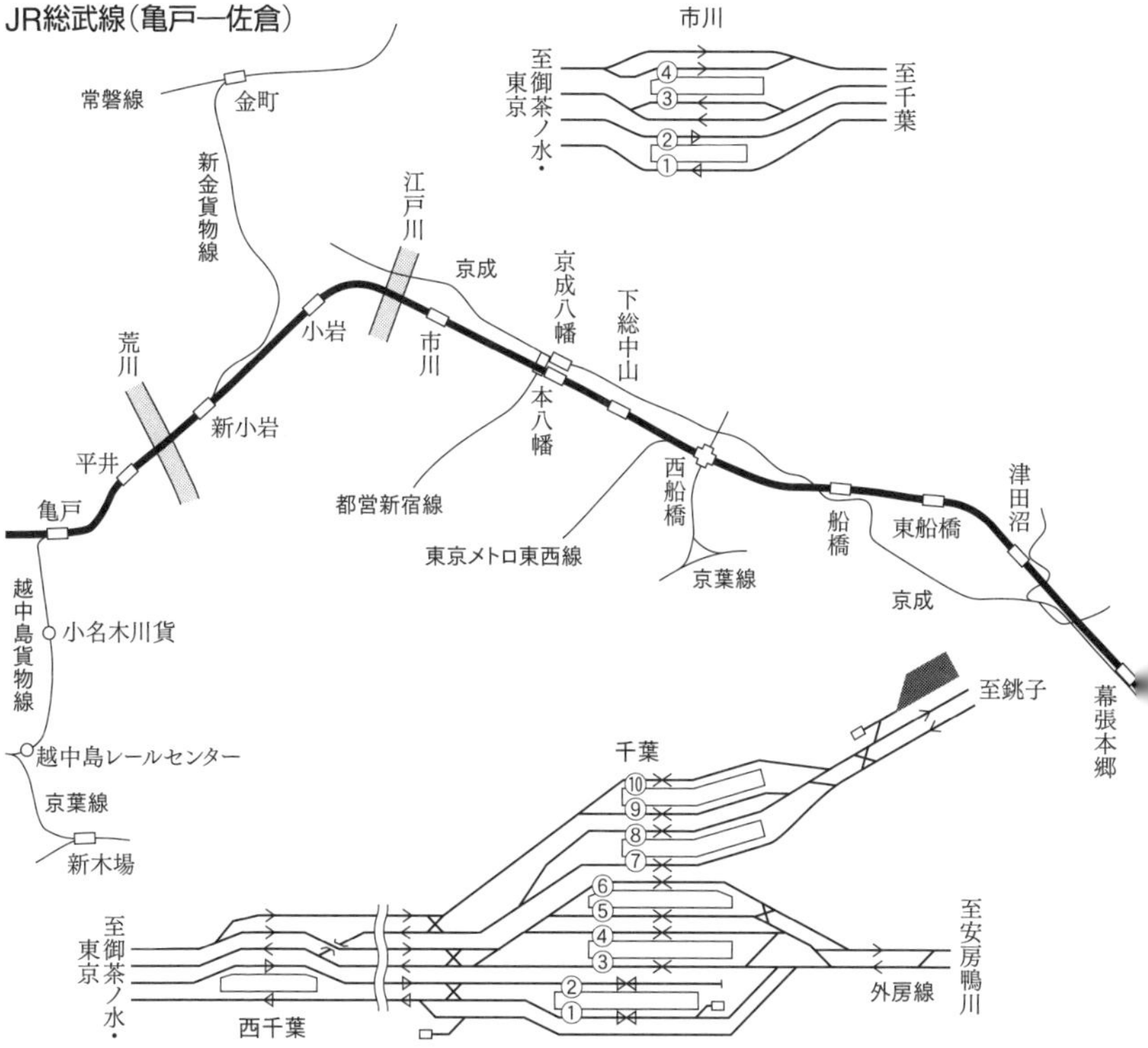

り線の外側に上下待避用と折返用を兼ねた0番線を設置してＪＲ形配線になった。０番線は10両編成対応で、千葉寄りはシングルスリップポイント、佐倉寄りは一旦上り線と接続してから下り線へは逆渡り線で接続する。

佐倉駅は島式ホーム２面４線で下り本線が１番線、２番線が下り１番副本線、３番線が成田線上り本線、４番線が総武線上り本線である。これにホームに面していない５番線の上り１番副本線がある。１番線は成田、銚子方面しか出発できないが、他は両方面に出発できる。

駅の成田・銚子寄りで単線の総武本線と複線の成田線に分かれて並行する。途中に４線の電留線がある。

市川駅に停車中の上下快速、左端は下り快速を追い越す成田エクスプレス

佐倉駅で東京方面乗車は定期外が２１６１人、定期が５７９０人、総武本線南酒々井《みなみしすい》方面からの流入は定期外が３９４４人、定期が１万５９６人、成田線からの流入は定期外が１万11人、定期が８９９８人である。成田線の定期外の流入が多いのは成田空港利用客のためである。

東千葉→千葉間の乗車客は定期外が２万３５９１人、定期が５万42人である。千葉駅で東京方面の乗車が定期外で２万６０２７人、定期が３万７２４２人と多いが、降車客は定期外が５７０７人、定期が７４７３人もいる。

外房線からの流入は定期外が１万８２５３人、定期が５万３１３７人、千葉モノレールと京成千葉線からの乗換客は少ない。

千葉→西千葉間の乗車客は定期外が６万82人、定期が12万６２６３人、定期比率は68％と高い。

西船橋駅まで漸増していく。船橋駅で京成本線からの乗換客のうち定期客は１万３４２７人、東武野田線からは１万８４０４人もある。しかし、東武野田線への乗換客は７６０５人に達している。

東船橋→船橋間の定期外は８万９１０７人、定期は21万９９６１人だが船橋→西船橋間では定期外は10万８８１６人、定期は27万２０２人に増える。

しかし、西船橋駅で東京メトロ東西線と京葉線、武蔵野線への乗り換えがあって西船橋→下総中山《しもうさなかやま》間は定期外が10万４０７２人、定期が25万５５６６人に減る。

再び漸増する。本八幡駅での都営新宿線への乗り換えがあっても増加している。そして亀戸→錦糸町間で定期外が13万6762人、定期が36万862人となっている。定期比率は73％と高い。朝ラッシュ時は混んでいても閑散時は空いている。

錦糸町駅で総武緩行線御茶ノ水方面に流出する定期外客は7万2992人(51％)、定期客は22万1988人(62％)である。つまり緩行線のほうが利用客が多い。

馬喰町駅と新日本橋駅は降りる人と乗る人がほぼ拮抗している。新日本橋→東京間の乗車客は定期外が6万1092人、定期が11万8783人、定期比率は66％である。

一方総武支線の錦糸町→浅草橋間は定期外が8万9788人、定期が24万8182人で、定期比率は73％と高い。

秋葉原駅では定期外は降りる人より乗る人が多く、定期は逆になっている。このため秋葉原→御茶ノ水間は定期外が13万4261人、定期が23万9206人、定期比率は64％と下がる。

快速線の最混雑区間は新小岩→錦糸町間、ピーク時の輸送人員は6万4150人、グリーン車を除く13両の普通車が19本走っている。輸送力は3万5416人とし混雑率は181％にもなっている。平均定員は143・4人だが、ボックス席を除いた有効床面積を0・35㎡で割り、それにボックス席の定員を足すという方法で定員を計算すると平均定員は144・9人になり、輸送力は3万9816人になり、混雑率は3ポイント下がって178％になる。

今後はオールロングシートの広幅車のE235系に置き換わる。そうなると平均定員は多くなって混雑率は少しは緩和する。

緩行線の最混雑区間は錦糸町→両国間で輸送人員は7万5230人、輸送力は3万8480人で混雑率は196％にもなる。平均定員は148人にしているが、緩行線用のE231系の先頭車はクラッシャブルゾーンがなく平均定員は148・2人である。混雑率は196％。

快速線の最混雑時間帯は7時34分から8時34分、この間に19本走っている。平均運転間隔は3分20秒である。成田発と成田空港発の通勤快速が各1本で、残りは快速である。君津《きみつ》発が3本、千葉発が2本、津田沼発が6本、上総一ノ宮《かずさいちのみや》発が2本、佐倉発と鹿島神宮《かしまじんぐう》発、成田空港発、成東《なるとう》発が各1本である。

通勤快速の停車駅は佐倉まで各駅、四街道、都賀、千葉、船橋、錦糸町から各駅、快速は東千葉駅を通過する。佐倉以遠―千葉間の普通が運転されている。

昼間時は1時間に快速は逗子・久里浜―成田空港間と逗子・久里浜―千葉間が各2本、逗子・久里浜―上総一ノ宮間と逗子・久里浜―君津間が各1本、普通は千葉―銚子間と千葉―成東間が各1本、それに千葉―成田間が2時間毎に運転される。

夕ラッシュ時下りの東京発快速は成田空港行が約30分毎、君津行と上総一ノ宮行が約60分毎、千葉行が約20分毎、津田沼行が約60分毎に走る。

成田エクスプレスは新宿―成田空港間と大船―成田空港間がそれぞれ60分毎、30分毎に運転される。大船―成田空港間は大宮・池袋・新宿―成田空港間の成田エクスプレスを東京―成田空港間で併結する。

停車駅は空港第2ビルのみだが、朝の上りの2、6号は成田、佐倉、四街道、千葉、4号は成田、四街道、千葉、夕方の下り47号と49号は千葉と四街道、成田、51号と53号はこれに佐倉にも停車する。

最速の成田エクスプレスの東京―空港第2ビル間の所要時間は50分、表定速度93・8キロである。

緩行の朝ラッシュ時ピーク時の運転本数は26本、2分20秒毎である。千葉発が17本、津田沼発が4本、西船橋発が5本である。これに津田沼発で東京メトロ東西線直通がピーク時間帯に3本運転されている。

昼間時は三鷹―千葉間と津田沼―中野間が10分毎に運転される。夕ラッシュ時下りは御茶ノ水―西船橋―津田沼間で約4分毎、津田沼―千葉間で5～10分毎になるように、千葉・津田沼・西船橋折返と東西線からの直通西船橋行が適宜運転されている。

緩行線の錦糸町―両国間の混雑緩和策が急務だが、これといった対策はない。あるとすれば地上ホームを活用して錦糸町―両国間の区間電車を運転することである。出発駅を新小岩操駅にして錦糸町まで回送させるか、快速線を通る津田沼―両国間の運転にするかだが、過密運転の快速線にこのような列車を走らせることができるかがカギである。といっても緩行線の緩和にさほど役立たないだろう。

JR成田線

我孫子線・武蔵野線経由の八王子―成田空港間の快速の運転を

成田線は佐倉―松岸《まつぎし》間75・4キロのいわば本線と我孫《あび》子《こ》―成田間32・9キロの通称我孫子線、それに空港線の成田線分岐点―成田空港間の三つの路線に分かれている。本書では佐倉―成田空港間と我孫子線について取り上げる。

佐倉―成田―我孫子間を本線、成田―松岸間を成田支線、それに空港線の3区間に分けることもある。都市交通年報の各駅乗降通過のデータはこれによって記載されている。

佐倉―成田線分岐点間が複線、他は単線である。佐倉駅で総武本線、成田駅で我孫子線、成田線分岐点で松岸方面と接続する。成田高速鉄道接続点―成田空港間は京成成田空港線（スカイアクセス線）と並行する。

成田線分岐点―成田空港間はJR東日本が第2種鉄道事業者、成田空港高速鉄道が第3種鉄道事業者である。

佐倉駅を出てしばらくは総武本線と並行する。酒々《しす》井《い》駅はホームに面していない中線がある相対式ホーム2面3線である。中線は貨物着発線である。

成田駅は片面ホーム1面、島式ホーム2面と6線がある。1番線が上り本線、4番線が下り本線である。すべての発着線は佐倉方面、成田空港・松岸方面、我孫子方面に出発できるが、基本的には方面別に発車している。

片面ホームに面している1番線と島式の第2ホームに面している2番線は東京・千葉方面、3番線は成田空港方面である。1、3番線は15両編成対応、2番線は11両編成対応である。4番線は貨物着発線だが成田エクスプレスが通過する。島式の第3ホームは10両編成対応で5番線は松岸・銚子方面、6番線は我孫子方面である。

7番線は保守用側線になっており、本線、副本線ではない。佐倉寄りに4線の留置線がある。貨物ヤード

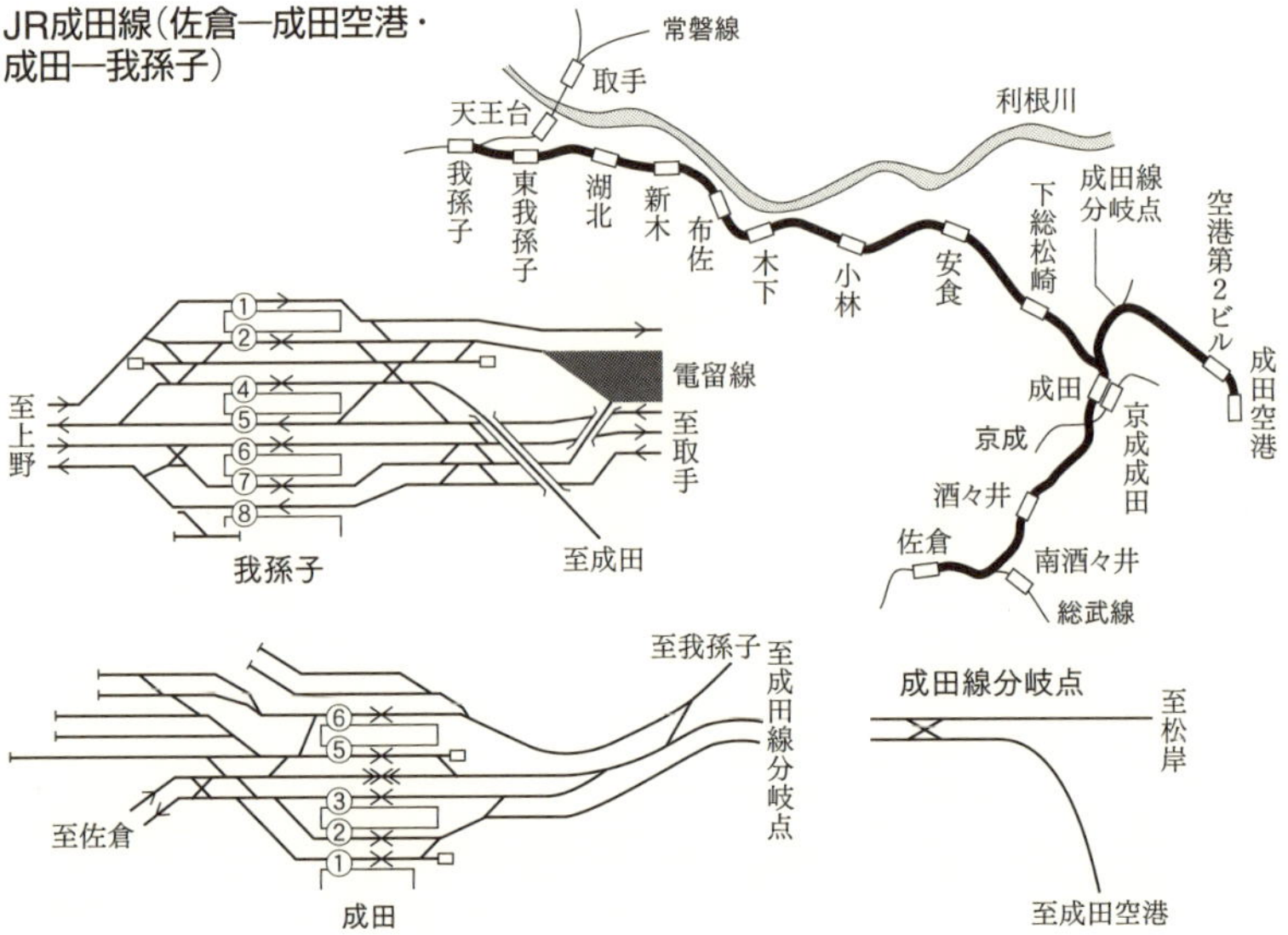

の多くは撤去されている。

成田線分岐点にはシーサスポイントがある。右手にイオンがあるが、成田空港開港前は成田空港資材線という空港公団の専用線が分かれており、今のイオンのところにヤードがあった。

開港後しばらくの間もジェット燃料輸送のタンク車のヤードになっていた。もともとは成田新幹線の車庫にするつもりだった。

空港線は右に大きく曲がりながら成田新幹線の区域に入って地上3階の路盤に取り付く。そして京成スカイアクセス線と並行する。途中に行違用の堀之内信号場がある。

空港第2ビル駅は成田新幹線で予定していた下り線を流用した片面ホームである。ホームは15両編成に対応している。向かいの京成線は410mの長さになっている。

成田空港駅は成田新幹線建設時に完成させていた島式ホーム2面4線の片側を使用した島式ホーム1面2線である。ホームの長さは15両編成対応である。隣の京成線は410mの長さになっている。

我孫子線は我孫子駅を出て常磐線を斜めに乗り越して、そのまま丘に取り付く。

東我孫子駅は常磐線の天王台《てんのうだい》に近い。上下行違線の間に片面ホームの1番線、南側に上り線用の片面ホームの2番線がある。当初は幅が狭い片面ホームがある棒線駅だったのを行違駅にしたために現在のようなホーム配置になった。当初の片面ホームが現在の1番線である。行き違いは10両編成の電車に対応した長さである。

湖北《こほく》駅は島式ホームで上下線とも両方向に出発できる。行違線は長い貨物列車対応なので、相当な長さがある。次の新木《あらき》駅も島式ホームで行違線は長く、1、2番とも両方向に出発できる。行き違いがないときは直線側の1番線で上下電車は発着する。

布佐《ふさ》駅は相対式ホームで行違線は10両編成の電車に対応しているので短い。木下《きおろし》駅は相対式ホームで、ホームに面していない中線があったが撤去されている。同駅の行違線も貨物列車対応で長い。上り2番線は両方向に出発ができる。

我孫子線に貨物列車が走っていたのは、成田空港建設時に建設資材を輸送していたことと、開港後も、しばらくの間ジェット燃料を輸送していたことからである。

相対式ホームの小林《こばやし》駅は電車対応の行違駅である。安食《あじき》駅は相対式ホームで中線があったために上下線間は広がっている。上下線とも両方向に出発できる。下《しも》総松崎《うさまんざき》駅は相対式ホームで行違線は電車対応である。

ほどなくして京成スカイアクセス線と直交してくぐる。ここに成田線の駅設置の要望があるが、実現していない。

成田空港駅の乗車は定期外が５２３３人、定期が１３５３人、空港第2ビル駅の定期外は３２８６人、定期が９３８人である。成田空港駅から空港第２ビル駅降車は66人、空港第２ビル駅から乗って成田空港駅降車は55人いる。定期は年間で62人である。

空港第2ビル→成田間の乗車客は定期外が８４５７人、定期が２２９０人、定期比率は21%である。

うち成田駅降車は定期外が９９５人（12%）、定期が３１２人（14%）、東京・佐倉方面直通は定期外が６８４４人（81%）、定期が１５６７人（68%）、我孫

佐倉駅の電留線付近を走る成田エクスプレス

成田高速鉄道線を走る成田エクスプレス。左の線路は京成用標準軌線

子線への乗り換えは定期外が590人（7%）、定期が347人（15%）、松岸方面乗り換えは定期外が24人（0・3%）、定期が64人（3%）である。カッコ内は定期外あるいは定期に対する比率である。

成田→酒々井間の乗車客は定期外が1万655人、定期が1万620人、定期比率は50%である。

我孫子線の成田→下総松崎間の乗車客は定期外が2335人、定期が3235人、定期比率は58%である。

我孫子駅に向かって漸増していき、東我孫子→我孫子間の乗車客は定期外が4565人、定期が1万1914人と大幅に増加、定期比率は72%に跳ね上がり通勤通学路線になる。

成田空港駅の始発電車は6時52分の快速である。このあと約30分毎に快速が運転される。特急成田エクスプレスは空港第2ビル駅に停車すると東京までノンストップが基本だが、同特急の始発は7時44分の2号で、成田、佐倉、四街道《よつかいどう》、千葉にも停車する。銚子発千葉行の普通も約30分毎の運転である。

昼間時は成田空港発着の快速が約30分毎、千葉―銚子間の普通が2、3時間毎である。このほかに成田―銚子間の普通があって成田―銚子間は約1時間毎の運転である。

夕ラッシュ時も成田発着の快速は約30分毎、千葉―銚子間は約1時間毎になる。

我孫子線の朝ラッシュ時は、成田発6時32分から7時27分までの5本は常磐線に直通し、うち3本は品川駅まで走る。昼間時は1時間に2本の運転で、うち1本は常磐線直通である。夕ラッシュ時もほぼ同等である。

我孫子線経由の成田空港行が欲しいところである。これを上野発にするのもいいが、強敵の京成スカイライナーにはかなわない。そこで武蔵野線経由、八王子発を設定すれば埼玉や東京多摩地区から成田空港に行くのが便利になる。

各停では時間がかかりすぎるので快速にする。停車駅は立川、武蔵浦和、南浦和、東川口、南越谷《みなみこしがや》、南流山《みなみながれやま》、柏、我孫子、成田とし、吉川美南《よしかわみなみ》駅で武蔵野線電車を追い越す。1時間に1本の運転であれば重宝する列車になる。

日暮里・舎人ライナー

混雑率を下げないと、それこそパンクする

東京都交通局の日暮里・舎人《とねり》ライナーは日暮里―見沼代親水公園《みぬまだいしんすいこうえん》間９・７キロのＡＧＴ（Automated Guideway Transit）である。日本語では案内軌条式軌道である。方式はゆりかもめと同じである。全区間道路上に路線があるため、路面電車と同じ軌道法によって運営されている。

日暮里駅でＪＲと京成、西日暮里駅でＪＲと千代田線と連絡している。熊野前《くまのまえ》駅で都電荒川線とも連絡しているが、連絡運輸はしていない。

日暮里駅は頭端島式ホーム、西日暮里駅は島式ホームである。西日暮里駅は千代田線の西日暮里駅に近いが、ＪＲ線のほうは離れている。熊野前駅も都電荒川線とやや離れている。日暮里・舎人ライナーの西側に荒川線の早稲田方面、東側に三ノ輪橋方面の停留所がある。見沼代親水公園寄りに逆渡り線がある。

舎人公園《とねりこうえん》駅は車庫があるため島式ホーム２面３線になっている。見沼代親水公園寄りに入出庫線があり、上下渡り線を兼ねた入出庫線と上下線の間に順逆両方の渡り線がある。

見沼代親水公園駅は頭端島式ホームで、ホームがなくなっても1編成分の軌道が伸びている。

延伸予定があるために伸びているわけではない。少し北へ進むと毛長《けなが》川があり、その向こうは埼玉県なので東京都交通局の延伸はあまり考えられない。1編成ぶん伸びているのは夜間滞泊用である。

見沼代親水公園駅の乗車は定期外が１４３８人、定期が３６７５人、定期比率は72％と高い。赤土小学校《あかどしょうがっこう》前《まえ》まで漸増する。熊野前駅の降車は定期外が４６４人、定期が４２９人で、乗車は定期外が１３８７人、定期が１５６３人なのでやはり増加する。

赤土小学校前→西日暮里間は定期外が９５９７人、定期が２万９５９人、定期比率は69％である。

西日暮里駅の降車は定期外が４７０３人である。定期は降車とＪＲ線、千代田線への乗換連絡定期が発売

されている。降車は5595人（27％）、JR乗り換えが2084人（10％）、千代田線乗り換えが1638人（8％）で、残りは日暮里駅まで乗る。

西日暮里→日暮里間の乗車客は定期外が5841人、定期が1万4577人である。定期のうち降車は5595人（38％）、JR乗り換えが8588人（59％）、京成乗り換えが394人（3％）である。

最混雑区間は赤土小学校前→西日暮里間で、ピーク1時間の輸送人員は8322人、輸送力は4410人とし混雑率は189％にもなっている。しかし、有効

日暮里・舎人ライナー

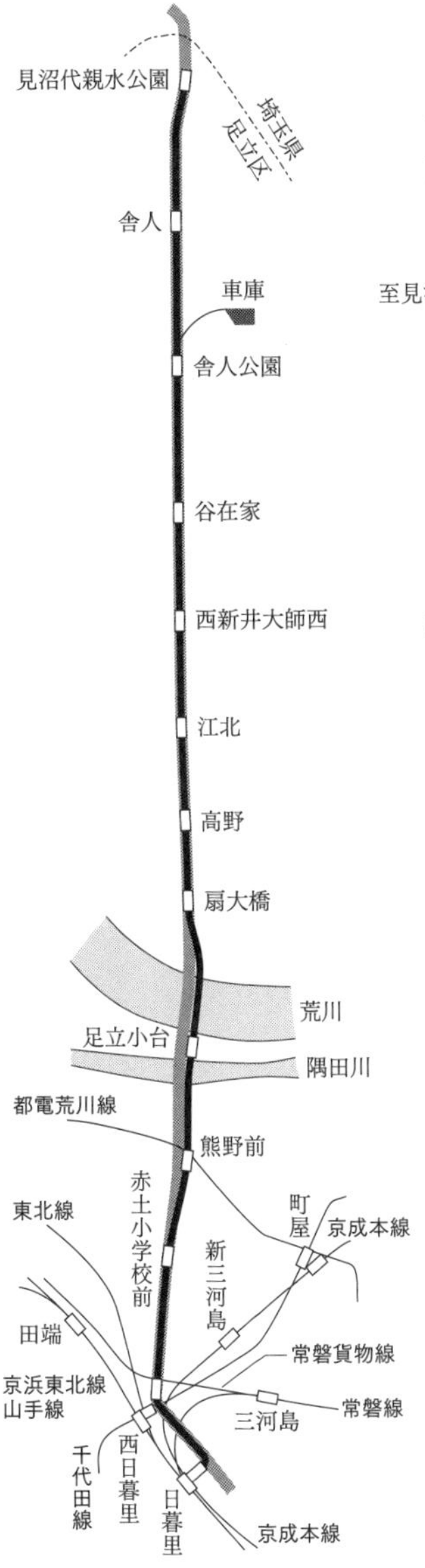

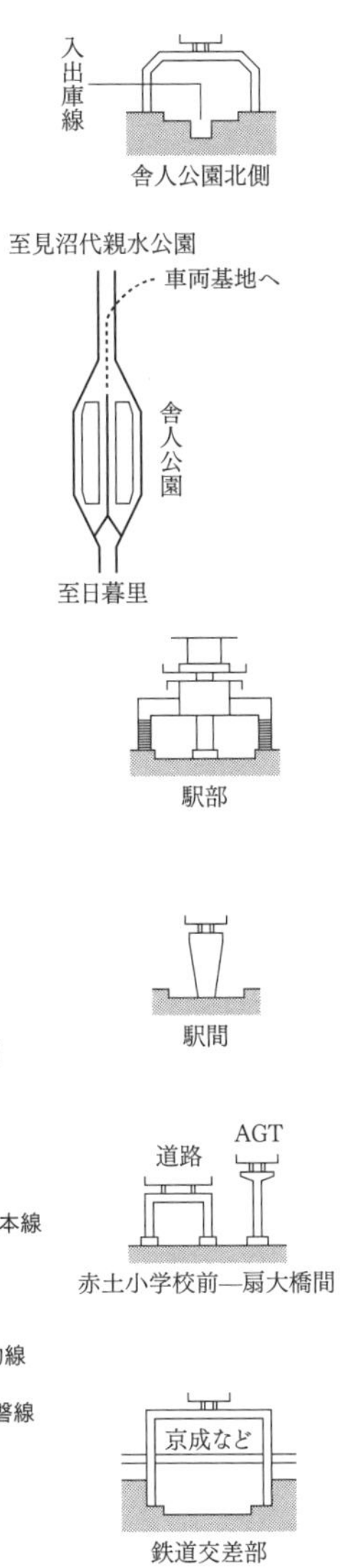

日暮里寄りから見た舎人駅

床面積を厳密に計算しなおすと平均定員は49人が48人に減じて輸送力は４３２０人に減る。このため混雑率は４ポイント増えて１９３％になる。

ＡＧＴはゴムタイヤ走行である。ゴムタイヤには空気が入っておらず、ウレタン充填になっていて満員乗車に耐えるようにしている。

といっても１８０％程度までが限界、それ以上だと荷重によってタイヤの変形が大きくなるとされている。運転本数を増すか編成両数を増やすかして混雑率を下げる必要がある。

最混雑時間帯は7時20分から8時20分、その間に5両編成18本が走っている。現在は19本と1本増えている。平均運転間隔は３分20秒になっている。輸送人員が同じであれば混雑率は１８３％に下がる。

昼間時は6分毎、夕ラッシュ時は4分30秒毎である。

日暮里―見沼代親水公園間の所要時間は20分、表定速度29・1キロである。朝ラッシュ時は21分で16本が運用についており、予備は2本でぎりぎりである。ＡＴＯによる無人運転をしているのでもう少し増備して混雑緩和が必要である。

用語解説

1線スルー　単線路線では駅や信号場で行き違いをするとき複線となるが、片側あるいは両側とも速度制限を受ける（通常は45キロ制限）。その駅に停車するならそれでもかまわないが、通過列車が速度を落とすのでは時間の無駄である。片方を直線にして、通過列車は上下線ともそこを走らせれば、速度制限を受けないですむ。これが1線スルー方式である。

VVVFインバータ制御　通常の電車は回転速度の幅が大きく制御しやすい直流モーターを使う。交流モーターは周波数により回転数がほぼ決まっており、電圧による回転数の大小幅は狭かった。インバータは周波数と電圧を自由に変化させる制御装置（Variable Voltage Variable Frequency）であるが、大容量のものも開発され、これを交流モーターに採用した電車がインバータ電車である。直流モーターにくらべてメンテナンスが楽であり、車体の下にある制御機器の数が減る。また、空転が起こりにくいので加速性能を上げることができる。

運賃・料金　運賃は普通運賃や定期運賃、貨物運賃などをいい、料金は特急料金や指定席料金、寝台料金といった付加価値を供する料金。

運転停車　行き違いなどで停車駅でない駅などに停車すること。

営業キロ　運賃を計算するときに設定したキロ程。必ずしも実際の線路延長と合致しない。

営業係数　100円の収益を上げるのにかかった経費。当然100円を超えると赤字である。

回生ブレーキ　電気ブレーキで発生した電力を架線に戻し、他の電車の加速に使えるようにしたもの。

緩急接続ダイヤ　優等列車が緩行等を停車して追い越して、それぞれが相互に乗り換えができるようにした接続方法。

緩急分離ダイヤ　優等列車が緩行等を通過して追い越す。これによって優等列車が混まないようにする。

緩行　各駅停車電車のこと。急行の反対語。

カント　左右のレールに高低差をつけて乗り心地をよくする。

機待線　仕訳された列車に連結するために機関車が待機する線路。

機回線　機関車牽引の列車は終点などで折り返すとき、機関車を反対側に連結しなければならない。そうするには、切り離された機関車を先頭側に付けるための線路が必要で、これを機回線という。ただし運転関係の部署では機関士が機関車を回すから「機回し線」、施設関係の部署では管理する線路に機関車が回るから「機回り線」と読み方が異なっている。

機留線　機関車留置線の略。

均衡速度　駆動力と走行抵抗の力が同じになって、これ以上加速できない速度。

甲線、乙線、丙線　国鉄時代に定めた線路等級の区分。甲、乙、丙と簡易線の4段階に分けていて、甲線の規格が一番よく、幹線に当てられる。その後、湖西線などができると甲線より規格が上になるため特甲線が追加され、さらに甲線から簡易線までが1級線から4級線に変更された。

混雑率　輸送量を輸送力で割ったパーセンテージ。最混雑1時間と終日の二つの混雑率が公表されている。

シーサスポイント　シーサスクロッシングポイント。複線間の順方向と逆方向の渡り線を一つにまとめたもので、線路配線図には複線の間に×印で描く。

JR形配線　島式ホームと片面ホーム各1面に発着線が3線ある構造の駅。国鉄が好んで採用していた。基本的に片面ホーム側が駅本屋と改札口に面した1番線となっており、上下主要列車が停車して跨線橋などを通らずにすむようになっている。さらに単線路線での行き違い用として島式ホームの外側に1番線とは異なる逆方向の本線をおき、内側の線路を待避や折返、それに機関車の機回線とした中線になっている。ただし、内側が本線で外側が中線になっているJR形配線もある。

自動閉塞　鉄道路線ではある一定の間隔で閉塞区間を設け、一つの閉塞区間には一つの列車しか走ることができないようにして安全を保っている。自動閉塞は該当する列車が一つの閉塞区間に入った、あるいは出たことを軌道回路で検知する。軌道回路とは左右のレールに電流(これを信号電流という)を流し、車両の車輪でショートさせて電圧がゼロになったことで列車の出入りを検知する。そしてその閉塞区間の入口にある信号機を赤点灯の停止現示して、他の列車が入れないようにする。単線では前方の出口側にある対向列車のための信号機を停止現示にして正面衝突を防いでいる。

集中率　終日の輸送量のうち最混雑1時間に集中した輸送量の比率。

上下分離方式　線路などインフラ部分を所有する会社や公的組織と、実際に運営する鉄道会社とを分ける方式のこと。鉄道を運営する会社はインフラの建設費などの償還に関わらないので、経営が楽になる。

線路別複々線　急行線と緩行線、それぞれの複線を並べた複々線。

第1種（第2種、第3種）鉄道事業（者）　第1種鉄道事業者は線路を自らが敷設して運送を行い、さらに第2種鉄道事業者に使用させることができる。第2種鉄道事業者は第1種鉄道事業者または第3種鉄道事業者が保有する線路を使用して運送を行う。第3種鉄道事業者は線路を敷設して第1種鉄道事業者に譲渡するか、第2種鉄道事業者に使用させ、自らは運送を行わない。

定期外客　定期券利用ではなく、普通乗車券や回数券、そしてスイカやパスモによって利用する乗客。

定期比率　定期券で乗っている乗客の比率。

電動制御車　電車において運転台とモーターがある車両を電動制御車、モーターがない車両を制御車、モーター付で運転台がない車両を中間電動車あるいは単に電動車、運転台もモーターもない車両を付随車と呼ぶ。

中線　基本的に上下本線の間に敷かれた副本線。

パターンダイヤ　10分とか30分を一つのサイクル（周期）にして、各種の列車の待避追い越しを一体パターンにしたダイヤ。

表定速度　一定の区間での停車時間を含めた平均速度。

普通　電車区間内では一概に各駅に停車するとは限らない。

平均輸送キロ　乗客1人当たりの平均した乗車キロ数。

方向別複々線　同一方向の線路を並べた複々線。同じホームで乗り換えができる。

棒線駅　ホーム1面1線でポイントがない駅。ポイントがない複線の駅でも言うときがある。

ボギー台車　一般的な鉄道で使用している台車。

優等列車　各停や普通より停車駅が少なく速い列車。

輸送人キロ　輸送人員と乗車キロを掛け合わせた延べ輸送量。

抑速ブレーキ　下り勾配で一定の速度を保って降りることができるブレーキ装置。

横取線　保守車両を収容する側線。

著者略歴――――
川島令三 かわしま・りょうぞう

1950年、兵庫県生まれ。芦屋高校鉄道研究会、東海大学鉄道研究会を経て「鉄道ピクトリアル」編集部に勤務。現在、鉄道アナリスト、早稲田大学非常勤講師、全国鉄道利用者会議顧問。小社から1986年に刊行された最初の著書『東京圏通勤電車事情大研究』は通勤電車の問題に初めて本格的に取り組んだ試みとして大きな反響を呼んだ。著者の提起した案ですでに実現されているものがいくつもある。著書は上記のほかに『全国鉄道事情大研究』（シリーズ全30巻）、『関西圏通勤電車徹底批評（上下）』『なぜ福知山線脱線事故は起こったのか』『東京圏通勤電車 どの路線が速くて便利か』『鉄道事情トピックス』『最新東京圏通勤電車事情大研究』『関西圏鉄道事情大研究（将来篇、ライバル鉄道篇）』（いずれも草思社）、『全線・全駅・全配線』（シリーズ全52巻）、『日本 vs.ヨーロッパ「新幹線」戦争』『鉄道配線大研究』『全国通勤電車大解剖』（いずれも講談社）など多数。

首都圏鉄道事情大研究
ライバル鉄道篇

2019 © Ryozo Kawashima

2019年12月27日 第1刷発行

著　者 川島令三
装幀者 板谷成雄
発行者 藤田　博
発行所 株式会社 草思社
〒160-0022 東京都新宿区新宿1-10-1
電話 営業 03(4580)7676 編集 03(4580)7680

編集協力 富田康裕
組版・図版 板谷成雄
印刷・製本 中央精版印刷株式会社

ISBN978-4-7942-2434-7 Printed in Japan 検印省略

造本には十分注意しておりますが、万一、乱丁、落丁、印刷不良などがございましたら、ご面倒ですが小社営業部宛にお送りください。送料小社負担にてお取替えさせていただきます。

草思社刊

最新　東京圏通勤電車事情大研究
川島令三 著
ダイヤの乱れ、ホームドア、女性専用車などテーマ別に問題点を洗い出し改善策を提示する一方、路線ごとに混雑率、ダイヤ事情、将来性などを検討。計58路線を徹底分析。
本体 1,700円

首都圏鉄道事情大研究　将来篇
川島令三 著
人口減少社会は鉄道にとってチャンスでもある！相模鉄道新横浜線や高輪ゲートウェイ駅の全容から、LRT、L／Cカー、新線建設計画、各線の将来までを徹底分析！
本体 1,600円

関西圏鉄道事情大研究　将来篇
川島令三 著
万博開催に向けて関西の鉄道はどう変わるか？　大阪メトロ中央線・北大阪急行・大阪モノレールなどの延伸計画から、無人運転技術、各線の将来までを徹底分析！
本体 1,600円

関西圏鉄道事情大研究　ライバル鉄道篇
川島令三 著
JR、阪神、阪急、近鉄、南海……激戦の関西を勝ち抜くのは——？京都、大阪、神戸、奈良、和歌山……エリアごとの「JR vs 私鉄」「私鉄 vs 私鉄」の今を徹底分析！
本体 1,600円

＊定価は本体価格に消費税を加えた金額です。